浙江省教育规划课题《现代区域研训教一体化的路径创新与实践》（2015sc042）

校本研训教一体化实践与认知

唐西胜◆著

光明日报出版社

图书在版编目（CIP）数据

校本研训教一体化实践与认知 / 唐西胜著. -- 北京：光明日报出版社，2016.4（2021.8 重印）

ISBN 978-7-5194-0218-1

Ⅰ.①校… Ⅱ.①唐… Ⅲ.①师资培训—研究 Ⅳ.①G451.2

中国版本图书馆 CIP 数据核字（2016）第 050179 号

校本研训教一体化实践与认知

XIAOBEN YANXUNJIAO YITIHUA SHIJIAN YU RENZHI

著　　者：唐西胜

责任编辑：曹美娜　朱　然　　　　责任校对：张明明

封面设计：范晓辉　　　　　　　　责任印制：曹　净

出版发行：光明日报出版社

地　　址：北京市西城区永安路 106 号，100050

电　　话：010-63169890（咨询），010-63131930（邮购）

传　　真：010-63131930

网　　址：http：//book.gmw.cn

E - mail：gmcbs@gmw.cn

法律顾问：北京德恒律师事务所龚柳方律师

印　　刷：三河市华东印刷有限公司

装　　订：三河市华东印刷有限公司

本书如有破损、缺页、装订错误，请与本社联系调换

开　　本：170mm×240mm

字　　数：245 千字　　　　　　　印　　张：14.5

版　　次：2016 年 4 月第 1 版　　　印　　次：2021 年 8 月第 2 次印刷

书　　号：ISBN 978-7-5194-0218-1

定　　价：49.00 元

目　录
CONTENTS

绪　论

教师专业发展是一个复杂的、系统的工程，其中，培训是促进教师专业发展的重要途径，但贴近教师实际和发展需求的课题研究和教育实践更为重要。只有将研究、培训、教育实践有机地结合，并充分发挥各自优势，才能真正促进教师的专业化发展。

研、训、教三位一体引领教师专业化发展。“研训教一体化”中的“研”是指教育研究，“训”是指教师培训，“教”是指教育实践。“研训教一体化”是指集研究、培训、教育实践为一体的教师专业发展活动。其中，教育实践是主体，培训内容是教育实践中的问题，培训方式主要采用问题研究分析法。在实施这种培训模式的过程中，培训者和被培训者作为平等的双方，用研修的视角，交流、反思具体的教育行为，相得益彰。“研训教一体”的培训模式可使基层教师和研究人员获得共同的专业成长。

在开展校本培训过程中，以培训项目中的关键点为突破口，初步构建了“理论学习——专家引领——自定课题——实践研究——同伴研讨——总结提高”、不断促进教师专业发展的校本培训模式。

校本培训是指以学校为单位，面向教师的学习方式，内容以学校的需求和教学方针为中心，目的是提高教师的业务水平和教育教学能力。从实质来说，是由中小学校长组织领导的、主要在教师任职学校展开的、和学校教师实际紧密结合的一种教师继续教育活动。它适应当前教育改革和发展，适应新一轮中小学教师继续教育要求，对优化中小学教师队伍等方面具有特别重要的意义，是深化我国中小学教师继续教育发展的一条重要途径。

国家跨世纪园丁工程把中小学教师校本培训由区域性实验逐步推向全国全面实施，已经形成适合我国不同地区、不同类型学校情况的教师继续教育理念、模式与策略，许多成功的案例表明，我国的师资培训正由粗放型向集约型、封闭式向开放式转轨。当然，随着教师校本培训的深入和发展，伴随着种种不和谐的音符，如对教师培训定位不准，概念上以偏概全，关注形式，忽视内涵，培训者素质和技能欠佳，受训者积极性不高，凡此种种，都影响着教师校本培训的健康发展。为了有效规避校本培训过程中的教师教育风险，克服教师校本培训管理壁垒，打破封闭的培训形式，营造教师继续教育和谐、高效的氛围，我们在国家级中小学教师继续实验区研究成果的基础上，以校本培训项目制为主要行动策略，构建杭州市中小学教师开放的培训模式，打造优先发展性教师专业成长平台。

校本培训项目制以校本培训学理论为指导，教师专业成长为目标，以行动研究为载体，以行动教育为形式，形成教师群体互动场理论、教师职业智慧体验理论、教师专业成长能力与素质理论、教师培训研训一体化理论等一系列理论。

杭州市余杭区独创的“校本培训项目制”培训模式，是在对上述背景的分析、理论体系的建立和本区域中小学现有的校本培训现状的调研后做出的准确选择。尤其是对中小学来说，他们一直将工作的重心放在面向学生的教育和教学工作中，从未涉足或很少涉足面向教师展开培训工作，缺乏经验，缺少机制，没有形成以校为本的培训方式和资源。针对这样的实际，首先要考虑的是采取一种“简单、可行”的推动方法，使中小学的培训运行起来，只要各校的校本培训工作全面展开，就可以在实践中研究，在研究中提高，在提高中深入。于是就选择了类似“工程项目”方式的校本培训，即具有余杭特色的“校本培训项目制”。

校本培训余杭模式是在杭州校本培训项目制的基础上，建构并组织运作一套科学体系，由组织系统、操作系统、支持系统、运行系统、评估系统等五大系统构成，是国外校本培训不易实现、具有典型中国特色的中小学教师培训的管理体制。

1. 组织系统

校本培训项目的组织结构是以引导和管理为目的的外置导向机构，是为促进校本培训有效开展而建立的组织关系。本项目试图通过这个结构化的组织，对以校为单位的校本培训加强监控和引导。

校本培训项目制实行的是“一线两级三种途径”的模式。所谓一线是指市区学校师训线，即“市教师培训中心（杭州师范大学）→区培训中心（进修学校）→中小学主持人（培训中心）”这一中小学教师培训机构路径；所谓两级指“培训机构→中小学”，具体是“市教师培训中心→市直属学校或者区培训中心→中小学”的两级管理。项目管理与实施有三种途径，即全域性项目实施、学校项目审批、学校行动方案申报。全域性项目实施是把整个区域内的教师培训当作一个大的工程项目来做,如杭州市下城区是以区为单位的教师成长工程为项目单位,加上中小学实验基地推进全区校本培训工作的开展;杭州市直属学校、余杭区、江干区等大多数区县是中小学自己以项目的方式申报,由教师培训机构审批后组织实施;杭州市拱墅区以年度行动方案的形式上报区教师进修学校备案后组织实施。

2. 操作系统

校本培训操作系统是指对各校校本培训项目方案的设计、申报、审批和过程管理的一整套程序。其作用是为了保证各校在项目实施前把好培训项目的立项质量关。成功的校本培训方案是实施教师校本培训的前提,科学的校本培训方案设计是实施校本培训的关键,而合理的校本培训框架则是实施教师校本培训的指南。要提高校本培训的科学性,最关键、最直接的就是建立一个可实际操作和运行的校本培训方案框架。

3. 支持系统

"项目制"校本培训的保障是对各项目的开展提供有效的制度、政策、经费、资源的支持。校本培训对各中小学来说是一项全新的工作,面向本校教师开展培训活动与面向学生课堂教学活动是不同的,学校的项目主持人面临培训计划的设计、培训组织方式、校内培训资源的开发等一系列问题,难免一时困难。有效地解决这个困难是发挥校本培训的关键,项目需要集教育行政、培训机构、基层学校三方面的优势,合力构建促进本培训的支持系统。首先,教育行政部门要发挥长期政策和经费的导向作用;其次,培训机构要发挥长期从事教师培训工作的资源优势;第三,基层学校要充分发掘本校的培训资源,三方共同为校本培训提供及时而有效的支持和帮助,进一步优化培训环境,促进校本培训的健康发展。

4. 运行系统

校本课程的关键在于过程,这是检验校本培训成败得失的主要渠道。因此,建立科学、有效的运行系统,是校本培训得以开展和完成并取得成效的保证。校本培训的运行系统由四个方面组成:行政与培训机构的运作;中小学的运作;培训者;行动者。这四者之间的关系如图所示:

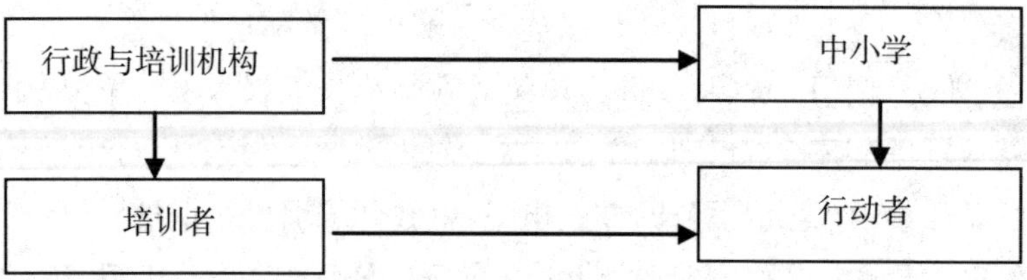

5. 评估系统

考核是指对校本培训工作的评价。开展校本培训的差异是客观存在的,通过考核能起到反馈、调节、指向和激励作用。

考核评估系统由校级考核子系统和区级考核子系统组成。

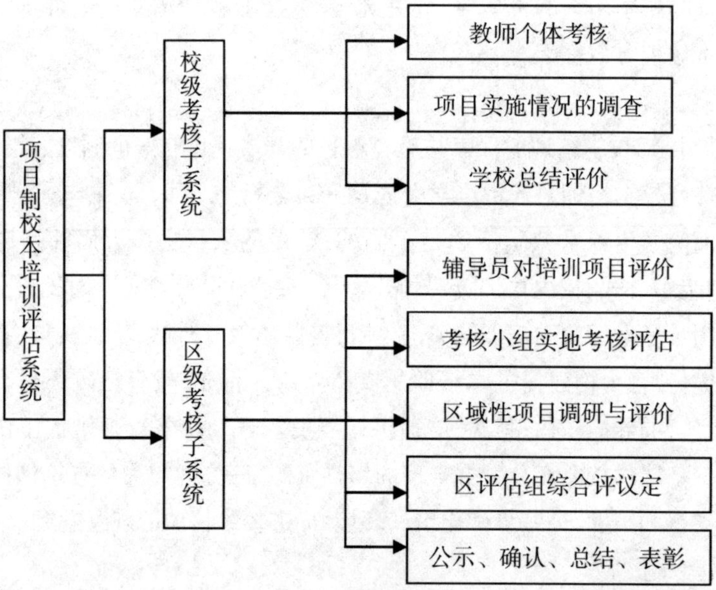

以课题研究为切入点,以校本培训为主要途径,以课堂教学改革为动力,努力促进教师专业化发展与提高教育质量的"研、训、教"三位一体的校本研究模式,有效地建立一支素质优良的教师队伍,可以促进学校教育的可持续发展。

作为一名现代教师,其基本素质应当包括现有的教育理论、宽广深厚的知识背景、熟练的教育教学技术、娴熟的课堂驾驭能力、灵活机动的教育机制以及人际关系的处理能力、更新知识的创造能力、教育教学的研究能力等。在教育飞速发展的今天,教师素质的不平衡,在很大程度上制约了教育教学的发展,从而影响到教育质量的提高和教育改革的进一步发展。而“研、训、教”一体化教师教育模式，为全面提高教师素质，促进教师走专业提供了一条新路。

教育研究：对于教育科研，很多人存在多种不正确的观念，认为高不可攀，影响学校的教学质量，把教学与科研看成两层皮，甚至认为教科研是“面子”工程，检查时作为成绩上报，考察时作为鲜花点缀。以上错误观念严重地制约着教育科研工作的深入开展，使得许多学校的教育科研工作只停留在嘴巴上、汇报中，没有落实到行动中。我们的许多教育科研课题只发芽，不开花、不结果。由此可见，观念转变是形成学校教育科研工作氛围的基本前提。

教不研则枯，研不深则殆，教研与科研是相辅相成的。若不进行教育科研，没有自己的研究专题并为之努力，则不可能成为一名优秀的教师。这正如苏霍姆林斯基所说：“凡是感到自己是一个研究者的教师，则最有可能变成教育工作的能手。”

专题培训：是在前期教育研究的基础上，根据受训者自身需求和研究问题需要的知识与理论支撑，专门设立的具有针对性的培训项目。这个项目主要由培训机构组织实施。专题培训项目的确立一般包括以下几项内容。一是项目背景，分析培训项目的主要依据。二是培训主题，描述培训的关键词。三是培训目标，一般要确立总体目标和具体目标。三是培训对象，培训主要针对群体及其他们的主要特征。四是培训课程，介绍主要模块、专题、内容要点及课程结构说明。五是教学计划，介绍具体培训课表。六是培训管理，包括师资、场所、评价内容。培训项目形式是一种比较有效、稳定和系统的方式，通过理论课程和方法论课程，为受训者进行问题研究提供理论与方法。

当然，这种专题培训也可采用多元化的方式，可以是专题讲座，也可以是提供“课程菜单”推荐学习资料目录，甚至可以通过网络进行远程专题培训。总之，通过专题培训，为受训者进行研究与实践提供必要的方法指导与理论指导。

教学实践：一名优秀的研训教师必须来自教学一线，必须具有丰富的教育教学实践经验，而且永远不能脱离教学实践。脱离教学实践，研训工作就会成为“无本之木”、“无源之水”，就会纸上谈兵、华而不实，就会高高在上、“瞎指挥”。无数的事实早已证明了这一点，没有实践基础的培训和指导，不但无益于教学，反而有害于教学，它会使教师无所适从，从而严重地干扰和破坏教师正常的教学工作。

教学实践是“肥沃的土壤”，有了它，研训教师的成长才会有坚实的基础，才会有“取之不尽，用之不竭”的各种养料。有的研训教师自以为来自基层，也有了一些实践经验，就懒于深入基层，久而久之，便会脱离教学实际，坐而论道，空谈理论，这是非常错误的。因此，无论是从事干部培训、教师培训的人员，还是从事科研、教研等的人员，都应当经常深入教学一线，听课、上课、调研，那样研训工作才能具有针对性和实效性，研训教师自身的成长才有了可能性。

当前，很多研训教师在深入基层的工作中，多数是以一名指导者、旁观者的身份出现，听的多，看的多，讲的多，而参与其中的少，亲自执教的少，这是一个亟须解决的问题。不亲口尝，不可能知道梨的滋味；不下水，永远学不会游泳。研训教师必须以一名普通教师的身份融入教师中，和他们真诚地对话、交流，和他们一起备课、上课、研讨，从而积累丰富的实践经验，为自身的成长奠定坚实的基础。只有如此，才能真正了解教师们的所缺、所需、所思，更有针对性地开展研训工作。

教育实践是校本培训模式中的关键部分，也是培训的核心环节，是受训者在培训过程中经历的最长的环节。受训者根据个人的解决问题实施方案，通过同伴合作的方式，学习相关理论课程和方法论课程，尝试在实践中运用这些知识与技能，创造性地解决这些问题。受训者在实践中要完成两项工作，一是寻求解决问题的主要途径、方法及效果；二是要观察方案实施的情况，尽可能多地收集有关资料，作为反思与修正方案的依据。在实践过程中，受训者不是单干的“个体户”，合作研究始终穿插其中。相似的问题，面对不同的环境，运用不同的实践方法与形式，其效果也会不同，边实践、边思考、边交流研讨，可以不断促进实践的科学性与有效性，也不断激励受训者探求更多的解决方法。

作者

2015 年 12 月

第一章

导　向

第一节　问题的提出

“校本培训”这一概念在 1999 年教育部《关于实施“中小学教师继续教育工程”的意见》中一经提出，便在我国基础教育战线受到广泛重视。作为一种学校自主开展，以提高学校教学质量和办学效益、促进教师专业发展和职业修养为目的的在职培训形式，在广受赞誉的同时，也存在着一定弊端，随着教师校本研训工作的不断推进，学校现有校本培训存在以下问题与困惑：

1. 培训形式：“培”与“训”脱节

学校之前所做的师训工作，好的举措也不少。如“五个一”系列活动，即为每位教师每个学期“上一堂教研课，写一篇教学案例与教育叙事案例，写一篇教学反思，读一本经典教育著作”。学校依托各个教研组，立足于课堂教学，着眼于“轻负高质”的“草根”研究，做到校本教研定时间、定人员、定主题项目，规范校本教研的考核，定性和定量相结合，通过对教研组活动、师徒结对等专项监控和交流，共同打造校本优秀团队。再如“青年教师教学细节培养”校本研训活动，在教学观摩、专家讲座、教学 PK、演讲比赛、教学案例诊断、“朝晖实验杯”青年教师技能比赛等多项有效活动的催化下，充分调动了青年教师的积极性，促进青年教师教学水平快速提高。

但是，这些平面展开的师训手段存在着“培”与“训”的严重脱节。校本培训的“培”更多的只是一种制度与工作，缺少科学而具体的统一引领与规划，从上到下，只是把师训当作一项任务，想到了便做，做了便好，只问结果不问过程。上级主管部门有文件，校本研训就依循文件精神组织；外请专家有讲座，校本研训就组织教师聆听讲座……更多的“培”是一种为“培”而“培”,“培”而不“训”。很多教师参加校本研训更多的是去听一些新理念、好经验,常常是“会上听听很激动,会后一动不动”。而学校教师职后培训的“训”则缺乏更多、更有效的载体。

2. 培训内容:“重”业务“轻”能力

随着《国家中长期教育改革和发展规划纲要》的出台,建设一支高素质专业化教师队伍,保障教育现代化的不断推进已成为我国基础教育战线的共识。教师的专业发展分为学科专业与教育专业发展。一直以来,中小学校在各级各类教师培训中存在着重学科专业培训、轻教育专业发展培训的弊端,中小学校对于教育技能的培训更是少之又少。由此,在学校过去的校本师训过程中,他们更关注于学科业务的培训,形成科学的培训体系、有相应的培训教材,而忽视有关教育专业类的教师培训,如教师语言表达能力、教学组织管理能力、交往能力等。

在学校日常工作中他们发现,学校里的绝大多数教师已经历良好的职前培训,掌握了一定的教育教学方法。但是由于教师所处的职业环境相对封闭,社会交往对象相对简单,再加上大多数教师更注重对学科方法的研究及学习,在日常教师与教师、教师与行政领导、教师与家长、教师与学生等人际交往过程中存在着一些问题,如年轻教师缺乏沟通技巧,面对家长纠纷、学生矛盾时,害怕沟通;中、老年教师固守于原有的沟通方法,面对教育新形势,不愿有所改变;部分教师试图以一种沟通方式应对不同的人与事,他们能够看到他在不断地沟通,但是方法单一且无效。

自2010年开始,杭州市下城区学校评聘分离、绩效考核等制度的推行,对教师提出更高的要求,同时,教育教学竞争更为突出,使教师的职业安全感受到严重冲击,教师之间的人际关系处于微妙的状态。再加上区内学校合并后,两校区继续保留原有的1—6年级,并按原学区招生。因此,两校区教师间缺少交流平台,沟通不频繁。两校合并至今,不少教师仅是点头之交。因此,如何创设良好的沟通平台与渠道,帮助教师突破发展瓶颈期,促进发展便成为当务之急。

在以往的相关研究中,他们更多地关注于教师的师德、业务等范畴的研究。但越来越多地发生在他们身边的案例表明,在当前的教育背景中,大多数失败教师不是源于专业知识的匮乏,而是源于不善于和领导、同事、家长、学生作良好的沟通,导致出现教学上的偏差、师生关系的紧张、家校共建的失败等一系列问题。而在校本师训中却很少有比较系统、全面的有关“教师沟通”的培训内容。

3. 培训载体:单一而重复

一直以来,教师职后校本培训的形式是多样的,但真正的培训载体却是单一的,大多为一种自上而下的讲授与聆听,相应的校本研训手段则大多雷同与重复,更多地强调外在的行政驱动,忽略教师内在的自我发展需要。培训者和受训者形成某种对立,即别人讲教师听,别人怎么说教师就怎么做。教师在师训工作中更多的是充当一个被动的角色,忽略教师本身成长与发展的需求。如何变被动聆听为体验探究,变单向学习为互动共助,这是目前学校职后培训中"培"上期待解决的"瓶颈"问题。针对研训教的导向问题,无论是理论界还是实践者都有过疑问,尤其以校本培训者问题最多。杭州市风帆中学陈建杨老师提出以下问题:

1. 校本研训教应坚持知识导向还是能力导向?知识导向的培训模式以知识的传授为基础,或强调学科知识,或强调教育专业知识。能力导向的培训模式注重教师基本教学技能的培训,强调培训要提高教师把知识表达出来、教会学生以及处理各种日常教育事务的能力。校本培训不应再以传授知识为导向,而是以能力导向的培训模式作为校本培训的主要模式。校本培训的开展要结合学校的具体情况,进行教师需求分析,以教师自身能力发展的需求为基础,确定能力开发的项目与基本要求,再把这些项目内容组织化、系统化,形成结合具体实际的培训方案。当然,提倡能力导向的培训模式并不意味着排除知识导向的培训模式。

2. 校本研训教应注重补偿性还是发展性?补偿导向的校本培训是"缺什么补什么",强调对现代教育所需要的具体的新知识、新方法和技能的培训与学习。发展导向的培训是追求个体的发展,充分考虑其差异性,根据教师的不同特点、需要和能力水平选择相应的内容与方法,注重教育思想和观念的更新,强调理论和思想观念的学习与反思。校本培训的出发点应该立足于发展,而不是弥补缺陷。应从促进教师专业发展的角度,把握教师发展的"最近发展区",不断提高教师培训的质量和效益,引导和促进教师不断发展。当然,由于社会对教师要求的共同性和教师发展水平的差异性,在强调发展导向的校本培训的同时,决不排斥补偿导向的培训在现实中所具有的地位与作用。

3. 校本研训教应强调外部控制还是自我控制?外部控制为主强调教师的学习、业务进修等培训活动依赖于"外力"的推动,注重外部规章制度的约束和各种外部诱因的利用,把培训看成是一项工作任务和内容来开展。以自我控制为主的培训强调培训是以教师在行动中的反省、探究为媒介的自我发展过程,注重内部发展的重要性和内在动力的激发,是展示个性、完善自我的过程。校本培训是结合具体的教育教学实践展开的,联系工作实际,强调培训者与被培训教师的互动和共同参与,自我控制的管理方式,更能调动教师参与的积极性。

4. 校本研训教应坚持以校为本还是以师为本?以往的教师培训采用自上而下的方法,搞统一内容、统一要求和统一进度,这样的方式忽视了教师的个性发展与个体差异。以师为本应成为校本培训的出发点和归宿,教师教育过程中既要强调教师为社会发展和学校发展所应承担的义务,更应满足教师的自我发展的需要。从学校发展考虑与从教师发展考虑并不矛盾,他们的目的都是为了学生的发展服务,为了整个教育方针与教育目标的实现。

5. 校本研训教应崇尚简单运用还是追求创新?如果单纯应用院校培训的模式和方法开展校本培训,肯定达不到目标。校本培训中涉及一些特殊的理论与实践问题,如校本培训的特殊性是什么,如何构建专门而有效的校本培训模式,培训方法和管理办法,如何实现校本培训中的教、学、研的一体化等,都需要用创新的思想与观念,把校本培训作为教师继续教育的创新举措,不断研究新情况、新问题,不断构建完善的校本培训的新体系。

第二节　专业发展标准化导向

教师专业发展的提出源于20世纪60年代,美国较早将教师专业化标准定义为:具有相应的实际教学能力;具有教学设计的独创性,能有效地组织课堂教学;能在教学实践中不断地反思、总结和开展教学研究。我国对教师专业化标准问题的研究始于20世纪90年代后半期。在教育部组织编写的《教师专业化的理论与实践》一书中,首次提出教师专业化的四条标准,基本沿袭国外的从组织、制度上的宏观考量标准。

无论是实践层面还是理论层面,专家和社会都期待用宏观制度比如教师的入职条件、社会地位等,来对教师专业标准进行界定。美国等少数发达国家对学科教师专业标准的研究虽有所涉及,但其标准不外乎三个方面:专业知识、专业能力和专业精神,而且大多是从职前培养的角度考虑,对职后教师的成长关注得较少,总的趋势是表态研究余,动态探索不够。这些目前还不为国人所重视。教师专业化发展是一个持续动态过程,需要建立教师专业发展标准,以对其进行全方位、多角度的过程评价。专业发展标准化是未来优教群体成长之道。

因此，杭州师范大学刘堤仿教授针对教师群体专业成长的标准制定问题，在理论上依据波斯拉教师成长理论、教师群体互动场理论、马斯洛心理需求理论以及我国古代教育家、史学家学说，构建起教师专业化发展科学体系的三维视角，即由教师专业发展层次、教师职业角色、教师发展途径等方面组成的教师专业发展标准结构体系。

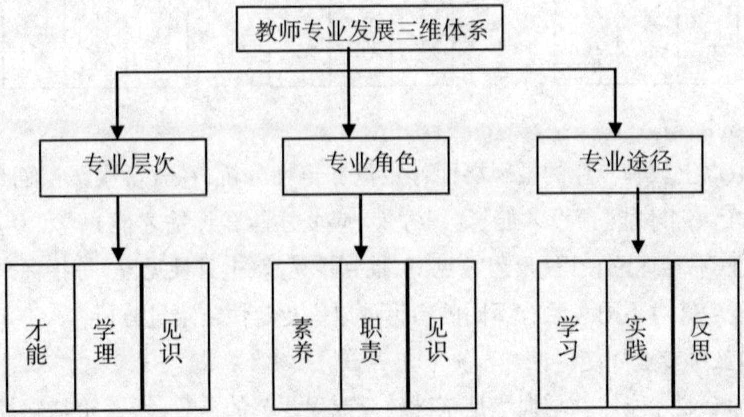

1. 专业结构——才能、学理、见识

教师应具有独特的才（能）、学（理论）、识（鉴赏与批判）三维结构的不同专业层次（如图所示）。要弄清专业结构及其层次，要看教师的“才、学、识”。教师的“学”就是学问，即具备教育专业理论与方法；教师的“才”就是指教育教学能力，即完成教育工作所应有的分析和综合能力；教师的“识”是指其分析鉴别知识，再融会贯通后获得个人见解能力。在教师成长各个阶段（现在通常有各级骨干教师，名星级教师，他们也被称为阶梯教师）所表现的专业结构的层次与需求是不一样的。曾经对区域性教师成长工程基地作过调研，所反映的以上三者的数量关系是：一般教师认为专业结构为 77%、18%、5%；县级骨干教师认为是 65%、25%、10%；市级骨干认为是 55%、30%、15%；省级骨干认为是 51%、33%、16%，这表明一般的教师可能完成工作的“才”与“学”即可，但名师必须具有“识”才能名副其实。

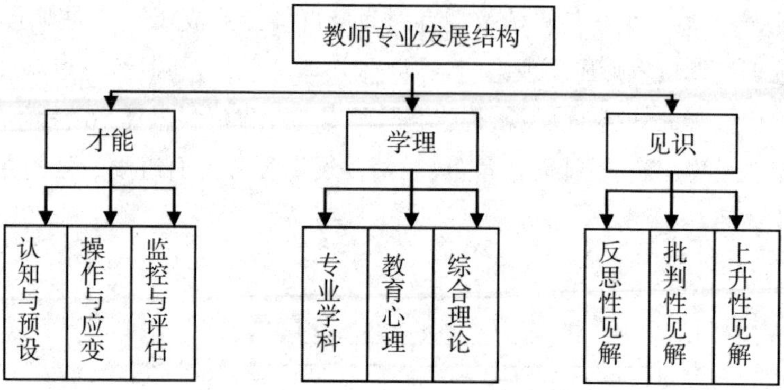

选取以上教师专业的微观层面作定量和定性分析,在教学实践层面(课堂教学)的才(认知才能、预设才能、组织才能、应变才能和评估才能)、学(专业学科、教育心理、综合理论)、识(反思性见解、批判性见解、上升性见解)等指标来对现状作出判断。针对不同对象有不同的指标可以进行定性或定量分析。

(1)教师专业才能

教师专业才能培养与训练是基础教育课程改革的需要,新一轮基础教育课程改革在教育目标的调整、教育观念的转变、教育教学手段方法和技术的更新等方面对教师提出更高的期待和要求,即如何使广大教师在理解掌握基础教育课程改革的相关理念、理论和要求的基础上,更好地在具体的教育教学中实现相关理念。教师只有通过不断学习,不断实践,不断反思,教师的专业才能得到快速发展。

教师的专业才能是教师在教育教学活动中所形成的顺利完成某项任务的技能和本领。教师的专业才能是教师综合素质的最突出的外在表现,也是评价教师专业性的核心因素。教师专业才能包括教师的认知才能、预设才能、组织才能、应变才能和评估才能。

认知才能:教师的知识一般包括三个方面:教师的本体性知识、条件性知识和实践性知识。本体性知识指的是教师所具有的特定的学科知识,如语文、数学、英语知识等,它是教师开展教学的前提,也是人们普遍素质的一种知识。条件性知识指的是教师所具有的教育学、心理学方面的知识,这种知识一般是动态性的,也是目前教师所普遍缺乏的。实践性知识指的是教师在面临实际课堂情境时所具有的课堂背景知识以及与之相关的知识,它更多地来自教师的教学实践,具有明显的经验性成分,是教师教学经验的积累。

教师的认知才能是教师运用自己的知识与心理结构解决问题的智力与能力,

是教师区别于其他职业的专业表现能力。教师的专业认知才能是教师从事教师职业过程中最先具备的才能,也是贯穿教师行使教师职责过程始终的才能。

预设才能:“凡事预则立,不预则废”。预设指的是教师课前的教学设计,是教学的起点。所以,教师在教学方案的预设中,要确定学习内容的目标、学生的学情,以及该学习内容的内涵与外在的逻辑归纳和引申,他们已经具有哪些知识和经验,顺应学生的情感体验,把握学生这些学习起点资源,是课堂动态生成的基础。

生成与预设是教学中的一对矛盾。生成是相对于预设而言的,课堂因为有了生成,才拥有了充满生命的气息,才拥有了撼人心魄的感动。“精心预设”是课程实施的一个起点。没有预设教案的准备,我们的追求必然变成空中楼阁,可望而不可即。有预设必然有生成。两者相辅相成,任何一方都不可能离开对方而独立存在,生成对教学目标的达成有利亦有弊,所以,教师应努力追寻综合的、最佳的动态平衡。

组织才能:是指教师对学生进行组织、领导、监督和协调的才能。为了保证教育、教学工作的顺利进行,需要教师具有多方面的组织才能。如组织教学进程,安排教学步骤;组织学生的注意力,使其对学习保持稳定而集中的注意;维持课堂秩序,组织安排教学方法等等。教师在教育过程中起主导作用,对学生来说是领导者、组织管理者,必须具有相应的才能。

应变才能:教师的应变能力,是教师教学机智的外在表现,它主要指在教育教学活动中善于控制各种外在条件并能随机应变,敏捷而果断地处理各种突发的意外情况的能力。这种能力是教师高度的责任感、良好的道德修养和智慧水平的综合表现。

教育活动是一个多元组合的动态系统,在这一系统运行过程中,既存在着教师与学生的思想交流和感情沟通,也存在着学生之间的思想交流感情沟通,同时还存在着家长、各种不同的人、自然环境和信息等因素的影响。他们之间无时无地不在多侧面、多层次地相互作用着。教育活动系统的诸种因素并不是一成不变的,他们各自存在于几种可能状态中,所以教育活动过程中的各个阶段的情况也因此常有相当的不确定性。尤其是学生,由于每个学生的知识、个性、心理特点、所受的家庭教育和环境影响等各不相同,教育活动过程中不可避免地随时都可能出现各种难以预料的情况,需要教师灵活、机智地正确处置。因此,应变能力是每个教师必须具备的教育才能。

评价才能:教学评价是根据教育目标的要求,按一定的规则对教学效果做出描述和确定,是教学各环节中不可少的一环,它的目的是检查和促进教与学。教学评价是根据新时期的教育目标的要求来确定的。教学评价是教学过程中的必要环节。评价的目的是检查和促进教与学。教学评价是教师成长中一个带有普遍性的影响因素,又是教师成长和发展的条件。

(2)教师专业学理

教师的学理就是学问,即具备教师专业理论与方法。作为一名教师,就必须系统掌握应用性理论、新课程理论、心理学理论、教育学理论、学科理论等。教育教学理论是教育教学工作的先导。作为新时期的教师,一个重要的标志,就是要有丰富的教育教学理论知识。如果没有一定的理论底蕴,对教育教学工作的意义就没有基本认识,甚至连基本的技巧、方法都不懂,教育教学工作就没有实效。在掌握新课程理论的基础上,也需要扎实的学科理论知识。要能掌握本学科的传统理论,了解本学科知识的整体结构,又能站在学科的前沿,掌握本学科的发展方向,了解本学科理论的现代研究水平。同时,具备一定的心理学理论知识也是必不可少的,心理学是研究人的行为和心理规律的科学。学习心理学,目的是了解人类的心理本质,把心理学知识直接用于教育教学工作,更好地认识教育的本质,提高教育教学质量。

(3)教师专业见识

教师的专业见识指其分析鉴别知识,再融会贯通后获得个人见解的能力。教师专业见识包括专业鉴赏、专业批判、专业反思等方面。按照童庆炳在《文学理论教程》中提到的观点,鉴赏是一切接受的基础,它更多的是直觉性、情感性、个体性的审美活动;批评是鉴赏的提高,是对鉴赏的指导,是包含鉴赏在内的以文本的理性分析为中心、并必然带有一定的理论方法背景的实践活动。对一般学校和教师发展而言,在理论层面上,是为了初步了解教师发展体系中的专业结构,基本弄清教师的专业结构组成和行动策略。在实践层面,是可以提升教师的审美素养及批判反思能力,从而起到教师专业发展的奠基作用。

专业批判与反思是教师持续成长的重要途径。教师的批判和反思,是指教师必须不断地对各种教育的观念、言论资料、现象进行价值判断,分析其背后蕴含的深层次背景知识,并进行优劣的比较选择,或提出改进意见。尤其是指教师要对旧有模式进行批判审查,敢于质疑、澄清、否定长期以来赖以生存的假定,打破旧有的思考和行动的框架,运用反思的结果矫正不良教育行为,并在以后的实践中加以运用,最终形成新的教育思想,改进教育实践。

对于教师来说,反思是一个积极的思维过程,同时也是积极的行为改进过程。让教师自己承担起学习和能力提高的责任,在整个学习过程中教师具有学习的主动权和自主权。这也是一个不断自我监督、自我调节、自我激励、自我强化的过程。

专业批判与反思是教师成长和自我发展的基础,教师从经验中学习,在反思中成长,这正是反思的理论支点。教师从自己的实际教育教学活动出发,发现分析其中的问题,并通过教师之间的合作讨论来探索改进教育教学的途径。这是充分发挥教师自我导向学习和自主改革教学的积极性的有效途径。

2. 专业角色——素养、职责、效能

教师应该具有专业素养、职责、效能三方面的专业角色与职业特质。教师专业发展理论认为,教师职业正在完成由技术熟练者模式向反思性实践者模式转变,继而发展成研究探索者模式。判断教师专业程度的标准主要看教师具有的教师专业的核心特质、衍生特质及其专业成长能力。

一名教师由一名新手到"专家"型教师要经过漫长的道路,这个漫长的过程就是教师专业化发展的过程。教师的专业成长需要根据专门职业的要求来培养,教师从走上教育岗位的第一天起,就要瞄准专家型教师的方向。要判断一名教师是否是一名专家,判断的标准之一是看他是否具备作为教育专门职业的核心特质;判断的标准之二是看他是否具有作为教育专门职业的衍生特质。判断标准之三是看他是否具备教学自我诊断能力。教学自我诊断能力是教师专业化的重要成分,它是教师以预定的职责、素质和效能标准进行内省,检查自己的实际表现和行为,并判断自身问题症结所在及其发展情况的自我控制、自我管理的能力。自我诊断实质上是一种内滋激励,教师如果具有较强的自我诊断能力,能自觉地进行自我诊断,将有助于其专业发展,提高其成熟度和内驱力,提高自己的魅力素质和专业形象。

教师自我诊断能力的养成,要求教师根据自我诊断指标系列的构成要素进行,这些要素概括起来主要包括职责、素质、效能三大部分。职责部分主要是指教师应承担的责任和完成的任务及其达成的目标和标准;素质部分主要是指教师要努力完成各种职责或各项任务,最终达成学校整体工作目标所应具备的思想品格、专业知识、业务能力、文化知识水平以及心理品质等;效能部分主要包括工作效果诊断和育人效率诊断标准两类指标体系,这三大要素之间,是相互联系、相互作用、相互制约的。其中教师素质标准反映从一个合格教师向一个优秀教师发展过程中不同时期和不同阶段的基本素质要求，而教师素质水平对于创新教学的开展及教学方案的选取和确定起决定性作用；教师职责标准，反映在创新教学活动中不同时期、不同环节的职能和责任要求，对促进教师采取有效措施培养人才的职责有着最优化的作用；教师工作效能标准，反映教师按照学校指挥系统、执行系统、反馈系统、监督保证系统进行运转的效果和效率要求，对专业化发展效果有着极重要的作用。

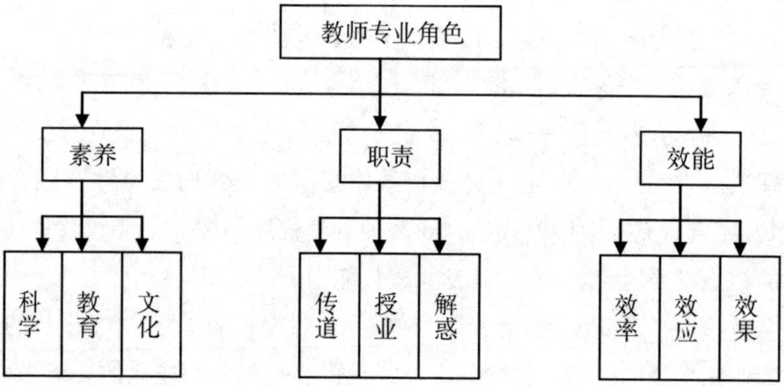

(1)教师专业素养

《中国教育改革和发展纲要》中指出："发展教育事业，提高民族素质，把沉重的人口负担化为人才资源优势，是为我国实现现代化的一条必由之路。"同时明确要求"中小学要由应试教育转向全面提高国民素质的轨道"。普通教育是培养劳动者素质的教育，也是提高劳动者素质的教育，教学教育是普通教育的基础学科教育，应当在素质教育中发挥突出的作用，使学生的教学素质乃至公民的综合素质得到应有的提高。

《现代汉语词典》解释："素"，即本色；"素质"，即事物本来的成分或性质。《教育大辞典》解释：素质，即个人先天具有的解剖生理特点；易患某种心理异常疾病的遗传因素；公民或某种专业人才的基本品质。因此，学界对素质的理解有狭义和广义之分。狭义的素质是指"有机体天生具有的某些解剖和生理的特性，主要是神经系统、脑的特性以及感官和运动器官的特性，是能力发展的自然前提和基础"。广义的素质是指"完成某类活动所必需的基本条件"。

《教育大辞典》指出，教师专业素质是"教师为完成教育教学任务所应具备的心理和行为品质的基本条件”。这里用“基本”强调教师专业素质的“底线”,也就是说缺乏或没有达到这些心理和行为品质的要求就不能成为有效的教师,就不能很好地履行自己的岗位职责。

对于教师专业素质包含两个方面的内容:一是教师作为社会公民的基本素质,主要包括人的基本的生理素质、心理素质和社会文化素质几个方面;二是教师的职业岗位素质指教师所必须具备的教育理念、职业道德、专业知识和教育教学能力。这是教师治学取得成功的重要保证,在这里主要探讨的是后者。

教师的专业素质归纳起来为德、识、才、学、体五个字:“德”是指教师的品德和个性心理素质,“识”是指教师的见识、胆识、识别能力、预见能力和谋略,“才”是指教师的教育教学经验、教育教学能力和教育教学艺术,“学”是指教师的学问、业务知识和知识结构,“体”是指教师的身体健康状况。用现代心理学的词汇,教师应该具备较高的德商、智商、能商、情商、健商。无数的事实告诉我们,作为教师,无德无以成人,无智无以成才,无能无以成事,无情无以凝聚人心,健康虽然不代表一切,但失去了健康,也就彻底失去了一切。教师位不在高,事在做大。要有所作为,不仅取决于在学生心中所处权威地位,而且取决于他的专业才能和人格品位。

(2)教师专业职责

教师专业职责是指教师从事其行业应该具备的责任。教育是一种培养人的活动,这是教育之本性决定的,也是教师专业职责的最根本的特点。从教育活动一开始就产生了教师。在早期的教育中,教育者主要职责是向受教育者传授一些生产生活的基本经验。学校教育产生后,教师的职责主要是传授知识、教书育人。在卷帙浩繁的中外教育史上,教书育人已经被广大教师视为自己的天职,视为自己不懈的追求。《周礼》解道:“师者,范也。教人一道者之称也。”《礼记》释曰:“师也者,教之一事,而喻诸德者也。”赞可夫指出:“教师不应当只限于传授知识,训练技能和技巧,还要教育学生,这是教师的神圣职责。”被誉为“唐宋八大家”之首的韩愈在他的《师说》一文中,对教师的作用、教师的职责、教师的资格以及师生关系做了论述。他明确提出教师的职责是“传道、授业、解惑”。他对教师职责的概括,一直为唐朝以后我国各个时代对教师的要求,影响甚广。

常言道:“在其位谋其职”,教师既然以培养人为天职,就必须担负、完成自己特有的、重要的社会任务,发挥特有的功能。现代社会的教师面对知识经济扑面而来,教育理念不断更新的今天,教师职责基本内涵有广义和狭义之分,广义的专业职责概括为“传道、授业、解惑”。这是针对整个社会和学校来说教师的正面的呼喊。狭义的教师专业职责是局限在教学的课堂上。

“道”可理解为道理、道德，“传道”也就是所谓的“教书育人”，它是教师的三个职责中最容易被忽视的环节。“传道”，主要是指教师通过自己的教学工作对学生进行正确的世界观、人生观、价值观的陶冶和教育，不仅让学生学会生存之道、做事从业之道，而且还要学会发展之道、为人处世之道、人与自然和谐相处之道，并通过对学生思想政治素质、道德素质和心理素质的成功塑造、培养、教育和引导，进而对整个社会的思想道德建设发挥影响、示范、辐射作用。

古人曰：“授人一鱼，仅供一饭之需；教之以渔，则终身受用无穷。”教育的目的是使学生学会学习，学会思考，学会在各种复杂的情况下，有能力独立地去搜集信息、掌握新知，而不是只学会一些历史积淀下来的现成知识和技能，更不是只知现成结论而不知其所以然。因此，教师的职责不能仅仅是传授知识，传授技术，更重要的是传授方法，启迪思维，注重培养学生的科学精神和终身学习的观念，注重培养学生获取知识的能力、独立思考的能力、分析问题的能力和解决问题的能力以及开拓创新能力。

如果说“授业”侧重于教师向学生直接传授已知知识的话，那么“解惑”更强调的是教师如何引导学生利用已知知识去探索未知，是对教师更高层次的要求。孔子曰：“不愤不启，不悱不发；举一隅不以三隅反，则不复也”；十九世纪德国教育家第斯多惠说：“一个坏的教师奉送真理，一个好的教师则教人发现真理。”当代美国心理学家布鲁纳认为，要培养具有发明创造才能的科技人才，不仅要使学生懂得学科的基本概念、基本原理，而且要发展学生对学习的探索性态度。这些都告诫我们，在教学过程中对疑难问题的解答，不仅要启发诱导学生进行思考、获得正确答案，更重要的应使学生能对所学知识进行举一反三的灵活应用，使自身的知识结构随着科技发展和社会变迁而适时做出调整和改变。要避免“读死书，死读书”、“高分低能”，从某种角度上说，培养学生独立进行学习和思考、自己解决疑难问题的能力，比教给他们知识的本身更为重要。这大概就是叶圣陶先生所谓的“教是为了不教”吧。在终身学习与学习型社会正在形成的今天，教师的角色也在变化，教师职责的基本内涵“传道、授业、解惑”应得到重视。“传道”，是塑造人的灵魂；“授业”，是培育人的能力；“解惑”，则是养成人的问题意识和科学精神。

(3)教师专业效能

所谓教师效能，是指在教学过程中教师所表现的一切有助于学生学习，达到既定的教学目标的行为。而教师表现的行为方式是否对学生的学习有所帮助,则决定于教师行为和学生学习成就之间的这种关系,如果教师行为有助于帮助学生提高学习及能力的,就显现出教师具有一定的教师效能。也就是说教师效能的评估主要以学生的学习成就为标准,若教师的行为能使学生成绩提高,则表明具有教师效能。

从课程来讲教师效能有以下几个特点,第一个特点,教师效能是一种信念,它是教师一种主观的判断,这种判断来自于教师个人的教学魅力和教学风格,也就是说教师个人的主观的教学水平会影响到学生的学习效果。第二个特征,就是教学效果也是一种教学能力的体现,也就是说教师效能越高者,在课堂上包括课后可能显示出这个教师有更高的教学能力。第三个特征,教师效能具有课堂性,我们都知道课堂教学本身就具有一些不确定的因素。如果一个教师能够很好地驾驭课堂教学,那就说明教学效能高;反之,如果学生的课堂行为对教师的教学产生了一些影响,可能是一些不利的影响,那么说明教学效能低。

教师专业效能是教师有效执行教学活动的行为,它是教师专业角色的终结要素。教师效能这一概念,涉及教师素养、教师行为、学生学习表现和教育成果之间的复杂关系。教师专业效能体现在课堂是教师在课堂教学当中的教学效率、教学效应和教学效果三个方面。教学效率是指单位时间内完成工作的数量和质量。教学效应是指师生或者生生产生的教学活动。效果是指教学目标完成的情况。

3. 发展途径——学习、实践、反思

教师专业发展途径由“习(学习)、行(实践)、思(反思)”三维结构性途径构成。构建发展途径的“习、行、思”要素与主体变化阶段之间的模型,反映学科教师专业是形成中的专业及职业智慧的体验特征,达成与之相应的教师专业养成途径与对策。

美国心理学家波斯纳提出的教师成长的公式:成长 = 经验 + 反思,可将其衍生为“学习 + 实践 + 反思 = 成长”,这是因为经验是结果,过程是学习与实践体验。将教师专业发展途径概括为“四字经”,即学(学习理论)、行(教育实践)、思(自我反思)、述(著书立说),作为教师专业自主发展的行动指南,势必可以发展成为教师校本培训的重要理论,可以最终起到指导作用。

(1)教师专业学习

Stifler&Hebert 曾指出一种专业的创生并非借助于教师或外界的责难,而是借助于一种知识意义上的专业知识体系以及能够促进这一知识体系不断完善的机制,借助于从事该专业的人员真正的改善自身实践的愿望。也就是说专业学习不等于工作坊或培训课程,也不是单纯指达到专业资质认证的要求。它们都是重要的输入资源,都只是专业学习解决方案的组成部分。即便这些方式能够有效实现既定目标,它们也至多占解决方案的三成。其余七成关键取决于教师是否可以坚持每天不间断地学习、坚持不断共同提高业务水平。只有当教师每天都置身于实践的学习之中时,学习的习惯才能真正养成。

专业学习的方式有很多,术业有专攻,每个人都有自己擅长的方面。专业学习就是引导教师找准自己的方向,学校根据教师的个性特征及其擅长的方面,指引发展方向,开展学习,是教师有自己的专业优势,让每一位教师发展为有个性的教育教学能手。

杭州市下城区中学构建了"自助套餐式"校本培训的新模式,它是以满足教师的个性化的专业学习需求为立足点的培训模式,以人为本,提高教师专业学习水平,促进教师的专业化发展,使之适合教师发展最大化的需求。

(2)教师专业实践

在追求优质的全球性教育变革浪潮的驱动下,培养高质量的教师成为教师教育的理想诉求。受制于各自的历史文化脉络和教育发展的现实,世界各国教师教育改革的理论基础、模式和路径各异,但也呈现出某些趋同。其中,无论是在职前培养还是职后培训中,教师所学习的公共理论、命题性知识转化到专业实践中的巨大落差,使得培养教师专业实践能力成为教师教育改革的重要路向,受到实践界的共同关注和学界的广泛讨论。专业实践能力甚至被视为教师专业地位和教师教育的基础、影响教师教育质量的关键因素。当前,我国教师教育也日渐聚焦于教师专业实践能力,并不断创新模式,力求通过有效平衡教师的理论和实践知识、优化教师的知识和能力结构,以弥补长期以来过于强调理论知识尤其是学科知识教学而忽视实践能力的明显不足。

"实践是检验真理的唯一标准"。再好的教育理论,也只有在伟大的教育实践中才能生根、开花、结果,教师专业实践是教师工作的基本内容。开展教师专业实践培训,以提高教师专业实践能力和教育教学质量,更好地达成教育目标,促进学生全面发展,是教师校本培训的出发点和归宿。

教师职业是一种实践性很强的职业,教师的教育教学实践能力的发展和提高是教师专业化水平的首要体现。人们倾向于把教师本身的自主教育教学实践活动看作教师职后专业成长的直接动力与平台。教师求知的动机来自教育教学实践活动的需要,教师专业成长是教育教学实践推动的。教师求知的目的是回到教育教学实践中,更好地服务与教育教学实践。这些实践活动也正好构建起了教师专业成长的平台。

(3)教师专业反思

教师的反思是对自己经验的一种内省,通过这种内省唤起有助于自主发展的自我意识。作为反思型教师,要对生活于其中的教育教学生活世界进行不断地反思。很显然,教师的教育教学生活世界是丰富多彩的,涉及教育教学的方方面面,因而以课堂为反思对象的反思型教师无疑为教师专业成长和发展提供了最为有效而理想的模式。美国心理学家波斯纳提出教师成长公式:成长 = 经验 + 反思。由此可见,如果一个教师仅仅满足于获得经验而不对经验进行深入的思考,充其量只是经验的重复,无法实现相应能力的转化。他永远停留在一个新手型教师的水准上。相反,一个教师具备了反思的意识,就有可能使我们教学中改变单凭教学经验进行教学或简单重复教学的现象;有可能实现课堂教学效益的提高;有可能使自己的素养得到极大的提高,实现由"传统型"向"智慧型"教师转变,使我们的课堂教学永远充满旺盛的活力。

对于教师培训而言,经验是培训活动无法超越的,而教师的反思能力可以通过各种干预性研究得以加强。因此,对教师反思能力的培养研究已成为教师培训实践的核心问题。教师专业发展是一种自我反思的过程,在教师的实践活动中,反思被广泛看作教师职业发展的决定性因素。

反思是一个不断发现、研究和解决问题的过程。因此教师反思能力的培训应是学习——实践——反思——再学习——再实践反复循环的过程。教师的学习是反思的基础(学习以自学和专家指导为主),教师的教育教学实践是职业行为,具有经常性的特点,教师的反思也应该持续不断地进行。这样循环往复以至无穷,最终结果是达到教师专业化水平的提升。

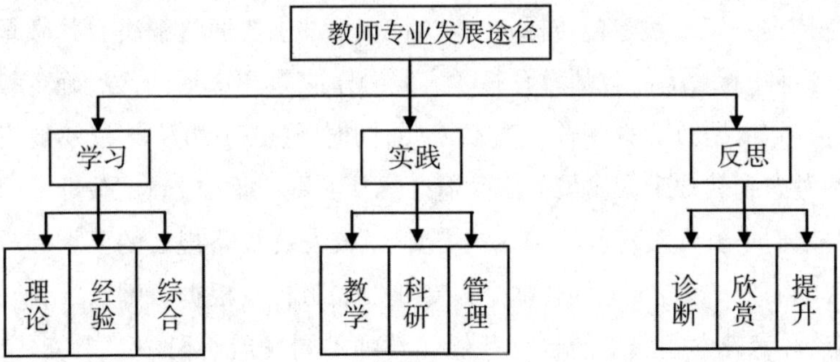

第三节 教研训目标导向

以“促进学生智慧学习，培养智慧型教师”为目标，以提高教师课堂教学能力为重点；有利于适应教师终身教育要求，促进教师专业成长；有利于更新培训观念，立足校情，开拓创新，切实增强校本培训工作的针对性、实践性和实效性。

1. 培训目标

(1)通过培训使全体教师转变教育观念，树立新的教育价值观、现代教育观，使全校教师实施素质教育的能力和水平有较大的提高。

(2)完善个人发展计划，开展教师个人发展性评价的改革，开展校内外的互助合作、结对提高，对有发展潜力、有发展努力的教师给予学术奖励，开设学术讲坛，为知识更新、视野拓宽创设有利条件，积极营造一个有利于骨干教师成长的氛围，加快骨干教师的成长速度。

(3)通过培训，教师具有一定的专业水平，养成教学反思习惯，乐于合作研究，初步具备教学行动研究能力，实现阶段自主发展目标，为成为智慧型教师打下良好基础。

在中小学校本培训行动中，必须准确定位教师个人专业发展目标、教师专业发展总目标、学校发展根目标。第一，定位教师专业发展目标。一是依据一定理论定位目标，确定教师专业发展目标的主要依据是现代教育发展中未来教师的专业形象与专业需要，钟启泉先生在《教师“专业化”：理念、制度、课题》一文中提及现代“教师能力”的要点：“作为教育者的使命感；深刻理解学生的成长、发展；对于儿童教育的爱；关于学科的专业知识；广泛丰富的教养；以及基于上述的教学能力——顺应种种教学方式的能力，适应个性差异的能力，从实践中学会教学的能力。”二是依据一定实践定位目标，中小学校本培训主要通过解决教师教育教学实践出现的各种问题，提高教师教育教学实践操作能力和水平，所以，确定教师专业发展目标必须依据教师教育教学实践需要，同时，还必须服从学校发展战略规划的要求和考虑到教师个人发展的实际需要。从实践方面看，确定教师专业发展目标的主要依据是教师教育教学实践的需要、学校发展战略规划的要求和教师个人发展的实际需要。第二，定位教师个人专业发展目标。根据教师个人自身专业发展的要求、教育教学实践中的自身条件和教师不同发展阶段的要求，确定教师个人专业发展目标，如教学能力型、科研发展型、业务组织型等，并在自我发展中调整教师个人专业发展目标。根据目标分层标准和依据确定中小学校本培训目标的不同层次。从目标层级上，可定位为教师个人专业发展目标、教师专业发展总目标、学校发展根本目标和教师发展培训目标、学校发展培训目标。从目标发展上，可定位为教师发展产业合格培训目标、教师发展专业升格培训目标、教师发展专业风格培训目标等。从目标类型上，可定位为教师发展学校与学习型学校教师专业发展学校、校园文化建设学校、科学研究型学校，改革创新型学校和学习型学校、特色发展型学校等。同时，在中小学校本培训目标中，要根据教师专业发展的规律和教师校本培训的需要，处理好不同发展阶段的校本培训目标层次上的衔接与发展，不能出现培训与发展的脱节现象，并处理好不同层次、不同类型目标的关系，使之协调和谐发展。

丰厚土壤——多元学习重积淀

(1)优化师德学习，提升师德境界。师德建设是一个古老而永恒的教育主题。为了适应新课改的要求，学校把师德建设放在首要位置，有计划、有层次地加强青年教师的师德培养。

结合《中小学教师职业道德规范》修订稿的学习，学校制定《杭州市天水小学师德规范的若干规定》(讨论稿)，全面细化师德规范，让每位青年教师清晰了解岗位的职责。

学校每月组织二次教师政治学习，如组织教师学习“十七大”和“十七届三中全会”会议精神，学习“教育为本，德育为先”德育访谈，开展“科学发展观”教育活动，对时事热点问题进行专题分析讨论，构建教师高尚的教师职业道德体系。

树立典型，培养教师爱生情感。每年开展“学生最喜爱老师”的评选，为教师们树立榜样，激发教师们的爱生情感。

通过师德宣讲、自学、专家讲座等途径让青年教师深入修炼师德。利用“我的认识”“我的发现”“我的反思”“我的案例”“同伴留言”等八个方面研读“下城区教师十项戒律”，让每位青年教师深刻剖析自己的思想，从根源处改进，提升了师德境界。

(2)让学习成为习惯。教师应该是终身的学习者，尤其是青年教师，学习能不断充实教师自身的涵养，能使教师跟上课改的脚步，拥有全新的教学理念。为此天水小学鼓励教师不断学习，每周补贴给教师们两个课时，专门用于自主学习，培养教师“向学”“乐学”的意识;在教研组、年级组等不同层面构建多元的学习型组织,每月至少一次交流学习的心得体会。另外,在“学校网站”还开辟了“学习专版”,供教师交流、畅谈自己的学习感悟,以修炼教师们的内功。

(3)让专业“阅读”厚实素养。这里的“阅读”即指对专业知识的阅读,也涵盖对专家、同伴的教育观点和教学技能等的“阅读”。

杭州下城区天水小学关注青年教师“阅读”的适切性,以解决学校本土问题为出发点,根据青年教师需求形成教师“阅读”菜单,教师可根据自身发展需要选择“阅读”内容,采用学分制量化教师的学习成果,为教师的专业发展提供资源与环境。

阅读内容、项目以及方式一览表(举例)

内容	项目	方式
师德建设	道德修养	专题讲座
	政治态度	集中学习
	法律素养	绩效考核
	职业心态	谈心、教师沙龙
	团队精神	文体活动
理论培训	课程改革	专家指导
	教育教学思想、理念	专题理论研究
	学校管理、文化建设等	自主性学习
观念更新	学生观	各种研讨会、专题讲座
	发展观	
	质量观	
专业技能的提升	信息技术应用	举办培训班
	语言、仪表等基本功	竞赛活动、绩效评价
	组织能力	经验交流
方法指导	新教师培训	观摩教学
	骨干教师培训	短期培训、名师工程
	提高课堂教学效率	各种教研活动
	班主任工作	经验交流
	德育活动开展	校际交流

续表

内容	项目	方式
科研能力的提高	课题立项	专家指导
	实施过程	教师沙龙
	论文撰写	评比活动
	研究方法	专题讲座

学校还大力倡导"草根"阅读,提倡平等互助、各抒己见、紧密合作的学术精神,以沙龙研讨、头脑风暴、QQ 论坛等,多形式、多层面实现教师的同伴草根"阅读",以实现教师的增能。学校有计划地开展了"小班教育之我见""无痕德育""智慧教师,幸福人生"、"有效教学研讨"等主题沙龙研讨,在"小班教育之我见"的沙龙漫谈中,有的老师认为小班额 + 好教师 = 优质教育,小班教育更能关注每一个学生的成长;有的老师认为在小班教育中更易实现因材施教。在"区域教育生态理论"的 QQ 论坛中,有的老师利用《陶行知先生的四块糖果》的故事来解读"和谐是教育生态的'核心'理念",要把握好"整体关联"和"动态平衡";有的老师认为生态课堂的主因子是教师与学生,教师应秉承以生为本的教学理念,关注差异,寻求发展,创造性地组织教学活动;有的老师认为班级是一个小小生态园,班级生态园的建设培养了学生民主平等的意识,养成了文明的行为,加强了学生对社会公德建设的认识。大家围绕如何做人,如何生活,如何将生态理论与教学实际紧密结合进行了剖析,从一线教师的视野和角度提出了关于教育生态的独特见解,引发了新一轮的思维碰撞,迸发出绚烂的生态教育的智慧火花。

2. 科研目标

制定三维发展目标,促进青年教师的可持续发展。围绕师德生成体、学习协同体和研究互助体三维发展目标(如图),请青年教师分层次制定个人三年成长规划:认真分析现状,明晰自己的优势、劣势,确立分项目标与任务,制定行动策略;每一年要根据规划实施情况进行个案分析,梳理已达到的愿景,并根据现实情况再次调整自己的个人成长规划,确保规划的科学性和有效性。

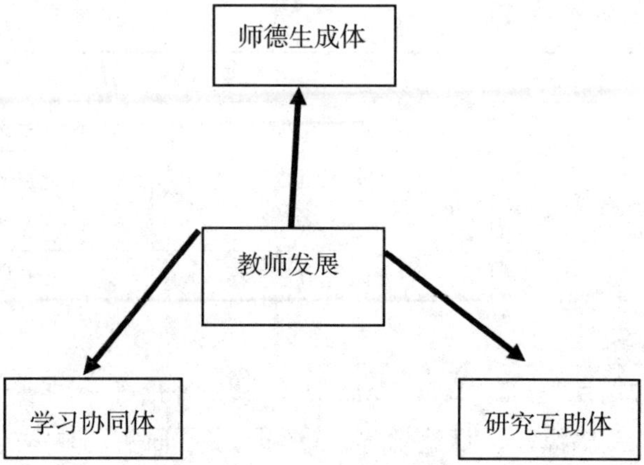

第一层次(教龄1—3年的新教师)发展目标:塑造良好师德,培养热爱本职岗位的热情;从"应知应会"着手,掌握教育教学的常规要求和教学技能;养成教育研究的意识,初步了解教育研究的方法,掌握一定的教育研究技能。

第二层次(教龄3—5年的青年教师)发展目标:形成良好的师德,有强烈的服务意识,热爱自己的本职工作;熟悉教育教学规律,不断更新观念,具有面向全体、因材施教的能力;在教育教学中,逐渐形成自己鲜明的教学特色,具有一定的分析、总结经验的能力;能独立承担教育研究项目,并小有所获。

第三层次(教龄5年以上的35岁以下的青年教师)发展目标:具备高尚的师德,在本职工作中具有一定的榜样示范作用;在教学工作中逐渐形成一定的教学特色;具有独立承担区级以上公开教学的能力,具有指导其他教师教学工作的能力;能进行有成效的实践探索和理论研究的能力,成为有一定影响力的骨干教师。

阳光雨露——多载体交流促成长

不用一把尺子来衡量教师的优劣,关注教师全员动态的发展,促进教师智慧多元化的生成,让教师共享"共同学习与发展"的教育精神和学习氛围,在多样化中求得均衡,在特色中增水平。

(1)专家引航拓眼界。学校根据教师专业发展的需求,学校邀请专家来校做讲座,如《理解现实的钥匙——教育发展史》《教师职业幸福感的培养》《教师发展,财富蕴藏其中》《问题即课题,工作即生活——关于一线教师进行草根研究的若干思考》《基于教育叙事的教学研究》《小班教学更关注学生的学》等,这些讲座从专家的高度,教师的维度生动诠释了一系列关于教育改革发展、教学研究及教师成长的问题,朴实而平民化,对教师教学技能和专业素养的提升提供了很大的帮助。

(2)阳光心态,阳光教师。学校邀请多位心理辅导的专家对青年教师进行心理健康专题培训,指导广大教师科学有效地开展学生心理健康教育活动,让教育追本溯源,帮助学生从内心出发,构建健康积极的学习观、人生观。全体教师通过了心理C证的考核。

(3)联盟研讨提能力。天水小学学校小,教师少,他们就联合同样小规模的学校一起开展研讨活动,从六校联合开课,到"联盟杯"课堂教学的比武活动,与南京白云圆小学联手举行聚焦课堂品质尽显和谐风采——"小班课堂协同性发展"同课异构教育教学课堂展示活动,承办长三角小班课堂教学研讨活动等等,为青年教师搭建了一个展示自我,检验能力,寻找差距,谋求提升的平台,成为青年教师专业成长的一个新起点。他们欣喜地听到了青年教师成长的"吱吱"拔节声,看到了青年教师的课堂教学技能在逐步提高,新课程的理念在深入课堂,感受到了青春的活力灵动的课堂带给他们丰盛精美的教学盛宴。

(4)综合实践宽技能。学校不仅加强了教师师德、专业技能、科研能力的培养,还组织教师进行水墨画、陶艺、剪纸、扎染、书法、超轻土塑形等多技能培训,教师通过欣赏、DIY作品这一综合实践,一同悦享了独特的指尖上的艺术,提高了教师的动手能力、创造能力及综合素养,增进教师间的互助交流,感受了动手实践的快乐!

(5)跨界教研厚素养。在学校省规划课题《小班多学科整合教学的样式探索》的研究中,他们打破学科界限,跨界整合研训,如语文与音乐的整合《听听,秋的声音》,数学与美术的整合《对称的美》等,教师在提升本位学科的专业能力的基础上对其他学科的理解与把握上升了一个台阶,厚实了教学素养。

3. 教研目标

教学科研是学校发展的核心竞争力,教育科研可以使老师们时时以"研究"的目光审视各种教育行为,从而切实提高研究能力和教育教学水平。学校积极倡导教育教学科研,努力营造学校教育科研的良好氛围,出台《教科研奖励条例》奖励在教育教学上有思想、敢创新、能研究的教师。

学校以龙头课题为引领,层层设立校级研究课题、区级课题、省市级课题,问题即课题,鼓励青年教师以研促教,以研促思,积极参与教育改革,提升教师的专业技能。

内化感悟求突破

天水小学成立了以达柯文校长为组长的课改工作室，以学科为单位成立了课堂教学互助小组，星级教师任组长，指导青年教师的课堂教学，围绕“磨课——学习——帮扶”等措施，让年轻教师能尽快发现自己的教学“短板”，并在名师引领、同伴互助学习中得以弥补，从本校实际帮助青年教师尽快适应新课程改革，提高课堂绩效，同时发挥优质教学资源的辐射作用。

学校还围绕“探索生态的评价机制，促进教学的有效性”展开语文、数学、英语、科学学科的专项调研，邀请教研员一起参与听课、磨课活动，交流“生态评价”的经验和困惑，切实帮助提升年青教师的专业素养；狠抓教师备课、上课、批改等常规教学项目，并组织教师分学科进行专项教学素养测试；每一学期有针对性地多次进行学生质量监测反馈，及时调整教师在教育教学中存在的问题。

学校以“一点研究”为切入点开展草根教育教学研究，青年教师从各自学科教学和个别化学生指导等层面展开课题研究，记录教学反思，物化研究成果《习·悦》《星光灿烂》《感悟》《一点研究系列》《水滴石穿》等。

青年教师每周要求做一次教学反思、向学校提出一个典型个案、每周提出一个问题，经过案例引入、案例讨论、诠释与研究的基本过程，再分学科、分类别、分层次针对案例进行学习、研究、反思、感悟、借鉴，大大增强了教师们自我培训的意识，提高了培训的质量，达到了培训的目的。

弥补“短板”现象。青年教师在专业发展过程中需要在实际工作中得到专业指引，寻找专业发展中的“短板”，需要通过学习或求助于亲人、朋友、师长甚至专业人士加以改进，也就是“加长木板”。

第二章

平　台

学校制定师资队伍建设规划，规划中强调教师的专业化发展目标共性与个性的结合。以“职业道德”建设与“生态课堂”为载体，助推教师专业理念与师德、专业知识学习、专业能力的有效发展，形成促进教师专业发展的导向机制、激励机制和保障机制。学校积极开展“有效课堂，智慧教师”的校本研训活动，鼓励教师以提升教学质量为核心，以教学改革为抓手，以专业成长为推动力。学校能形成校本研训网络。学校实行每位教师五年一周期不少于360学时的教师全员培训制度，按规定组织教师参加研训。学校完成学年人均培训72学时及以上，其中在省师训管理平台上自主选课年人均培训36学时及以上（不含校本培训与指令性培训学时），当年90学时集中培训完成率达22%及以上，教师自主选课率与实际参训率分别达95%及以上。

学校重视教师专业发展工作，建立教师专业发展工作小组，制定学校教师专业发展五年规划和每学年度研训计划，引导教师制定个人专业发展5年规划与每学年度研训计划。学校日常公用经费的10%以上列支教师培训经费，为骨干教师搭建成长平台，积极支持教师参加国培、省培项目的培训，并在区域内发挥示范引领作用。积极参与“教师发展学校”的创建，学校开展“有效课堂，智慧教师”的校本研训活动，鼓励教师以提升教学质量为核心，以教学改革为抓手，以专业成长为推动力，通过“同课异构”、梯级教师教学展示、“教育、教学经典8分钟”学术论坛等平台展示教师风采。学校还开展“青春起航计划”助力35周岁以下年轻教师的专业成长，建立“名著导读”语文工作室、“在事观察”班主任工作室、“科学课堂教学设计工作室”，积极承担“名师智慧空间站”项目与活动。

第一节 平台1
学习与竞赛共同体

激发教师提升常态教学水平,学校需通过各种资源的调配和调剂,为教师创造丰富的自主发展的成长平台。为促进教师专业成长,学校已有“新教师汇报课”、“师徒结对汇报课、展示课”、“教师成长教学论坛”等平台,这些措施更多的是推动职初老师的成长,在近几年中我们为不同风格教师创设不同的平台来展示他们在教育教学中的成长,为课堂教学质量的提升服务,为教师的专业发展服务。

1. 竞赛类平台

(1)基于教师专业见识的评比

每学年组织教师开展读书心得交流、论文(成果)评比交流、研修报告评比交流等常规性活动。将原来的案例评比扩展为课堂诊断报告的评比,突出教师的研究性学习。不仅会评出一、二等奖,优秀案例还会入选校刊,每年9月是论文和课题成果评比,只有获校级一、二等奖的才会被推荐参加区级及以上评比。

(2)基于教学专业才能的评比

①教学技能基本功比武

教学竞赛的真正价值,是对教师学习和研究的引导,引导教师有效地学习、研究、对话。因此,学校组织的教师专业才能的评比——教学技能基本功比武与现代教师教学的实践能力更贴合,比如单元解读、出卷比赛,凸显教师解读教材的能力对教学实践的影响。

②“胜蓝教学月”教学展示

教师成长中“学习、实践、研讨交流”这三方面互相联系、互相作用,是一个立体交叉的整体。校本培训怎样打通三者的联系,让有效的信息能最大限度地促进教师的发展;怎样发挥集团化学校骨干教师的辐射力,展示优质、交流优质课堂教学;怎样既为集团化学校各层面的教师提供展示自己的舞台,又能促进各层面教师的合作研究;“胜蓝教学月”活动这一“整合化”教师培训就是在这样的思考下孕育发展起来的。

“胜蓝教学月”活动时间是在每年10月至12月,历时超过一个月,每一届学校都提出一个引领教师共同发展的主题,在活动中通过名师及骨干教师引领课、各层次教师教学研讨、专家及骨干教师讲座等，将理论学习和实践教学融合，将教师个人研究和群体研讨融合，促进了各层面教师成长平台拓展与沟通。近年来“胜蓝教学月”课堂教学展示评比活动也不断地丰富拓展培训的内涵。从关注教师成长结果转向关注教师成长过程。

2. 学习共享类平台

①校园网

学校于 2013 年重新进行了校网站建设，学校网站不仅仅是个浏览学校教育教学信息的场所，而且是家校联系的桥梁，课堂教学的延伸，教科研交流的平台，学校德育宣传的阵地。现在通过校园网，不断完善教科研信息共享，通过对教育科研信息采集、加工、传递、储存和使用，促进教师对科研信息的使用，方便教师快速提取所需要的科研知识，为教师进行教育科研提供必要的信息资源，保证教师教育科研活动的有效开展。

②ftp 资源库

在 ftp 上初步建立有校本特色的教育科研和教学资源库。通过对学校有价值的科研知识进行有效储存，促进教师对科研信息的使用，方便教师快速提取所需要的教学、科研知识。

③教研组 QQ 群

建立各种合作团队之间的 QQ 群，随时进行头脑风暴，集思广益，高效地解决教育教学中的问题。

④胜蓝大讲堂

“胜蓝大讲堂”是为我们一线教师创设的交流平台，一般利用周五教师业务学习时间和暑假师德培训时间开设，通过这一平台大家可以表达在教育教学实践过程中的亲身经历和内心体验，表达自己的教学观点，可以是教育智慧故事，也可以是教育观察。

⑤校刊《引航》

校刊《引航》是学校从 2006 年创刊，一直坚持到现在，校刊每学期一期，主要记录教师的草根研究，是胜蓝教师最重要的交流平台。教师文章入选，属于校级发表。

第二节 平台2
基于“研影”显于“会”

杭州市东新实验幼托园积极落实“科学发展”,认真贯彻区委、区政府打造“繁华时尚之区”的战略部署,围绕区教育局精进“高位高尚”的远见追求,坚持“以人为本、和谐发展”的办学思想,坚持“为幸福人生奠基”的核心价值观,坚持以“科研为先、品质为本、文化为基、特色为翼”发展思想。本着“科研引领,以研促教”的目标,研训教一体化促发展的策略方针促教师发展、创幼儿幸福童年。

2014年,是继往开来的一年,幼托园各项工作稳步发展,研读《教师专业发展标准下的校本培训》,教师专业能力:学生(幼儿)——知识——管理——研究——合作;深刻认识到教师专业发展三位体系中教师“专业层次、专业角色、专业途径”,内化为幼儿园教师能力就是在班级工作(基于幼儿、基于管理)、同伴影响成长(与他人合作能力)、自身能力上的拓宽。

在这样一种认识基础之上,幼托园管理团队寻求新思路、新策略,形成以下四种意识、三颗真心、三个基点:以“教育生态”为指引、“研究、服务、指导”为宗旨、“夯实基础、解决问题、寻求发展”为思路;树立四种意识——问题意识、规范意识、创新意识、整合意识;收获三颗真心:静心思考、潜心修研、齐心合力;坚守三个基点——坚守科研与品牌、坚守儿童与发展、坚守研训与成长;努力实现“教师群体成长、品牌成果推广、家园合力育人、结对共同成长”的美好愿景。

在此基础上,本学年通过深入学习《指南》,深刻把握《指南》精髓,高举素质教育的旗帜,深刻解读好教师的多重角色,充分认知和尊重幼儿生命特性,遵循幼儿身心发展规律和学习特点,自觉创造与生命相和谐、与个体生命相一致的教育;在“存精、吸纳、创新”的课程研究总原则下,突显语言特色,坚持课程与课题研究整合相融求效益,不断深化园本课程建设,推动教育科研向纵深发展。

基于儿童观、幼儿教育认知特点为基础,如何融会贯通开展、落实“教育科学研究为先导、课堂教学改革是基点、教师专业成长贯全程”研训教一体化目标,成为教师共同关注的话题、为之奋斗的目标,教师工作着、快乐着、成长着。

因此确立“基于影:记录身边幼儿点滴为载体”:随时随地用“心”去记录观察现阶段幼儿一日活动的真实面貌以及面临的主要问题和困难、以“阅、研”提升教师践于行、行于思的能力、显于会：促进幼儿园教师互助成长，将理论内化、具体化；让孩子学会快乐、学会成长。

1. 基于“研影”、显于“会”的思考

所谓研训教一体化，意指在日常活动中提升教师能力间的融会贯通，学会看、观察，懂得阅、研、思考，进而能够意会、学会提升自身能力的方式和方法，教孩子学会应有的生活能力。

因此在这样一种理念冲击下，研训教提升靠问题，问题哪里来——日常教育教学、带班过程；怎样解决困惑——集体、团队、名师；解决问题——将策略放置于实践之中，践行策略，掌握策略，内化经验，提升自我。因此在这样一个理念的思考过程中，研训教合一要做到四个“注重”：在教科研上的动机，要克服“功利”，注重“内需”。在教科研的选题上，要避免“跟从”，注重“创新”。在教科研的实施上，要减少“形式”，注重“过程”在教科研上的评价，要力戒“浮华”，注重“实效”。三是要“以案例展示理念，让理念回归课堂”。四是实施“研训一体化”应以科研为先导，以问题解决为目标，将行动研究与全员培训紧密结合。要以课题指引培训活动，以研带训，以训促研，研训结合。五是要使校本研训活动呈现出各种模式的有机整合。最后是网上的亮点收获分享：一是要明确，培训有模，但无定模，无模之模，乃为至模。二是不管采用什么研训模式，都应体现“开放、互动、适用、创新”。

幼托园教师以诗意学堂活动作为基础，“诗意学堂”是一个互助共同体内四所幼儿园的骨干教师专业成长的学堂，定向培养集团内的骨干教师成为幼儿园骨干型、专业性的学科带头人。通过“诗意学堂”充分挖掘“互助共同体”内幼儿园各自发展优势，在教师的培训上探索一种利于骨干教师发展的新举措，带动各幼儿园的发展。培养骨干教师的过程中，建立“诗意学堂”，从骨干教师自身发展与骨干教师辐射能力两方面着手进行一系列的活动，通过一些载体，创设高效互助的平台，在进行对话与互动的过程中，研究骨干教师“诗意学堂”创办的内容、活动策略、激励机制、考核机制等，使各共同体幼儿园的骨干教师向最优化发展，从而带动各自幼儿园的发展。其中《“诗意学堂”促进幼儿园互助共同体内骨干教师专业成长新载体研究》已经市级立项课题，“走近名师，学习名师，研究名师，助推成长。”这也正是一名优秀教师成长之路。东新幼领导班子紧跟教师发展需求，捕捉教育契机，搭建“阅、研”平台：基于青年教师实践经验，依托骨干教师智慧，交流课堂实效、教学实践——基于新课程教育理念下的新的课堂教学模式、基于丰富实践经验下的有效教学策略、着眼于幼儿年龄特点的现场回应等有了更深的了解。

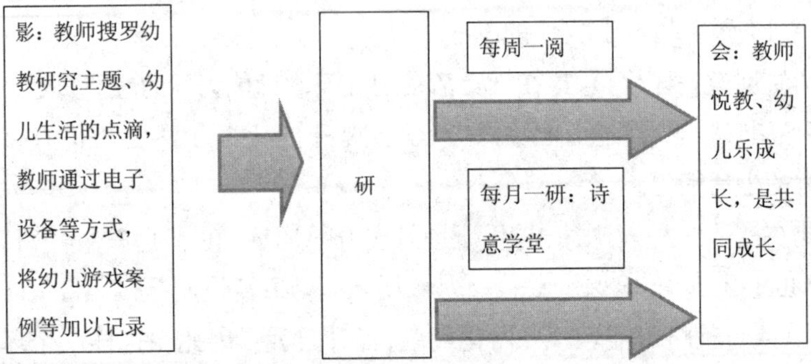

基于“研影”，作为“每周一阅”研讨素材，每周一阅中，以诗意学堂为基石，通过集体智慧碰撞，慧眼识珠寻找有价值的案例进行分享，研读；研：各种策略的研究方式，每月一研，各个诗意学堂组合在每月中寻找最有分享价值的内容，作为素材，在每月研讨中进行讨论；最后结合实践，撰写感受、寻找教育教学策略体会，撰写形成课题、论文，落实到教。真正实现问题从实践而来，策略落实于实践。

2. 基于“研影”、显于“会”的思考

基于研训教意义、价值的认可，教师专业成长新载体“影”、基于“阅、研”策略实施，开展校本培训研究，让一线教师有话可说、有感而发，通过现场研讨帮助教师改进对幼儿的观察指导方式，通过视频案例观察对自己或是同伴的教育教学行为进行现场诊断、评价，分享典型经验，提升教师的观察、倾听和表达能力，将阅研的成果应用到实际工作中，促进教师专业化发展，并结合骨干名师等的专业引领，草根式的案例解读——专业解读——落实实践。相信只有让教师认可的培训才是有实效的、让教师有困惑可寻找的平台才是真正好的策略。

东新实验幼托园是一所以健康作为办学特色的特级园。健康也是孩子快乐成长的价值和意义所在，孩子除了应有健康的身体当然还有阳光的心态，孩子健康心理的建立除了家庭教育的影响，当然首当其冲就是教师的言传身教。首先他们帮助教师建立阳光的心态，在视频案例解读中，他们也会截取老师的微信视频等方式，了解教师的思想动态、工作困惑。基于此，他们走进孩子、研读孩子、读懂孩子。

幼托园短培活动掠影：

第一期：混龄户外体育活动“快乐动动动”研讨

活动准备:通过整个幼托园短培计划的发布、内容的落实,在第一篇章,当然与新学期的健康教育有关系,幼儿园一直开展混龄"户外体育区域活动"以及晨间班级内自制体育器械的运用和适宜性。

教师通过在前期进行视频、影像资料的拍摄,在诗意学堂组内进行筛选和研讨,例如平衡区:了解中大班孩子平衡方面的发展特点和最近发展区,投放怎样的适宜的材料,激发他们的兴趣,鼓励孩子乐于参加。

每一个团队通过材料的选择,进行视频的拍摄,作为交流的素材,结合 PPT 加以呈现。

活动后感:本次活动在整体安排上能够动静结合,通过前期各位教师对于"动动动"这一活动的思考,结合实际工作,组内进行相互交流,分享各自的心得体会和见解;研讨现场,草根分享加上专家的对策指导、引领,以及教师在视频中行为的解读,让他们从更深层次了解孩子的需求,让在场的老师们对于体育活动有了较为深刻的了解;与此同时,在视频中他们还发现了体育活动渗透德育的可行性,材料与行为的相互关系,基于材料,激发行为,孩子们在游戏中够不到、抓不住后产生合作、互助、尊重等,感受到健康活动中的整合意义。

第二期:健康领域:省级教材《好孩子》研讨

孩子要有健康的身体,除此之外,健康的价值就在于孩子的内心,如何走进孩子的内心,需要的就是孩子真切的好孩子体验。在互动前期,寻找素材,一位老师拍摄的日常生活中孩子的行为习惯成为他们关注的话题。在每月一研中,将此作为近段时间的重中之重。

在活动开题篇章,黄菁园长也通过视频采访的方式,为他们展现了孩子眼中的好孩子,让他们走进孩子的内心,去倾听孩子的声音。

基于此,他们还邀请在采用《好孩子》教材、注重德育的名师、骨干来园一起分享好孩子教育的点滴感受。老师们通过照片等影像资料为他们呈现了各个幼儿园在开展好孩子教育时的点滴经历。他们的引题或者发言发人深省:

语录1:为什么选择品格教育作为他们的核心课程?

因为品格是世界上最强大的动力之一,品格的力量将支持儿童终身健康和持续向上发展。

幼儿成长需要品格教育吗?

幼儿的世界是一个善的世界。如果能长养幼儿的这种善性,就为他一生的道德与美好生活奠定了基础。

语录2:责任品格主题实施后的思考

以“自我责任”为基点,循序渐进、深度激发幼儿责任意识和能力。

结合集体生活,培养幼儿的“集体责任感”。

家长的参与是幼儿品格学习过程中不可或缺的部分。

品格学习是个持续的过程。

语录3:月月有节呈精彩　携手共育“好孩子”

视频呈现活动内容,分享快乐瞬间,引发教师的思考:孩子们爽朗的笑声、专注的表情,那一份孩童时代的纯真和真善美都让他们心领神会。

- 周末亲子 “笑在重阳”活动
  http://mp.weixin.qq.com/s?__biz=MjMNzA5OA==&mid=204174549&idx=1&s995d5f27f12f9e874c3d3b70f07b#rd）
- **欢度双节，老少同乐**
  http://mp.weixin.qq.com/s?__biz=MjMNzA5OA==&mid=204230258&idx=1&sa8f617937f173fc4acb77e07edbe#rd）

最后在黄菁园长的结语:“每个孩子都是珍贵的生命,他们不是缩小的成人,也不是成人的预备。他们是思想独立、精神独立、个性独立的人,是天生的学习者、幻想家和诗人”中结束了本次《好孩子》研讨活动。

在后期与这些省内外的幼儿园教师团队,也会继续以视频、影像等资料作为依托,在线进行活动内容的分享,共同思考斟酌教育价值,为孩子营造一个属于他们的快乐的童年……

活动后感:本次活动中,通过各地区专家、园长等的“影”——视频案例、照片等分享,以及东新实验幼托园教师团队基于体育活动中的《好孩子》研讨,让他们对于“好”有了更为充分和深刻的理解,怎样才是好孩子,并不是要求整齐划一,而是在个体差异,尊重个体发展基础上,好孩子品质的一种内化。在活动现场,东新实验幼托园的孩子通过阿德、小玉的表演,让他们真切感受到好孩子要会玩、喜欢玩、更要学会玩,在学会玩中培养良好的个性品质。活泼开朗的东新幼孩子获得了莅临老师们的掌声,我想这就是让孩子获得成功感、认同感,并学会大胆展示最好的表现。

当然通过这样的活动,基于专家领导的点评、分析,也让他们幼托园所有教师对于怎样培养好孩子、怎样成为好孩子的老师有了更真切的感受,相信在以后的教育教学中他们也会朝着这样一个方向努力实践。

第三期:动动动与幼儿生活接轨的研讨活动

本次活动的来源:教师将他们班孩子在报纸球游戏中的快乐瞬间,作为研讨素材,与组内教师进行分享。由此生成了本次研讨活动:动动动与幼儿生活接轨

的研讨活动。孩子喜欢生活、喜欢生活化的游戏。因此探讨开放怎样的游戏更加接近孩子的生活。是否可以从孩子角度选择内容,确定发展方向,真正彰显游戏的价值。从组内研讨,各团队教师结合本区域内的实践开展情况,加上名师、骨干的经验分享,最后团队讨论大班发展性区域新区域的落成。

活动后感:通过教师们的前期幼儿生活分享,截取好视频,通过分享,激发老师的思维,寻求孩子生活中喜欢的游戏内容作为载体,延伸适合幼儿园开展的发展性区域,最后通过集体的智慧,他们选取了几个亮点活动加以开展,并在后期的活动中分享开展情况。最后的区域为:以攀登等身体发展作为目标的摘桃园,以跳跃作为发展目标的摘星星,以躲闪、投掷能力作为目标的CS区域。

后期老师分享的活动照片:以玩"享"快乐作为标题

在赋予灵气、充满神奇色彩的环境中,孩子们的童真、童幻被注入了无限潜能,孩子们玩出精彩、玩出成长……

图1:黄衣服小男孩:大马,驾驾驾,快进攻……
图2:快,进攻,别让他们冲上来……黄衣服小男孩:哎呀,不行,挡不住了!
这时,眼镜小男孩离开了坐骑,来到了滚筒摆放区。图3:造型横空出世眼镜小男孩:哈哈,我来了……
"呀,你们看,机器人来了……"场上一片欢笑声。

轮胎宇宙飞船:
小女孩:宇宙飞船要启动了,快跟上……
小男孩:我来了,哎呀,我要先过宇宙桥,等等我……

CS:要开战了,一组队员站到“敌人”碉堡前,“哈哈,你们等着吧,他们一定会打败你们的……”“他们才不怕呢,看,这是他们的炸弹(报纸球)!”队员们迅速躲到自己的城堡后面,“快拿盾牌挡住,小心他们的炸弹!”

男:哇,你们快看,好多星星啊……
女:太高了,他们摘不到……
男:没关系,我去搬轮胎;我人高,我来跳;我来扶住你……
女:你要小心啊……终于摘到了,成功了!

游戏现场,孩子们穿戴好了手套,“这是他们的索道,终极挑战区……”大家手脚配合开始前进。“哎呀,不好,下面有滚筒炸弹,你们千万不要踩……”一个小女孩刚刚要踩下去,马上收住了,“哦,还好我没有踩到……”

“这么多桃子!”“我知道,就是孙悟空的花果山,电视上有的。”“我们一起摘桃子吧!”

“我来搬梯子吧!”

“我来托住你吧,加油!”

经过前期的研讨实践,后期分享的孩子们游戏的片段,让他们感受到研讨的价值,研讨方式策略的重要性……作为他们接下来校本培训的基石,真正做到研读孩子、读懂孩子。

3. 基于“研影”、显于“会”的评价

看到孩子的成长,同时相信这也意味着教师队伍的成长。如何来评价本学期开展的以“影”为基础、“阅、研”策略方式的落实,而显于“会”,什么是会,怎样才算会,因此我认为评价的角度应该从教师和幼儿两种维度检验:对于校本培训价值的体现是否适宜。

当然无规矩不成方圆,很多时候在开展培训的时候也需要一定的规则,具体如下：

杭州市东新实验幼托园园本培训制度细则

1. 成立幼儿园园本培训领导小组，专人全权负责园本培训的计划、安排、组织与实施。

2. 提前2天上报活动流程和需要，后勤为园本培训提供场地、材料等必要条件。

3. 教职工按时参与园本培训活动，不得迟到和早退，更不准无故缺席，每次活动做好考勤记录。考勤结果纳入月考核。

4. 教师积极主动参与各种形式的园本培训，参加各项培训活动时必须遵守该项活动的培训要求、安排和相关规章制度，教师的参加情况纳入月考核。

5. 在园本培训中，表彰积极参与讲座与示范活动的教师，在期末考核中按标准加分奖励。

6. 对于在园本、接待活动中获得名次的班级或教师，按该次活动的奖励办法给予奖励，并在期考核中加分奖励。

在培训中，教职工以视频、文档等方式做好培训记录，自主做好学习资料档案。

发放反馈表，学员认真做好培训后期的反馈。

在园本培训中，以区级培训（班级）或者本园教职工为单位，开展案例心得评比，对于优秀者，在学员成绩中给予体现。

10. 建立教师培训业务档案，记录教师培训情况，记录者对于每次培训做好分析反思。以作为下次活动的积累。

11. 园本负责人针对每次活动做好记录以及PPT等材料的收集，做好园本培训档案材料。

温馨提醒：

如遇特殊情况未能参加园本培训，需要提交请假条，经幼托园盖章存档。

请假教师自主拷贝学习资料，做好培训记录与反思。上交园本负责人。

教职工无特殊情况迟到者，在月考核中视情况做出扣分处理。

教职工无故不参加园本培训者，在月考核中视情况做出扣分处理。

当然规则执行、要求体现只是作为一种共性二存在，更多时候在运用的时候要考虑具体情况，以人性化的方式开展，不让培训成为教师的压力，而是成长的动力。在本学期除了12月份一位教师的产假，其他老师都能积极参加校本培训，而且都能成为优秀学员,积极撰写心得体会以及自身经验反馈,做到学以致用。

科研能力:首先通过前期各种健康活动的研讨以及校本培训方式策略的研讨,很多关于这方面的论文、课题获奖。本学年,幼儿园的科研工作从目标着手,认真学习落实市、区、园教育工作的各项目标,以全面提高幼儿快乐成长为根本,以幼托园环境、教学为主阵地,以解决教育教学中的实际问题为立足点,坚持理论研究与实践研究相结合,进一步规范科研管理,激发广大教师参与科研的积极性,接下来针对目标落实与执行作如下反思:

(1)了解幼托园科研总课题以及可以撰写的子课题,可以撰写的相关论文内容

在第一次课题题目申报中,了解教师对于科研的思考、确立(修改)可以撰写的方向。借此确立幼儿园课题撰写方向。由此产生的2013年第二学期课题获奖率达到90%,打下良好的基础,说明这样的方式还是行之有效的,而且也提升了一线教师撰写课题的积极性。

(2)加强理论学习,提高教师理论水平,了解现阶段幼教相关信息

通过幼托园每月业务学习以及订阅的科研杂志,帮助教师了解实时信息,对于撰写课题内容有更好选择,增加教师获奖概率,进一步提升教师积极性。

(3)做好区级及以上工作内容的内化、下达、完成,保质保量、体现科研的成效、精致、幼托园的优势

在科研课题获奖等的基础上,及时下达评审内容,让教师有时间提前准备;通过园级科研团队的审核,根据要求通过有针对性地点评、修改、送审,使科研质量有很大的提升。同时针对科研课题的立项,邀请专家进行开题论证活动,让未有课题立项的老师,不再害怕撰写课题;课题立项的教师指导课题开展的方向、措施,成果撰写的策略,真正使科研走近每位教师。

第三节 平台3
基于体验的师德组织重构

杭州市长寿桥小学近两年开展的师训项目是一个师德培训项目,从2012年开始实施。他们从重构教师身边不同类型的组织着手,按照不同教师发展组织的需求,以体验作为师德教育的基本方式,形成基于体验的师德教育体系。

为什么长寿桥小学要做这样一个项目呢？他们认为，培训的终极意义是要落实到教师行为的改变，教师行为的变化其原因是复杂多变的，比如教育教学过程中面临新问题的挑战，他需要学习改变；社会发展对于教师工作的新要求，他必须学习改变；同事交往中引发的价值观的冲撞也会影响他变化，等等。这些可以成为校本培训的切入点。对于“长寿”而言，教师培训需要面对的首要问题是什么呢？解决的路径又在哪里呢？

（一）需求分析

长寿桥小学教师结构现状，年龄结构现状：30以下2人，30－40岁73人，40－50岁38人，50岁以上7人。教师职称结构现状：小高84人，小一17人，小中高11人。

从长寿桥小学教师队伍结构可以看出，绝大多数教师已进入相对稳定的成熟期，已积累一定的教学经验，对于学校文化的认同，工作的基本规范都能较好地落实。但是这样一支队伍，也存在着明显的问题，对于教育教学中出现的问题缺乏敏锐，在解决这些问题时多数人又缺乏观念和方法的创新，常常出现用老办法解决新问题，同事之间的互相学习氛围也在下降。

这样一支家庭、生活、工作都处于相对单一，与同事的教育交往相对不足的队伍，他们培训要做的不仅仅是解决教育技术问题，而且要怎么解决动力问题和面对问题解决问题的创新问题。

怎么突破这个问题？如何选择切入口？他们从学校教师教育生活的现状出发，发现、利用各种已存在于教师日常工作生活中的交往圈，以体验式培训作为培训方式，介入、执行学校的培训意志，通过教师间的不同的交往圈的构建和运行，来达成发展的目标。

（二）概念界定

1. 对“重构组织”的理解

重构组织：在师德教育中，根据教师教育生活的不同需求，发现、培育一些自发的教师组织，引导其价值导向，从而形成不同的符合学校主体价值观的教师发展群体。重构组织的路径是从自发到自发，培训在其中起到了引领价值导向的作用，学校由组织者转变为服务者和支持者。

2. 对“体验”的理解

《辞海》中对“体验”的解释是“亲身经历以认识周围的事物”。牛津词典上这样定义“体验”：“对某种状况或条件的影响的有意识接受；对某个事件的影响的有意识接受；对某种状况或条件的主观看法；影响某人的某个事件；通过实际观察或亲身经历获得的知识。”

词典的解释为他们深刻理解“体验”提供了一个起始点，结合杜威提出的“把体验看作是一种透镜去分析人与环境之间的互动关系”。他们认为体验是一种对环境、事件有意识的延续的参与（观察、亲历、体证），是行动与思考之间相互联系的过程。

2. 对“基于体验的师德教育”的理解

基于体验的师德教育，是指通过精心设计的活动、游戏或设置的情境，让参与者在活动中观察、反思、分享教育生活，从而对自己、他人和环境获得新的感受和认识，并将这种收获运用到教育实践行动中。基于体验的师德教育强调学习主体的参与，以及与过程、环境的互动，讲究学习主体的领悟和体会，通过促进教师的人本发展来解决教师所面临的实际问题，从而促进教师师德发展。

一、重构发展组织：基于体验的师德教育的设计（活动设计）

他们从重构发展组织入手，依据体征性原则、主体性原则、发展性原则，他们设计了一系列基于体验的师德教育运行模式结构框架，框架包括师德教育的运行流程，运行策略和运行载体。

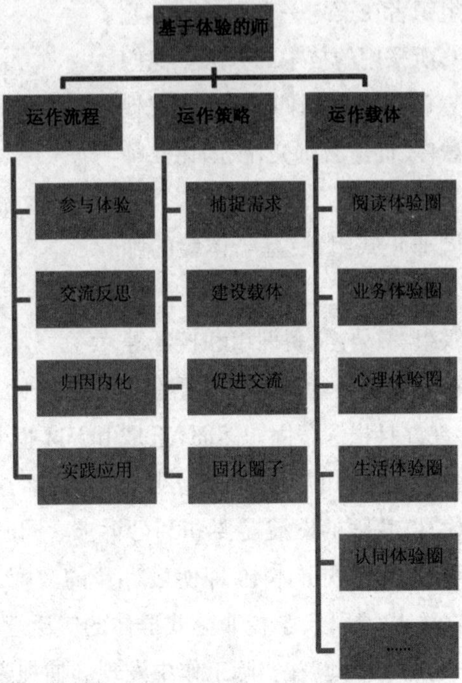

基于体验的师德教育运行框架图

1. 基于体验的师德教育的运作流程

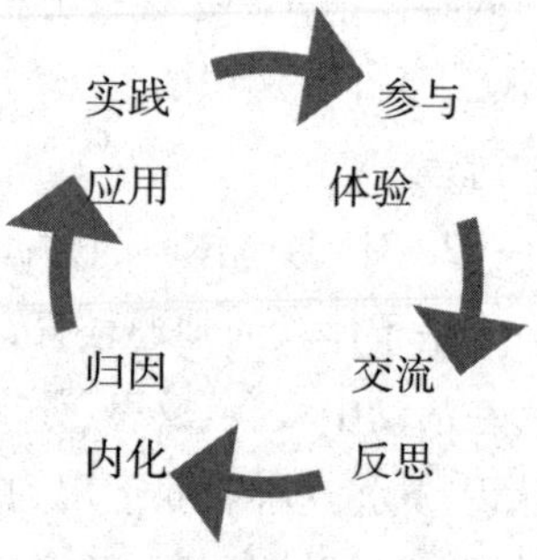

他们依据体验学习的流程,将师德教育过程分为:参与体验、交流反思、归因内化和实践应用四个步骤。(图)在这四个步骤中,参与体验是教师参加师德教育的起点,而交流反思则是师德教育的核心,将教师个人的体验拿出来交流分享,实质上就是将之前自发状态下的“经验碎片”分辨、整合、建构到自己的认知结构中的过程。因此,交流分享是体验式师德培训的核心,整个体验式师德教育,实际上是围绕着教师的交流分享展开的。也只有通过交流分享,教师才能将之前的体验与自己已有的认知结构相联系,归因内化,从而在实践中运用。而教师的实践本身又是一个新的体验。这四个步骤循环往复,螺旋上升,构成了基于体验的师德教育的运作流程。

2. 基于体验的师德教育运作策略

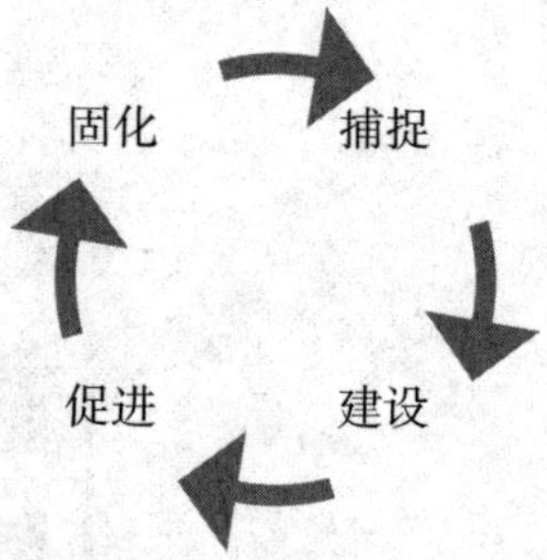

运作策略,是指组织者在策划一个有效的体验式师德教育的过程中,所采用的技术和方法。他们认为,体验式师德教育的运作包括四个部分:捕捉教师需要、建设培训载体、促进教师交流、固化教师组织。(右图)

策略一:捕捉校园非正式组织:基于体验的师德教育需求的发现。

在学校,除了年级组、教研组、备课组和校区等正式组织之外,还存在着一些教师的非正式群体。这些教师自发形成的小团体,在每所学校都已然存在并且根深蒂固。然而,正是由于这些小团体是因为教师的共同兴趣、爱好、个性,甚至共同的困境而建立起来的,因而这些非正式群体的组织目标往往蕴含着这一群教师的发展需要和利己诉求。同时,任何一位教师,都必然身处某一个甚至几个非正式群体中,即使最“宅”的教师,他也和那些“宅”们形成以“宅”为特性的群体。所以,学校非正式群体的广泛性和自发性,恰恰是体验式师德教育的运作起点。因此,在实际工作中发现和捕捉学校存在的非正式群体,是发现体验式师德教育需求的来源。

策略二:重构非正式团体活动:基于体验的师德教育载体的建设。

当他们捕捉并发现一个教师的非正式组织的时候,也就找到了一个体验式师德教育的起点。那么接下来的一步就是建立载体。实际上,一个自发形成的非正式组织,必然有一个维系组织成员的载体,比如成员之间的QQ群、微信圈、不定期的聚会、沙龙以及各种组织成员间的活动等等。而处在这个非正式组织中的成员,对组织的各项活动往往具有较高的参与度,否则也就不可能成为这个群体中的一员。因此,他们完全可以利用这个组织的现有的各项活动,将其按照师德教育的要求进行重构,既保留活动本身对教师的吸引力和维系感,又使之符合师德教育的基本要求。例如,在面对电影圈这个非正式群体的培训中,他们利用QQ群,引导教师对激发教育争议的电影展开讨论,并在讨论中软性植入师德教育的基本价值和基本内容。因此,利用校园非正式组织、重构校园非正式组织是建设体验式师德教育载体的途径和渠道。

策略三:确立交流反思核心地位:基于体验的师德教育内容的形成。

正如他们在主体性原则中强调的那样,师德教育必须触及教师自身的问题和经验,而非总是在别人的故事中打转。教师在体验他人经验和故事文本的时候所冒出来的感想和反思,才是教师自身的经验。因此,他们认为传统师德教育中占据主导地位的专家讲座、讲话精神、励志书籍、教育电影等师德培训材料,仅仅是体验式师德教育的热身部分或引入环节,而不是培训的主要内容和教材。而教师对体验活动后产生的感想和反思的分析、分享和讨论,才是体验式师德教育的核心内容。因此,确立交流反思在体验式师德培训的核心地位,并将教师体验后的反思和感悟整理成册,实际上是形成师德教育内容和培训资料的核心。

策略四:形成固化体验圈:基于体验的师德教育动力系统的维持。

圈子,是一个非正式组织固化后形成的稳定的动力系统。它虽然依然表现出明显的自发性、自愿性和非正式性,但是他已经在这个非正式组织内部形成了一股相对统一和稳固的力量,并持续地影响着群体中的成员。传统的师德培训之所以表现出“想想感动”“回去不动”的局面,其本源是因为支持教师改变和发展的动力只停留在师德教育期间,没有形成持续的系统。毕竟,偶然的一次两次活动和交流并不足以形成一个稳固的圈子。因而一旦师德教育结束,这股动力也随之消散,教师也就停下了发展和改变的脚步。所以,体验式师德教育的目标,不仅仅是“改变教师的认知,行为情感,态度,价值观”,而是体验式师德教育的过程中形成组织与文化的统一和稳固,促进参加师德教育的教师群体形成固化的圈子,从而为圈子里的教师提供持续改变和发展的动力。因此,形成固化体验圈,是维持体验式师德教育动力系统的保障。

3. 基于体验的师德教育运作载体

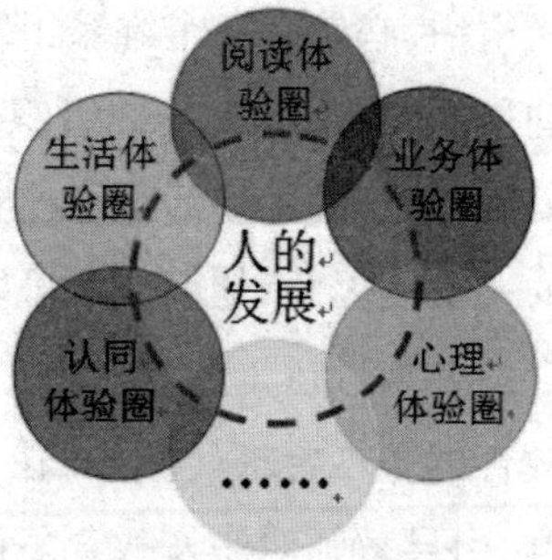

体验式师德教育的运作载体,是指实施体验式师德教育的媒介、渠道和平台。在体验式师德教育中,载体的选择应当符合教师的利己诉求和发展需要。因此,他们的运作载体是一个开放的系统,任何在教师群体中的活动,都可以通过设计重构和评估后,成为体验式师德教育的运作载体。也就是说,体验式师德教育的运作载体实际上是教师依据自己的需求,在日常生活和工作中自己自发形成的,体验式师德培训只是发扬拿来主义的精神而已。也正是因为运作载体来源于教师自身这个特性,体验式师德教育因而极具生命力。到目前为止,他们目前发现和设计的载体有阅读圈、业务圈、心理圈、生活圈、管理圈和认同圈等六个大类共12个小项,随着时间的推移,相信有更多隐藏在教师群体中的活动,能够成为体验式师德教育的运作载体。

二、重构发展组织:基于体验的师德教育的运作(运作及案例)

创造学习机会是体验式学习的核心。如果他们能提高一个尽可能多的学习机会的能力,那么,他们就有掌握自己命运的能力。

——《体验式学习》

(一)图书、影像漂流——阅读体验圈

阅读,是充实教师人文思想、丰富精神生活的必需,是教师生命成长的必需,促进教师的阅读当然也是师德教育的重要形式。教师的日常阅读,主要包括书籍阅读和影像阅读。

第一阶段:捕捉需求。

观察教师的日常阅读生活,他们发现,在教师群体中,自然形成一个个阅读圈。圈内人互相介绍最近在读的书或观看的电影,分享读(观)后感受,讨论话题。他们计划,开展“图书漂流”和“影像阅读”活动,让全体教师一起来参与阅读、交流、辩论,让阅读交流像呼吸一样自然存在于教育生活中,让故事中的人和事时刻影响着教师们的思想,影响其教育行为。

第二阶段:建设载体。

1. 图书漂流

“图书漂流”活动是根据教师阅读需求而开展的一项读书交流活动。其目的在于通过好书推荐，提高教师阅读广度与深度；通过对话与讨论，引发更深层次的阅读和思考；在此过程中逐渐形成阅读体验圈。具体内容主要是以下几个方面。

漂流角设计、漂流卡设计。

通过设计比赛，创设体验环境，明晰活动宗旨，宣传“图书漂流”活动。老师们在合作设计中交流个人对阅读的理解，综合群体审美取向，各展其长，在成果分享中感受合作的力量。

书籍推荐、图书漂流。

每位老师每学期推荐两本及以上书籍放在办公室的漂流角，每本书中夹一张漂流卡，在漂流卡的封面上写上推荐理由或阅读感想。老师们可以在校园内任何一个漂流角中取走有阅读意向的书籍，阅读后在漂流卡中写下阅读感悟，放回原处。如此循环，漂流卡随着书本一起流淌，个人的智慧也随之传递。每一位老师的阅读从阅读漂流卡开始，从分享开始，以分享继续。

“走进长寿桥小学的每间办公室，首先映入眼帘的总是那一册册书，一个个不同风格的“漂流角”。一排书，一面彩绘的墙，一两盆苍翠的盆景，几行经典的小

诗，富有创意的设计体现了教师们对“图书漂流”活动的独特理解。翻开书本，每本书中都夹着一张漂流卡，这张记录读者心得的摘记卡，反映了教师阅读、思考的趣向，浓缩了阅读书目中的精华，是教师之间思想交流的媒介。”

——摘自《浙江教育信息报——教师周刊》

2. 影像阅读

“一部优秀的电影就是一部好书，其独特的表现视角和方式，把他们从被庸常生活湮没的境遇中突然唤醒，让他们在那几个小时中面对自身。这样的面对和思索，是一种更深入的专业阅读。”

——摘自教师影评

开展“影像阅读”系列活动是学校继推出图书漂流活动之后的又一项阅读活动，是基于大家对影像的独特表达方式的认识与喜爱以及对现今阅读方式的反思。活动在全校范围中展开，主要内容有推荐、宣传优秀影片，组织观影（集体观影和发放影票自行选择观影），影评征集与评比交流，开展专题沙龙等系列活动。

第三阶段：促进交流。

他们的交流活动：

1.“漂流卡”传递，办公室话题交流，相同阅读趣向老师的私人分享，交流随着书本的传递而发生，阅读信息四面来风。

2. 在学校层面，主要是通过两类活动开展交流，一为文本类展示交流，如举行教师文摘展览、“我和漂流书的故事”原创故事征文、影评征集等；另一类为现场的对话交流，主要有沙龙、小讲堂交流等。

他们交流什么：

每个人对于这本书或电影的感受，讲的是你的感受，而非故事本身。这段文字、这个场景、这个故事让你感受到了什么？你为什么会有这样的感受，讨论为什么会这样？

他们交流的目的：

交流的目的就是分享、整理、重构、发展。

案例之感悟：

陈林玉老师接受中国教育电视台采访节选：

每个办公室因为有了一个美丽的“图书漂流角”，于是就有了“我和漂流书”

的动人故事,于是就有教师读书的日常对话和读书沙龙的精彩碰撞,还有了充满智慧的教师文摘。他们诵读经典,讲述原创故事,以书为友,与读书的人相伴,分享他人的智慧,平凡的工作生活变得有光彩。

董诞黎校长在教育创新大会上发言《做一个有思想的实践者》节选:

"漂流书"就像一支火炬接力棒,把教师关注阅读、勤于思考的火苗点燃了。它在教师群体中互相传递着,相互感染着,浸润熏陶着老师们。老师们的思维视野不断拓宽,思维方式不断优化,久而久之,养成勤于思考、乐于思考的习惯,而教师的尊严,因为思考力的增强而渐渐凸显起来。

胡早娣老师分享感悟:教育的理想与现实:观《三傻大闹宝莱坞》有感。

给学生战胜困难的勇气。以后当学生遇到困难,我想我会让学生学学主人公兰彻,用右手砸砸左胸小声告诉自己"一切顺利",就算不能解决问题,至少可以平复心绪,打败恐惧,增加直面问题的勇气。"因为有时候心是很脆弱的,它需要他们的安慰来使它变得坚强!"(兰彻台词)同时,要重视对学生的评价。老师对学生的充分肯定往往可以激励他向更高的层次迈进;老师的一次赏识,也许就能引发出学生创造的源泉;老师的一句鼓励,足可以唤起他"抬起头来走路"的自尊;老师的一句赞扬,说不定就点燃了他内心要求上进的火花。因此,要千方百计地挖掘和努力发现每个孩子身上的闪光点,充分利用课堂上口头表扬,集体称赞等各种方式予以鼓励。

谢燕老师的推荐:揭本质于嬉笑怒骂——看《三个白痴》有感教育人生。

整部影片看似轻松自在,妙趣横生,在诙谐幽默的语言中,反映了教育的方方面面。

兰彻说:"知道我为什么第一名吗？因为我热爱机械,工程学就是我的兴趣所在,知道你的兴趣吗？这就是你的兴趣……跟工程学说拜拜,跟摄影业结婚,发挥你的才能,想想迈克尔杰克逊的爸爸硬逼他成为拳击手,拳王阿里的爸爸非要他去唱歌,想想后果多可怕?"

因为热爱,因为兴趣所在,才会轻松获得好成绩。迈克尔·杰克逊热爱唱歌和舞蹈,阿里喜欢拳击,他们在各自热爱的领域都取得了骄人的成绩。由此可见,无论是中国还是印度,又或是世界的任一角落,只有兴趣爱好才是能让学习持之以恒的动力。

钱薇老师的分享:双赢的智慧:《国王的演讲》。

他们可以把《国王的演讲》看作是一个教育双赢的典型案例。双赢所追求的是求同存异、和睦相处、共同发展,而不是你死我活的无休止的争斗。要实现双赢,需要的是智慧。这个智慧就是“取人之长,补己之短;取己之长,补人之短”。

第四阶段:形成组织。

“共读一本书、同看一部电影”是前面活动的深度策划。通过共同阅读,对体验的交流更集中更深入,通过观点碰撞、专家提领,对某一问题达成共识。高品质的阅读交流,激发想象力,提升思考力,为理解教育、理解儿童以及更深地了解他们自己提供另一个入口。

这个过程也是寻求共同的教育信念的过程,旨在形成具有文化意义的价值观。

案例一:观影,湖南卫视节目视频《变形记》之《逆风飞翔》。

近段时间,湖南卫视正在播放的《变形记》节目引发了教师工作之余的讨论与思考。家庭教育、学校教育、社会教育对学生成长到底孰轻孰重,如何合力?环境真能改变一个人吗?改变的是什么?

教师交流节选:

关于教育

感受劳动的艰辛,让内心真正地触动。(沈敏)

磨砺助成长!(胡敏华)

细小的关爱,比琐碎的唠叨更能打开孩子的心扉。(边宁)

生活细节更能教育人。(盛文雅)

对孩子来说,说教是苍白无力的,做了才有收获。(胡敏华)

当一个孩子内心不接受、不认可的时候,任何外在的制度、约束都不可能真正发挥作用。(曹爱卫)

看起来,环境的变化可以改变一个人。生一场病、饿一顿、艰苦的劳动、亲情之爱与清纯的民风,抓住这些教育的有利时机,让人改变。(陈筱萍)

让孩子感觉到爱的重量。(周佶)

爱的感觉,爱的味道,有爱的地方就是家!(徐玮)

人性本善啊!遇到春天,冰雪都会融化,何况赵迪乎!(余文冲)

赵迪的问题,难道仅是他自己的问题吗?没有哪个人希望自己成为异类。长久的排斥和拒绝,为了维护可怜的自尊,孩子才有了这样异类的表现。(曹爱卫)

家庭教育在孩子的教育中是最关键的。(俞念)

育人是一个系统工程,需要家庭、社会、学校的无缝对接,社区、媒体的力量不

可小觑……(胡早娣)

关于孩子

城里的孩子很多时候不懂珍惜！一切来得太容易！他们的孩子有时也这样。(施奕)

城里的孩子从出生开始,就拥有了太多的爱,已经麻木了,觉得是理所应当的,自然就不会珍惜,不知道珍贵了。(董笑映)

外表的暴力和狂躁,是对内心的空虚、渴望被爱以及安全感缺失的极度掩饰。其实,孩子的内心深处还是善良的。赵迪的内心纯真和善良未泯,才有了这七天的改变。(裘怡群)

赵迪缺少的是与父母之间爱的沟通,也没有学会恰当的表达爱的方法。(李煌娟)

不忍心看杀生,其实是赵迪隐藏于内心深处最本真的善心。(沈敏)

拨开叛逆的伪装,善良出现。(周佶)

如果城里的老师和同学在一开始发现赵迪的问题时,跟对待农村孩子这样的思路去对待教育他,情况会不会不同呢?(吴俊)

他们的孩子到底需要什么?值得他们思考……(方丽敏)

山里的孩子很懂得感恩。这是城里孩子很缺乏的品质。(朱晓琦)

是爸妈在照顾志军,还是志军在教育爸妈?(周佶)

爸爸在挣路费！……一个充满正能量的孩子。(胡早娣)

赵迪,换了一个环境,为什么会有如此大的变化?新环境中,新妈妈、新哥哥、新同学、新老师无限的包容、无私的关爱,软化了赵迪那颗冷漠坚硬的心。(曹爱卫)

集体观影活动引发了激烈的交流与讨论,他们始终认为,影片本身不是师德教育的主要内容,教师观影后的感想、反思才是师德教育的真正内容,他们整理了所有老师的发言、评论,在校园网上展示,供全体教师继续学习、交流、讨论。

案例二:教师的教育立场:当一名“守门员”还是“砌墙者”

交流主题:教师的教育立场:当一名“守门员”还是“砌墙者”

学习材料:韩国电影《春夏秋冬又一春》

活动地点:凤起校区多功能厅

邀请专家:浙江省德育特级教师韩似萍老师

活动过程记录:

故事讲述:

在山里,有一个湖,湖边有一座庙,住着一个老和尚和一个小和尚。这是一个没有外界纷扰的环境,但也发生着很多有意思的事情。

电影播放:

老和尚在念经做功课,小和尚在一旁床上睡觉。

讲述:

从影片中看屋内的布局,里面是卧房,外面是做功课的。中间没有墙,但有一道门。从门他们想到了房子是一分为二的,但墙不存在,门还存在吗?他们来看看。

电影播放:

老和尚敲了敲门,叫小和尚起床。小和尚起床,从门里走出来,打开两边没有墙的门走出来。

讲述:

这是一扇空门。

电影播放:

老和尚和小和尚划着小船过河,上岸,来到一座门前,穿过门。

引出讨论话题:

又看到了一扇无墙之门,这扇门寓意什么?

教师交流:

既然没有墙,为什么还要造个门?既然没有墙,为什么不直接穿过,而要从门里穿过呢?

既然有个门,是不是意味着这里是有墙的呢?只不过没有外显而已。

如果我一个人看这部电影,我肯定不会注意到这些细节。

专家分析:

墙是什么?墙是界限,门是一个通道,告诉他们要过去,走门是合理的,门是规则。

寓意:

有很多的界限你是看不到的,看不到的时候,要走门。教育是什么,教育的使命是帮助儿童追求幸福的能力。教育工作是什么,是帮助儿童建立界限,而不是去守门。他们站错了立场,去当“守门人”,一旦缺席,学生就肆无忌惮。所以他们要加强“砌墙”的立场。如果学生还没能遵守规则,那是因为那道墙还缺块转,他们要帮孩子补上。

教师举例:

我似乎明白了,比如行人过马路走红绿灯,这红绿灯就是一个门,从川流不息的马路上过去,门是交通规则。门是交通规则的话,他们是什么?是交警吗?不是,他们是砌墙的人,为孩子们砌一道安全墙。

不过现在,他们砌的这道安全的界限,很多时候会被社会、家长擦掉。过马路闯红灯的往往是跟父母长辈在一起的学生,孩子说:“爸爸,是红灯。”家长说:“没事,警察不在。”教育很复杂,还有点尴尬。

继续观看电影:

小和尚来到河边,抓到一条鱼,用先把它绑起来。看到一只青蛙,也用线绑了起来。越玩越兴奋,抓起一条蛇,同样用线绑了起来,边玩边咯咯笑。老和尚偷偷地在一旁观看,没有出声。

老和尚趁小和尚睡觉的时候,也给小和尚绑了块石头,让他去体验。然后让小和尚去找到被绑的小动物,去松绑。小和尚跌跌撞撞地来到河边,发现鱼死了,把它埋葬掉,找到青蛙,给它松绑,青蛙游走了。找到蛇的时候,发现也已经死了。小和尚哇哇大哭起来。

小和尚为什么哭了?

因为他知道自己的行为对一个生命造成了伤害。

教师交流:老和尚为什么没有直接制止呢?

1. 贪玩是孩子的天性。小和尚的所有行为,老和尚都在看,但没有阻挠他。如果阻挠他,老和尚就变成了守门人。那会导致什么结果呢?你在的时候我遵守,你不在的时候我再做。

2. 体验是一种学习,老和尚没有直接制止,但让小和尚去体验被绑上石头的感受,这种感受也是被小和尚绑住的小动物的感受,小和尚亲身感受到了,自然明白该如何做。当他直面自己行为后果的时候,心灵被触动了。

3. 他们在处理很多事情的时候,往往会直接地告诉孩子对或错,这真的把自己变成了一个“守门人”,而“门”靠守是守不住的。关于“砌墙”,这很考验他们的定力,能否始终站在教师的专业立场,理性地观察、反思孩子们身上发生的种种。

以上两个培训案例中,他们发现:第一,组织者做的同样是“砌墙”,不是告诉他们应该怎么做或不能怎么做,而是引导他们观察,提出问题,让教师自己利用自己的知识经验去判断、领悟其中的含义,建构新的认知。第二,教师群体的体验圈效应得以彰显。大家在宽松自由的环境中积极参与,各抒已见。第一个案例中,看似漫谈,角度不尽相同,其实关注的都是改变孩子的"触点";在第二个案例中,在第一个交流环节专家做了关键的点拨,鼓励教师自己举例理解。在最后环节,完全由教师们在充分交流的基础上总结提炼出"守门"与"砌墙"行为背后的不同教育理念,实现教师专业立场的转变。

(二)幸福课——心理体验圈

生活在放大镜、录音门下面的教师,面对复杂的教育情境,压力很大。北京师范大学许燕教授在此间召开的第28届国际心理学大会期间向听众解释说,教师体罚学生现象的出现,从心理学角度上讲,很大程度是因为教师工作压力过重,出现职业枯竭感,出现将人视为无生命的物体看待的非人性化心理导致的。学校虽然没有老师踩碰这条"高压线",但他们能感觉到教师脆弱、枯萎和易激惹的内心。

第一阶段:捕捉需求　午饭时间,一个老师对班级上课纪律的不满、总会引来一连串老师的诉苦和抱怨,饭厅几乎就成为教师发泄不满、抱怨工作的场所。而这样的抱怨往往最后又以"还能怎么办呢?只能自己承受"这样的言论结束。因此,他们捕捉到了这部分内心枯竭、脆弱敏感和易激惹的老师对心理疏导的需求。

宣誓文

1. 我将诚实参与团体辅导,如实地表达自己内心的感受和想法,以清除我心灵的负担,忠于我自己的心灵。

2. 别人诚实说出他个人所发生的事件时,我绝不会将别人的隐私及事件内容对外宣扬。

3. 无论我听到任何个人的事件,都不会给予评估、嘲笑或责备,更不会拿他人的事件作为日后批评、攻击或取笑的借口。

4. 我同意并了解此团体辅导的目的是为我个人及其他参与者,消除心中的负担,清除心灵的负能量,因此我愿忠于自己的心灵,也乐于协助其他人面对自我。

5. 当别人陈述他的事件内容时,我都能安静地倾听,绝不多话,我愿当一位安静的倾听者。

6. 我本人完全同意并遵守上述各项要求。

宣誓人:

年　月

第二阶段:载体设计:巴林特小组。

巴林特小组是一个基于心理体验的小组,小组由 8 到 12 个有心理成长需求的老师组成。组长是学校的专职心理咨询师,国家二级心理咨询师,国家级沙盘治疗师,精神分析师周佶老师。小组团队以自主报名的方式组建,活动时间安排在学科教研和工会活动的时间。小组以团体成员开放和自由的表达想法、感受和疑惑为特点坚持心理疏导的原则,主要讨论在教学活动中发生的师生关系以及师生间的相互作用。咨询师引导老师们关注案例中教师所体验到的感受。比如该学生有何特点?你如何看待学生来访以及他对老师的看法?为什么老师在这种情况下会怎么做?他这么做想得到什么结果?是否有些东西被学生忽略了?等等。巴林特小组所发挥出来的作用是帮助老师更好地理解学生;帮助老师识别自身对学生的情感(即反向移情);帮助老师放松,防止老师"耗竭";帮助老师发现新的视角,消除老师的盲点;帮助老师形成分析型思维方式;更加意识到自身对学生的影响。是一个从工作困惑的表象走到表象的背后——教师自身心理状况的专业的团体辅导小组。

第三阶段:促进交流。

巴林特小组的活动,以团辅交流的形式进行。他们要求教师提供一例案例,提供案例的老师描述与该学生的见面情况以及存在的问题。案例的报告是简要的、非正式的、不需要提前做准备讲稿,主要针对师生之间的互动情况,包括老师的感受、反应和想象。然后,老师们可以提问来澄清案例报告中表达的事件并对案例报告的素材进行讨论。在这个过程中,关于教师内心的体验逐渐被表达,分享。而这些表达和分享又促进老师形成新的体验,从而再表达和分享。就在这样的循环中,与案例相关教师的情绪和思绪逐渐被成员们认同,从而在团队中产生了一种相互的、彼此支持的力量。

案例:f 老师的交流案例

领导者询问团体成员中谁愿意提供一例案例,5 年级的 f 老师提供了一个在自己班上的,上课总处于开小差阶段的女生案例。F 老师用了所有的办法,似乎都没有明显的效果。在 f 老师的讲述中,小组成员联想到了自己班上那些难教难管的学生,无助、无力、无奈弥漫于现场所有人。这时,咨询师要求小组成员帮助 f 老师。于是大家纷纷出谋划策。然而,这些大家能想到的方法,f 老师早就全都试过了。于是,无助感和心力交瘁感更加弥漫。此时咨询师让 f 老师坐在团队中间,并扮演那个开小差的女生。然后引导团队老师思考女生开小差时的感受,可能的原因以及事后面对老师教育的感觉。思考结束之后,把老师想了解的问题问扮演者f老师并尝试用自己的方式教育她。扮演结束后,f老师从其他老师的教育过程中发现在教育中忽略的部分,她说:“现在似乎更感受到在与女孩互动的时候,女孩的心情、感受和行为。好像自己更能理解和接纳她了。想到这儿,我似乎又有了继续关怀辅导她的动力。”

第四阶段:形成组织。

心理疏导和心理辅导的核心,是“助人自助”。也就是帮助来访者学会帮助自己的能力。在经过几次活动之后,团队中的老师因为彼此开放心结,彼此相信,彼此认同和彼此支持形成了一个相对稳定的团体。这个团体中的老师们互相支持,互相帮助,互相成为对方心理的倾诉对象。于是巴林特小组就发展成为一个新的团队“朋辈互助团体”。在朋辈心理互助团体中,咨询师不再是团队的指引者。因此,团队里的老师就成为彼此心理辅导的资源。这个资源是工作或生活上的疑问、困惑或学生的辅导个案;这个资源是老师们互相聆听彼此的声音。这个资源也是老师之间专业知识和技能的分享。

在形成朋辈互助团队之后,老师们在工作中的烦恼和郁闷就有了排泄的渠道,工作中的困惑和无助就有了支持和分享的平台,工作中的喜悦和经验,就能够成为别人的支持和帮助。在这样的团队中,老师们坚持对事不对人的原则,不评论、不指责,避免粗暴分析、过度分析,只表达个人的想法和感受,只分享自己的理论、技术、观点和经验,给当事人提供信息和资源,而不是告诉当事人你要这样那样做。在这样的氛围下,正能量在团队成员中循环流传,正如心理学所揭示的那样:一份痛苦由两个人分担,每个人就只承担一半。而一份幸福由两个人分享,幸福就会加倍。当团队的每位成员都在分享自己的快乐,分担别人的痛苦的时候,整个团队的痛苦就越来越少,而幸福就越来越多。

(三)磨课俱乐部——业务体验圈

教师专业成长是师德发展的重要组成部分。教师专业发展的趋向和水平,直接决定着职业幸福感,决定着教师的师德修养。从目前教师的职业发展状况来看,教师专业发展动力不足,部分教师职业倦怠引发一系列教育问题,学生课业负担过重、体罚等时有发生。因此,唯有提升教师业务水平,才能激发工作热情,提升爱岗敬业的水平。

第一阶段:捕捉需求。

捕捉镜头:

中午在食堂,两个老师边吃边聊一堂课,一旁的老师听着听着,也插入了话题,加入了讨论。聊着聊着,忘记了时间。

"我要上公开课了,来帮我听听课,好吗?"

"这个内容你上了吗? 学生反应情况怎样?"

……

课堂教学能力是教师专业的核心所在,在普通教师的日常交流中,"聊课"是一个重要的交流话题和内容。相同学科同个年级的老师间自然会形成这样的"聊课圈",大多比较随意松散,不太深入。"磨课"是一种深入的交流实践,一般只有在上优质课、公开课的时候能享受专家和集体的智慧资源。为了让广大一线教师都便于参与到磨课活动中,让磨课成为老师们的教学生活方式,学校决定创办"磨课"俱乐部,通过"磨课"俱乐部使磨课交流常态化、深入化、趣味化。

第二阶段:建设载体。

俱乐部的创立就是为每个教师的课堂追求提供团队的支持。在这个以俱乐部为基本运行模式的组织中,在为一课(项目)的共同探究中,形成一个个不同交流主题的业务体验圈,圈内的教师分享教学思想,提供教学范例,反思教学流程,改进教学技术,达到共同提高教学水平的目的。

俱乐部口号:锤炼"磨"力,增加魅力。让"磨课"成为他们的教学生活方式!

俱乐部宗旨:为各位有志于磨课的男"磨"和女"磨"们找到"组织","组织"将为大家的磨课事业提供硬件和软件上的服务和帮助。

各项保障:

1. 每个校区分别设一间"磨课"俱乐部活动室,活动室可配备以下物品:咖啡研磨器、咖啡、点心和磨课有关的书籍杂志、录音笔等。

2. 校领导重视,有专项资金保证作为活动经费。

3. 聘请专家顾问团,同时学校成立"磨课"俱乐部学术委员会,由学校各层次名师和有一定学术成就的教师组建专业指导队伍,对教师进行教育教学理念和实践的引领。

第三阶段:促进交流。

1."磨课俱乐部"的活动交流如主要包括以下几种:

(1)独磨

即磨课老师对课进行独立的推敲、琢磨和思考,这是决定一节课的个性的关键所在。这一磨课形式不仅对于磨一节公开课很重要,独磨的能力更决定了一位老师日常课堂教学水平的优劣。

(2)互磨

即不同的磨课老师对同一堂课共同进行研究和琢磨,从而使一堂课达到比较理想的效果。他们日常的教研组及备课组的磨课活动都属于这种形式,所以教研组和备课组的磨课活动是“磨课俱乐部”的主要活动之一。

(3)引磨

这里的“引”指的是专家的引领、指导。所以“引磨”指的就是在专家的引领下磨课老师的磨课活动。他们日常的教学研究小组及学校请专家(如周建松、朱莱龄老师)指导青年教师的磨课活动都属于这一形式,所以以上两类活动也是“磨课俱乐部”的主要活动之一。

(4)研磨

所谓研磨指的是以科研的眼光来重新整理他们的磨课成果,使他们的磨课成果以科研成果的形式得以呈现,如课题、论文等。

2. 老师们每次在“磨课”俱乐部活动室活动后应留下活动痕迹(在活动室内的登记本上登记本次活动的时间、内容,参与女“磨”及男“磨”的姓名),俱乐部“磨”头将根据登记情况评出“最活跃女(男)‘磨’”。

3. 校园网上专门开设“群‘磨’乱舞”栏目。各种级别的磨课活动需记录(必要时录音或摄像)下整个磨课过程,一次磨课活动告一个段落后由负责的相关小“磨”头把活动资料(多稿教案、反思、磨课过程记录,磨课心得等)整理归档并上传至校园网,专门开设“群‘磨’乱舞”栏目。

第四阶段:形成组织。

在LOGO设计过程中建构“磨课”文化

俱乐部标志诠释:

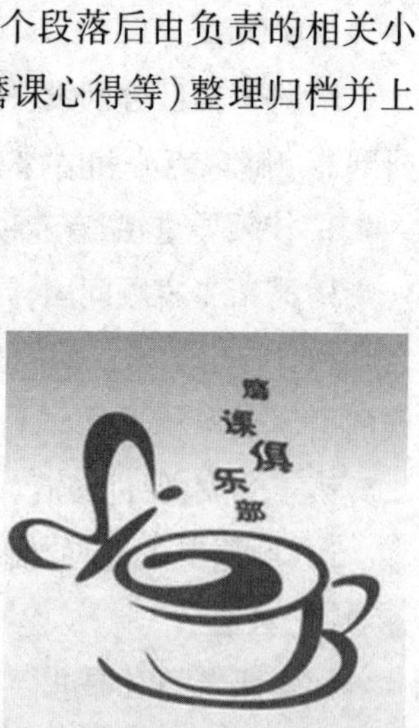

(1)磨课首字母“MK”构成蝴蝶形象,蝴蝶被誉为“会飞的花朵”,她从平凡的蛾茧而来,奋斗不息,终于展现出轻盈、优雅、灵动的身姿。选择蝴蝶形象,蕴含着在俱乐部的引领下,他们俱乐部成员不断积蓄力量、破茧而出,超越自我,展现风采。

(2)咖啡杯令人联想到闲适而高雅的生活品

质,展示了俱乐部成员在俱乐部内将共享各项资源,在工作中感悟生活,在生活中思考工作的理念,图案以橙色为主色调,展现俱乐部温馨、亲和、民主而又积极向上的研讨氛围。

(3)蝴蝶轻盈地停落在咖啡杯上,仿佛在告诉大家磨课其实并不枯燥,也不乏味,它充满情趣、充满温情、充满智慧,也充满挑战!他们会让磨课成为教学生活的重要组成部分!

(4)磨课俱乐部五个字化作咖啡飘香,极具向上的动感,寓意俱乐部的成员们在俱乐部的支持和推动下,不断成长、收获幸福。也表达了他们对俱乐部美好的祝愿:祝他们的磨课俱乐部蒸蒸日上,越来越好!

2. 形成节日——“磨课节”

“磨课俱乐部”开展一学年一次的“磨课节”活动,活动为期一周,在“磨课节”期间,“磨课”俱乐部将组织各种活动,如:

(1)组织沙龙活动,邀请专家和大家谈谈“磨课”;

(2)请各位男“磨”和女“磨”们晒晒自己的“磨课”心得和成果;

(3)组织开展与磨课相关的理论学习;

(4)抛出一些难磨的课及问题,组织全体会员集体磨课;

(5)组织磨课比赛,比赛的形式可以是出示同样的课题,请各磨课小组在规定时间内磨课,并展示其结果,学校组织专家评出优胜者。

活动感言:

主题:磨课真的很重要(后载于《中国教师报》)

学校邀请了李振村一起开展以“磨课真的很重要”为主题的交流

徐元昕:磨课有助于他们找到自身的价值。他们小学老师收入不高,社会地位没有中学老师、大学老师受人尊敬,如果他们一天到晚只是备课上课,这样的生活多没意思呀。但磨课不一样,他们是带着研究的态度对待课堂,他们是把自己当教育家来钻研课堂,这样就让他们觉得自己的工作是很有意义的,自己也是有价值的,能够体验到一种成就感。

李振村:磨课可以让他们享受到职业的高峰体验。就像徐元昕老师讲的,天天没有变化的备课上课会让人对教学产生一种厌倦,而打破这种平衡,来磨一节课,感觉就不一样了。它让你的智慧和才华汇聚到这节课里,让你产生一种成就感、价值感。它应该是伴随职业生涯始终的长久过程。于漪老师、李吉林老师,都是七八十岁的高龄了,依然在研究课堂——可以说,她们依然在磨课,磨人生的课。据此看来,磨课的本质实际上是一种生命的修炼。

董诞黎:对磨课中产生的问题穷追不舍,这是一种深度思考,是一种追问,同时还是一种执着。这个时候磨出来的,就是一种对职业的热爱。

任一平:我来说说他们教研组的集体磨课。他们先集体一起备课,然后由一个老师上课,再推敲打磨,再由第二位老师去上课,这样不断地磨,不断地由不同的老师去实践。这样的方式,让成熟的教育智慧集体共享。尤其对年轻老师帮助很大。

(四)健身俱乐部——生活体验圈

学习娱乐工作休闲密不可分,它们既是生活的全部内容,也是生活的自然过程。

——希普 1993

第一阶段:捕捉需求。

身心健康是良好师德的基础。让教师拥有良好的身心也是师德教育中以人为本的具体体现。他们成立健身俱乐部,在释放自己时,体验自己内心的充盈。而这些体验都是通过教师各自的兴趣自然形成的体验圈而进行的。

第二阶段:建设载体。

根据教师们实际需求与学校组织条件,俱乐部成立以生活休闲为主题的各个兴趣小组。由各项目发起人组织、招募队员,组团后团员共同设计活动方案,向学校提请项目支持,如场地、时间、经费、外聘指导教师等等。主要项目有:排舞、户外运动、球类运动、自驾游、摄影。活动形式以自主活动为主,不定期举行全体体验活动为辅,学校"鹰架"学术小讲堂提供交流分享平台,鼓励教师们晒活动、晒感悟、晒幸福。

第三阶段:促进交流。

1. 即时交流分享

活动过程中队员间的合作分享:新技能掌握中的学习分享,表演团队的合作分享,户外旅游、摄影的感悟交流等。

微信分享:参与教师及时把活动过程、活动感悟发在微信上,引发点赞与评论。

2. 主题分享

大众分享。

每学期开始的时候,学校都会举行"带着心灵去旅行"专题分享会。

“鹰架”小讲堂:带着心灵去旅行

(作者:俞念　发布时间:2013－9－47:36:33　点击数:260)

8月28日上午,长寿桥小学的老师们齐聚凤起校区多功能厅,参加“鹰架”学术小讲堂活动。本次活动的主题是“带着心灵去旅行”,邀请了五位老师分享她们在暑期中外出旅行的所见、所闻、所感。现场除本校老师外,还有下城区社区学院的40多位老师。

有人说:“旅行的本质是一种学习,是一种吸纳,是一种使有限的生命变得无限充盈的过程。”是的,当他们行走在路上,边走边看时,在对人、物、史、事的敏锐感受中,自己的心因不断充盈而变得强大。

汪鹰老师选择了充满意外与精彩的西藏自驾游;费迎春走进童话般的瑞士和希腊开启了一次浪漫之旅;方丽敏老师选择的是与儿子一同在新加坡游学一月的深入体验;柴旻雯老师如邻家小妹妹一般娓娓道出一家三口去韩国、我国台湾游的温馨故事,言谈中不禁流露对“最中国”文化的尊崇与向往;盛文雅老师带着儿子来到美国,领略美国西部自然生态景观,走近美国家庭和学校,感受异国文化,体验美国式学习。透过一幅幅美丽的照片,聆听绘声绘色的讲述,他们能想象这沿途的风光和动人的故事,分享旅行者的心情。

在点评中,徐闻音老师说,今天他们正用自己的眼光看世界,用中国的眼光看世界。他们敢于尝试和体验,勇敢地出发,行走在路上,以学习为主,让自己变得更文明优雅。他们也要用国际的眼光看中国,作为一名小学教师,让孩子们知道未来需要学会什么,比如法制、规则意识等等。这么一说,旅行的意义更不一般了。

“发烧友”小众分享。

摄影圈的老师,虽说水平参差,但兴趣都非常高。经常聚集在一起研究摄影器材、摄影技术,学校各项活动的摄影任务都由他们轮流担任。学校图书馆也专门为他们征订了《摄影之友》等杂志,供他们学习交流。

第四阶段:形成组织。

以健身俱乐部为基本抓手的生活体验圈,是师德建设中必不可少的营养品和调味品。这个圈的形成,把原本严肃有余的师德教育转变为人人可亲的、人人喜爱的教育生活。在这样的生活中,教师从繁重的教育教学中解放出来,释放自己的心情,同事间的亲密度也随之加强,课余生活变得多姿多彩。

方小兰老师是排舞项目的组织者兼教练,之前她有严重的颈椎病,给工作生活带来了很大的影响。自从参加了排舞活动,她发现病情得到了明显的缓解,心情也变得开朗愉悦。受她影响,学校很多老师提出让她教舞,并自主招募形成了学校的排舞项目,请方老师当起了教练。每周三下午雷打不动进行训练。

学校排舞项目组在练习

方老师和她的团队参加“谢天谢地你来了”

(五)中层成长俱乐部——学校管理体验圈

管理体验圈的主体是学校管理者。这个圈,旨在解决学校管理实践中出现的问题、需要完成的工作项目。在这个过程中,通过团队形成智慧,通过交流达成共识。这不仅是教育技术层面的提升,更是人与人之间心灵体验的沟通,是管理者教育幸福生活体验的重要方面。正因为这个圈在学校组织中具有举足轻重的地位,它的运行直接影响着学校价值观的改造,影响着学校工作执行力的提升。因此,这个体验圈是学校师德教育的重要力量。

第一阶段:捕捉需求。

捕捉镜头:教学研究处的某某到仓库拿一本书,路过某某办公室,哎,你在啊?那个三月份的家长联盟活动你设计好了吗……

像这样以即将开展的工作为讨论内容,以工作岗位作为圈内人的标志,因工作职责而自发形成一个个松散的联盟,是学校管理工作交流与开展的一种基本形式。这样的工作联盟一般就事论事,缺少活动后的反思,办事效率提高了,但个人及团队管理能力提升不大。在现代复杂的教育环境中,中层普遍反映工作难度大、压力大,迫切需要全方位的引领、支持。

第二阶段:建设载体:需求调查、人才招募、活动。

中层干部能力发展与成长需求调查

1. 在开展学校各项工作中,经常困扰您的问题或困难是什么?

2. 如果要开展中层干部培训,您觉得什么方面的培训内容是您所迫切需要的?(可以依次排序逐个列出)

3. 您希望他们开展的培训或交流,以怎样的形式或组织方式开展,能达到较好的效果?(可以多写几个)

请您认真思考后填写。他们将根据大家的建议列出培训候选项目,供大家选择。希望通过他们共同的努力,有效扶持中层干部能力发展与个人成长,做一个有价值的人。

中层干部能力发展与成长需求意向汇总

1. 在开展学校各项工作中,经常困扰您的问题或困难是什么?

(1)个人业务水平的提升(学科教学、研究能力等)

(2)管理水平与能力的提升(工作效率问题、落实工作的能力与策略问题、上级政策宣传能力、自身对老师们的影响力、工作创新能力等)

(3)自我情绪管理问题、追求人生意义的思考

2. 如果要开展中层干部培训,您觉得什么方面的培训内容是您最迫切需要的?

(1)管理智慧、策略与实践操作

(2)顺畅的人际沟通方法

(3)组织和管理团队的技巧

(4)与管理相关的理论:如管理心理学、人际心理学等

3. 您希望他们开展的培训或交流,以怎样的形式或组织方式开展,能达到较好的效果?

(1)推荐好书,共读好书,举办读书交流会

(2)外出学习交流

(3)管理工作坊(自主组织中层小团队,小范围研讨有针对性的问题)

(4)沙龙活动(专家参与、同行讨论,以寻求最佳操作方法为目标的案例式分享活动)

(5)专家讲座与互动(管理理念、实践案例)

(6)个人自我学习

从以上中层干部能力发展与成长需求意向来看,中层干部的需求主要是个人发展(业务、修养)需求与管理学知识与能力的发展需求两大类。对培训组织方式的建议中除了传统的沙龙、讲座之外,提出了自组中层小分队与外出学习交流建议。

杭州市长寿桥小学成长俱乐部人才招募

为让学校中层干部成长俱乐部真正成为每位学员自主成长的有效平台,下设外联部和成长部两个部门,根据需要,特招募以下两类人才。

外联部任务:

1. 根据学员需求,设计、策划每次学习活动方案,征询意见通过后,组织、开展每次学习班活动。

2. 负责联络与学习相关的专家等各类人士,包括接待、接送等工作安排。

3. 学习活动的场地布置等国祚,包括主持人安排。

成长部任务:

1. 关于学员的各类学习情况积分记载、评选优秀学员等工作。

2. 当天学习活动摄影、摄像、实录整理等工作。

3. 及时提供各类学习资讯,汇编学习实录,阅读书籍推介等。

4. 及时发布学习活动信息和新闻播报。

5. 收集学员、专家、老师对学习活动的反馈信息,并及时反馈给外联部活动负责人。

招募流程:

1. 根据以上任务要求,请每位中层干部自主报名,只要求明确申报哪一部门即可。

2. 尊重个人意愿,适当调整,成立俱乐部下设部门。

通过人才招募,中层干部管理俱乐部正式成立。以俱乐部形式开展各项活动,每位学员都是俱乐部运行中的一员,有分工,有责任有义务,有福利(培训即福利,活动即福利)。为便于交流,组建以全体中层为圈友的微信群聊圈。

第三阶段:促进交流,形成组织。

成长俱乐部的学习交流主要是“面对面”和“在线”(基于圈友的微信群聊)两种方式。

“面对面”活动程序:

1. 活动主题征集
2. 聘请导师
3. 招募活动组织承办者(包括接待、主持、记录等)
4. 聆听与对话
5. 问题延伸对话(面对面与在线结合)

活动案例:

以介绍好书、分享教育信息为主题的交流

风 7:20[“中国状元”在美国读大学后对中国教育的感悟]

胡 9:24 理想的教育应该帮助学生发现自己的兴趣和优势。

风 9:35 是的,激发,寻找,选择,然后不遗余力地发展!

风 10:39 有本书不错[龇牙]

风 10:39

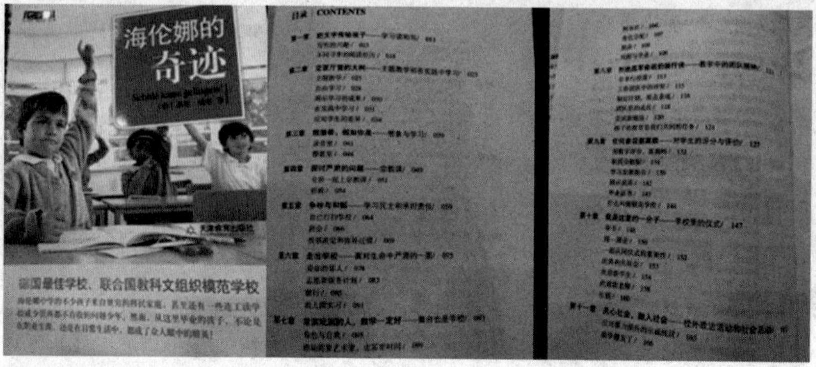

艾草 10:41 看了目录,好书!

艾草 10:42 我要买需要的,他们可以一起购买。

蓝袜子 10:42 对,我要买。

(略)

围绕职业尊严展开的讨论

冰 13:00[这才是职业尊严！转疯了:http://mp. weixin. qq. com/s? __biz = MTIxM-jEzMzc0MQ = = &mid = 200058764&idx = 3&sn = 62b9b371d3c1aa2b1a96420854e1f277&scene = 1#rd]

georgehomles 19:54 我在考虑，教师的职业尊严是什么。心理咨询师的职业尊严是什么。

鱼 19:57 一个保姆向主人请假一周。回家之后我发现她给厨房的垃圾桶认真地套上了七层垃圾袋。这就是保姆的职业尊严。

鱼 20:01 一位老师，秉着尊重生命的原则认真上好每一堂课，努力让孩子爱上学习。这是我的职业尊严！

风 20:46 有作为，才会有尊严。[玫瑰]

冰 20:55 做人的尊严呢，难道都有了吗？

冰 20:57 现在真的很多人做人的底线都没有，我自认为是有底线的人，看着那些没底线的人和事，我会悲哀的。

我觉得，人的尊严，基础在品德，没有品德，就让人看不起！再往高里说就在做人的品位上！

georgehomles21:22 那教师呢？

鱼 21:23 也是人！

罗 21:23 爱学生为先。

鱼 21:23 有七情六欲的正常人！

罗 21:33 是啊，我很多时候觉得师道尊严，家长一有意见，总是本能地认为家长在挑刺。其实是自己弱小，不敢正视自己不足的表现。

风 21:47 是这样的。尊严是要用自己的实力来打底的！那位保姆，那位司机，不都是用自己的行动来赢得尊严的吗？

罗 21:49 不是一朝一夕，而是长期这样，用行动证明自己。

以围绕工作难题展开的讨论

玮 18:28 各位，教导处下午经过认真分析，周五下午老师请假少的原因是因为要向老大请假。所以教研活动规则 1 是凡迟到早退缺席时均向我请假[晕]大家意下如何，多提意见！

（此处省略具体交流内容）

风 19:27 从刚才的讨论中,我觉得俱乐部除了快乐地成长活动之外,还应该有一项重要内容:解决难题!

风 19:28 小难题群里交流,大难题坐下来专项讨论,每位成员出建议!我为人人,人人为我。把问题思考更全面,解决更周密,同时也锻炼一下自己的学习力与思考力!

花儿无边 19:37 他们不怕难题,怕的是捂着不去解决,或是只让一个人单枪匹马去解决。他们要用大家(包括一线老师们)的智慧联手去解决!

风 19:46 可以找一些组长单独了解一下问题根源,确认一下他们的想法。

风 20:15 成长俱乐部的目标:1. 每个成员成长得更充分;2. 集结所有成员智慧,解决发展中的问题,纠正发展中的偏差,让他们的集体进步、发展得更好!

充分利用现代信息媒体,开展更充分更自由的讨论,是成长俱乐部交流的重要方式。像这样的在线讨论,信息量大,不受时空限制,是非常有实效的一种交流方式。每天利用空余时间,看看大家的分享,提出自己的困惑,围绕"问题、学习"的智慧分享,成为俱乐部成员工作之外的另一种生活方式。抑或是一杯咖啡,一个安静的场所,没有行政权威,只有自由放松的平等交流。成功人士的创业历程和管理经验,专家的学术精神和智慧,同事的小点子大智慧,都是个人成长的不断供给,团队的创造力也由此迸发,这是共同成长的幸福。

(六)节日序列——价值体验圈

第一阶段:捕捉需求。

日复一日的工作极易产生职业倦怠,小学教师的职业交往圈小,视线成天围着孩子打转,工作细碎重复,来自职业成就与幸福的高峰体验对教师来说尤其重要。每年教师节,每当有毕业的孩子回校来探望,老师的喜悦溢于言表。每次庆祝聚会,以年级组为单位的集体表演精彩纷呈。他们以节日为切入口,策划庆祝形式,赋予节日更多意义,使每次聚会成为一场集体高峰体验过程。

第二阶段:载体建设。

1. 通过在全校范围内开展调查,了解老师心目中最看重的节日或活动。

首先,他们罗列了学校生活的一些节日,请老师们对个人认为最重要的节日进行了一个排序。他们发现,与学校生活相关的节日中,以下节日老师们认为最看重。

①教师节;

②春假、秋假;

③元旦;

④生日。

在其他节日一栏中,很多老师写了“毕业典礼”,也有教师把“元旦”改成了“圣诞节”。

然后他们就以下几个问题进行了访谈。

①聊聊最看重哪个节日或活动的原因。

②说说自己的愿望,最想用什么方式过节、想跟谁一起过。

关于“教师节”,有60%的教师表示很看重教师节。原因不是因为社会对教师职业的重视,而是在今天,在校园碰到任何一位学生都会对你说一声“老师节日快乐”;会收到已经毕业学生的贺卡、短信、电话等,刚升入初中的学生会回来看看老师;学校里同事间的互相祝福。有15%的老师不喜欢过教师节,原因是社会过于关注教师生活,在教师节会掀起一阵评论教师师德的小高潮。

关于“元旦”,绝大多数老师对元旦的认同是因为这是一个新的开始,这也是全社会都在今天庆祝节日的情结所在。部分年轻教师表示更看重“圣诞节”。

关于“毕业典礼”,在访谈中,所有任教毕业班的老师都说这是他们很重要的一个节日。一段时间积蓄的情感在这一天得到表达,那种成长的离别意义非凡。

关于“个人生日”,这原本是一个独具个人意义的节日,但老师们普遍认为能记住自己生日的人是最亲近的人,在这天能得到更多的祝福是对自己存在的最大认同。

关于“春假、秋假”,老师们都认为放假是最大的福利,希望能带自己的孩子参加社会实践,而不是继续参加学习或活动。

从以上调查结果分析,教师们对过节的认同,其实是对文化的集体认同,还有他人、集体对个人的认同。在庆祝活动中,在互相认同中找到存在及归属感,得到一种高峰体验,这种体验直接影响教师生活信念和工作热情。

根据以上调查分析,他们重新策划以下节日的庆祝内容和形式,形成序列,因课题实施期间正逢学校50周年校庆,所以将校庆系列活动也策划其中。

2. 设计节日序列

节日序列日复一日的工作极易产生职业倦怠,小学教师的职业交往圈小,视线成天围着孩子打转,工作细碎重复,来自职业成就与幸福的高峰体验对教师来说尤其重要。每年教师节,每当有毕业的孩子回校来探望,老师的喜悦溢于言表。每次庆祝聚会,以年级组为单位的集体表演精彩纷呈。他们以节日为切入口,策划庆祝形式,赋予节日更多意义,使每次聚会成为一场集体高峰体验。

节日	庆祝内容	形式	庆祝意义
元旦	夸夸他们的好老师	形式不限,要求原创(小品、朗诵、音乐剧等)	集体认同、对教师职业的高峰体验
三八节	《幸福课》	请专家给老师们上一堂幸福课	“幸福感”是衡量人生的唯一标准,是所有目标的最终目标
	摄影	请专业摄影师来校,记录每位教师的校园生活,并给每位教师制作一张水晶摆台,放在办公桌上	工作最美丽
毕业典礼	毕业庆典	为学生制作校园生活回忆录(整理从进校第一天开始的校园生活瞬间)	人物事件回放,激发情感体验
		与学生一起策划一台毕业演出,教师为学生表演一个节目	职业成就的高峰体验
教师节	送彩虹卡	教师节的早上,校长和值周教师站在校门口为每位教师送上一张彩虹卡和一支康乃馨	阅读彩虹卡上的每一个文字,就是给自己一个积极的暗示
	校长亲笔书信	校长为每一位接管新班级、担任新任务的教师写一封信,在教师节这天寄到教师手中	认同、鼓励、支持
生日	私人定制	学校根据教师个人喜好定制鲜花、蛋糕,送上签名贺卡	你很重要,对大家都很重要

第三阶段:促进交流。

每一个节日,都是一次精心策划的师德教育,是一次集体大融合。比如“夸夸他们的好老师”。活动以年级组为单位,每个年级组推选一位教师,用自己的形式来表现这位教师的事迹以及大家对她的认同与赞美。从收集资料、拍摄、裁剪,再到后期制作和现场表演,全体教师都会参与,有导游、编剧、音乐、美工、电脑技术、表演等,各展所长,互相合作。活动现场笑声不断,被夸奖的老师热泪盈眶,那是被大家认同的幸福的眼泪。

每一件礼物,都是物化的心意,一张彩虹卡、一封亲笔书信传递着浓浓的情感,在告诉每一个人,“你是学校重要的一员,谢谢你的努力与付出”。

彩虹卡

校长写给老师们的信

第四阶段:形成组织。

尽管个人体验是师德教育在教师身上产生实效的基本路径,但是,任何个人体验都是建立在教师个人与他人的交往,建立在群体的共同价值观影响的基础上的。节日序列教育,就是构建具有群体认同的价值观,成为师德教育的重要方式,是这种共同价值观认同追求下的组织形态。

50 年“校庆”是学校的一个“大节日”,是全体教师对职业幸福的一次高峰体验。课题 2012 年 1 月开始前期准备,2012 年 3 月正式申报,这也正是校庆各项活动启动的时期。整个校庆持续期间,也是课题组开展活动期间。他们借此机会,开展系列师德体验教育活动,激发教师的爱校情怀,增进归属感,为学校教师价值认同打下良好的基础。

他们通过校史回顾、寻访老教师等活动传承文化,激发爱校情怀;通过参与学校宣传片拍摄与校庆庆典,明晰学校办学理念,总结办学成果,感受社会各界的认同与支持;通过与校友面对面,感受教师职业幸福感与责任感。在参与这一系列活动中,浓浓的归属感与责任感始终萦绕在老师们心头。回顾历史,更加让他们明晰现在肩上的使命所在,为实现“让每一位学生充满阳光”的办学理想奉献每一个人的智慧与力量。

教师访谈:

今天,我作为学校的老师,这所校园的主人翁,感到非常激动。从这么多校友的记忆中,我感到他们至今存留在脑海的不是知识,而是改变他们的那些个爱的人和事件,那些个被关注、被肯定的瞬间,这些是值得我谨记,并努力实践的。刚才大家一起唱校歌的时候,我忍不住流泪了,我为他们学校感到自豪。

校庆活动结束后，全体教师举行了“我的教育价值观”大讨论。学校特邀杨明明老师做嘉宾，大家畅谈对“玩”的理解，在更深入、更理性的反思与讨论中，建构对教育的理解。

第四节　平台4
“成长联盟”的机构与组建

“学习的联盟、成长的阵营”是青年教师自愿加入的学习团体。它提供专家引领、专业探讨、教学研究与学习经验、体会分享的良好场所与机会，在浓厚的学习氛围和切实可操作的实际行动中深化教学感悟、敏化生命体验，最终促进青年教师的专业成长和生命发展。

终极目标：追寻光明普照的职业境界，寻求自我生命的圆满发展。

成长愿景：阳光般灿烂的教育理想；高山般丰厚的学识素养；大地般坚实的实践行动。

成长理念：终身学习才能可持续发展；学习与思考是实践的双翼。

成长联盟基本机构：

名誉顾问：市、地教科、教研系统的资深专家；联盟盟主、常务理事；联盟四大阵营。

杭州市现代实验小学教师成长联盟

成长联盟一：绘本读写。

盟主	联盟成员	特色
潘燕莉	俞俊艳	依托绘本，创新读写结合，开展新作文教学。
	张彩凤	
	郑苏英	
	楼　芳	
	朱建文	
	许丽丽	
	周　颖	

成长联盟二:魅力语文。

盟主	联盟成员	特色
毛燕青	施　芳	夯实教材解读基本功,创新课堂教学策略,形成有个性的教学风格。
	张　缨	
	潘燕莉	
	莫　丽	
	温丽月	

成长联盟三:动感数学。

盟主	联盟成员	特色
宋明民	付吉娜	让学生在 40 分钟里轻轻松松、扎扎实实学习数学。
	王　亮	
	沈　洁	

成长联盟四:有效科研。

盟主	联盟成员	特色	备注
任懿	单　雁	凭借名师资源,打造资源共享平台。提高课题申报、成果报告、学科论文的撰写水平,规范课题的常规化管理。	1. 有课题正在研究的老师优先考虑。 2. 今后其他老师一有课题申报成功,即自动加入教科研成长联盟。 3. 热烈欢迎其他教师参与教科研活动。
	郑苏英		
	楼　芳		
	温丽月		
	付吉娜		
	沈　洁		
	陈圆圆		
	王　吉		
	徐　昂		
	潘乐平		

他们从“科学规划、有效研习、成长对话”三个方面,进行为期两年的“生命与专业协同发展”的联盟活动探索,在不断探索中不断反思,逐步推进青年教师的稳步成长。

自省式专业成长规划。

他们认为,反省自己的成长心态,找准专业定位,制订切实可行的专业发展规划,是当务之急。围绕这一主题,他们开展了一系列行动:

行动一:“生长愿望”——“激发成长动机” 要真正激发成长的动机,首先要消解青年教师普遍存在的不自信心理,激发他们的自我成功期待。因此,他们围绕“学生心中的好老师”、“我的明天”、“我的三个优势”等话题,开展自由论坛、沙龙活动,发掘自己的优势区域,逐步建立和交流彼此的成长理想;他们还开展“名师成长调查”活动,深层挖掘一系列人物成长的最核心要素:全国著名特级教师窦桂梅的勤奋坚韧、草根教师薛瑞萍的苦读勤写、诗化教学倡导人周益民的情醉儿童文学……在这些调查与挖掘中,“名人名师也是从平凡人成长起来的”理念深入每一位联盟成员的心,“我要成长”“我要发展”“我要发挥自己的优势成为专才”,这些想法逐渐坚定。

行动二:“规划目标”——“寻觅成长路径” 有了成长的动力,犹如播撒了希望的种子,仍需浇灌“规划”的甘露、沐浴“目标”的春阳,种子才能顺利成长。他们倡导青年教师成长联盟成员作自省式的规划设计,他们请彭音校长为青年教师做《班主任工作 ABC》系列讲座,请省教坛新秀张祖庆老师结合自身的成长,为青年教师做了《走在追寻理想的路上》等专业性讲座,借助这些讲座,指导成员在充分考虑个人优劣势的基础上,找出最合理的成长路径,完成个人专业发展规划的制订和撰写。他们要求目标的制订尽量定性定量,以便对照和检测。

行动三:“行动调矫”——“锤炼成长反思” 规划的制定、计划的实行并不是一成不变的。一个真正科学合理的自省式成长规划是具有动态性、生成性的,只有时时对照规划、反思行动、修矫思路,才能让自己的发展方向更清晰、成长行动更有效。因此,他们建议联盟成员形成“个人成长档案”。根据档案,每月常翻看、每年一反思,不断调矫自己的目标和行动,努力尽快、尽高地发展自己。

2. 反思型多元研习平台

生命与专业协同发展,是基于生命发展基础上的专业成长历程。他们在联盟内开展各种研习活动时,也始终把“生命与专业协同发展”作为活动的基本准则。主要有以下行动:

行动一:我思考 我快乐 肖川教授说:“你真正的生命是你的思想,你的思想就是你的处境。理论、学说、观念、主张等等都不过是思想的表现形式。”确实,小学教师太需要学术上的独立人格了,有思想、有个性、有创见,这三个“有”字的背后显现的是一颗灵气逼人的学术剑胆。因此,他们研读吴非的《不跪着教书》,研读陈四溢的《不跪着读书》,开展"触动心灵的一本好书"推荐活动,鼓励每一位青年教师解放自己的头脑,挑战权威,让自己的观念在教育教学的长空上自由翱翔——从这个意义上说,他们已经逐步建立起自己的学术尊严,这是他们走向专业成熟的开始。思想的深刻与否,观点的新锐与否,这已经是次一等的事了。

研习沙龙,就是改革传统校本教研模式,真正具有推动教师教育教学行为改进的功效。在研习沙龙中,他们打破以往以听骨干教师、权威教师专题发言为主的常态教研形式,营造一种"开放、民主、争鸣、碰撞"的教研氛围,将教研活动变成一个"长作业"(从准备到后续研究,历时数月,争取深入有效)、让教研活动中的教师有"活"有"动"(每一位教师都能在沙龙研讨中生成观点和问题,并能有参与与发表见解的机会)、让教研活动"动而不散"(通过前期准备与研讨过程中的"任务导引",切入教师的需要和可能的"发展区")、让教研活动"余味绕梁"(重视后续研究环节,关注教师理念和行为的跟进)。——这就是一种学术人格的矗立经过,也是青年教师锤炼专业思考的有效路径。

行动二:我研究　我发展　为促进青年教师进行研究反思,他们提出应将科研和教研者融为一体(组织机构一体,研究思想一体,研究内容一体,研究方法一体,研究过程一体),针对教学中存在的问题,形成校级、学科组、年级组的研究内容;以科研的理论指导教研活动,使研究思想内化在教学实践中,提升教研层次,以教研促进科研,使两者各扬其长,相得益彰,为青年教师构筑看得见、摸得着、行得通、用得上的教科研一体化多元研究平台。主要有:

好课三磨:每位联盟成员在每一学期的前三个月向自己所属阵营开研究课一节。阵营推选开发得比较成功、新颖、有思考力度的课,组内反复研讨后在青年教师成长联盟的"好课多磨"活动中闪亮推出,并上传研究课教学案例及设想,进行好课赏析、好课我评等活动。

微格研究　微格教学(Micro Teaching)指以少数学生为对象,在较短时间内(5-20分钟)尝试做小型的课堂教学,可以把这种教学过程摄制成录像,课后再进行分析。这是训练教师反思能力、提高教学水平的一条重要途径。在成长联盟活动中倡导微格教学研究,能使青年教师更加直接和深入分析自己的教学行为,增强改进教学的针对性,因而往往比正规课堂教学的经验更有效。

教历叙事　提倡联盟成员撰写教历、教学叙事、微型案例,立足点准,切入口小,研究行动短时有效,以实实在在促进青年教师实践反思能力以及研究能力的提高为原则。

行动三:我展示　我成功　多元智能理论的广泛认可,是一种对生命个体差异性的深切呵护。落实到成长联盟中,他们提出“发挥自己的优势智能,展示个性化的才华”的活动理念。比如“青年教师成长联赛”,以营造“长期评价、综合比赛、同级竞争、发展专长”的比赛模式为主,致力形成青年教师之间和谐竞争、长期发展的氛围。主要采用以下形式:

分龄评价　根据青年教师教龄的长短,进行分年龄段评价。比如青年教师的教学竞赛分为以下三个级别:一、二星级教师课堂教学竞赛、三星级教师教学展示、三星级教师和省市教坛新秀示范教学。

分级评价　根据联盟成员不同等级,倡导同水准、同层次、同级别之间的比照评价。

分项评价　将青年教师在培训活动中得到的发展分割成若干个单项,在每一个单项中进行评价。

行动四:我反思　我成长　他们邀请于永正老师来校和老师们零距离交流。于是,他们的青年教师成长联盟推出“我心中的语文——我与名师同上一节课”活动,作为一个青年教师专业成长的亮点活动,得到与会者的普遍赞誉。这次活动,他们要求每位教师提前3天设计教案,选出两份最好的设计,请老师在会上说课;会后,他们要求青年教师都来对照于永正老师的课写体会,反思自己的课堂。他们的宗旨是“聚焦名课,研究瑕疵——反思跟进,我来设计——展示课堂,自述理念——众口点评,争论优弊——梳理精彩,总结得失”,这是联盟制定的校本研训的模式之一,今后,他们将尽力在各个学科多邀请名师,让名师伴随他们成长。当然,伙伴之间的“同课异构”研究模式、年级组内的“主题发散”研究模式等,都是着力于打造青年教师反思成长的平台。

这些平台,最明显的特点就是创设了一种思维碰撞、语言交锋的研究情景,使每一位青年教师尽可能以宽松的心态、无拘的思维投入研究过程。而这个过程离不开实话实说这个基本前提。只有真正做到实话实说,才能促进研究者心灵沟通,情感交流,一些有价值的反思性想法才可能在思维的相互碰撞中产生。尽管有时因思维交锋激烈,或因争论不休,一些问题难以得出结论,但在对这些不确定性问题的讨论中,对解决问题的种种可能性与障碍能被研究者充分地预见与了解到。这种研究状态对于教师来说,更为引人入胜,它能激起教师探究的力量,促进教师对问题的深层次思考。

3. 全息式心灵成长对话

成长过程需要分享、碰撞、刺激、激发，这就需要他们提供一个畅通无阻的心灵对话空间。他们作了以下探索：

行动一：对话名著　成长滋养　阅读名著，无异与一个高尚的人进行面对面的心灵交流。阅读，也是提升青年教师专业素养、丰厚人文积淀的捷径。成长联盟每学期赠发联盟成员每人一本主读的教育教学经典名著，并搭配辅读书目，进行了“名著研读”系列行动。

学校青年教师成长联盟“名著研读”系列书目一览

研读时间	读物	作者
第一学期	《亲爱的安德烈》	龙应台
第二学期	《给教师的 100 条建议》	苏霍姆林斯基
第三学期	《我的教育理想》	朱永新
第四学期	《静悄悄的革命》	佐藤学
第五学期	《教学勇气》	帕尔默
第六学期	《爱弥儿》	卢梭

他们要求青年教师进行扎扎实实的研读。他们推行“专攻专读”，即根据各阵营青年教师的人数，将教育教学名著各章节进行分章节研读，分到同一章节的不同阵营成员对自己主读章节谈五到十分钟的感想、评价或反思（感想、评价、反思的文字稿同时上传学校 FTP）——这也体现了“同文异思”的研读碰撞氛围，同促发展。他们还组织青年教师进行读后感评比，邀请《小学语文教师》编辑部编辑担任评委，评出一、二等奖，编印成册，供老师们阅读、欣赏。

行动二：对话专家　成长点拨　他们开设了“名师讲堂”。每学年邀请专家或名师来校作专题报告、理论指引或课堂教学观摩，之后进行与专家名师的面对面交流。让专家与学者成为教师的亲密伙伴，点拨青年教师的成长迷惑，分享名师专家的成功人生、研究心得，并为青年教师生命和专业的协同发展提供强有力的理论支撑和实践保障。

行动三：对话伙伴　成长分享　他们把学校网站作为青年教师分享成长心路的最主要阵地，开通一个直通畅达的新空间——“教研博客”，为青年教师交流、沟通、探讨氛围提供了良好的平台。老师们在这里就一些课进行交流、分享。这种发帖、跟帖的形式新颖、灵活，容易引起一种深层次的生命的共鸣。青年教师们常在这里畅谈自己成长过程中的喜、怒、哀、乐，迷惘与困惑，有人排解；喜悦与成功，有人关注。它仿佛一个心灵的后花园，以最全息的空间容纳了大家的点滴感受，见证着成长心路。

行动四：对话自我　成长求索　美国教育家帕克·帕尔默在《教学勇气——漫步教师心灵》提出一个富有指导和创造价值的重要观念：引领教师前行的是教师内心世界的导师。教师需要找到各种可能的方式来倾听自己心灵内部的声音，同时又要严肃地接受来自内心的导师的指导，这样做不只是为了自己的工作，更是为了自己的生命健康。因此，他们积极鼓励教师写教后感，有一些教师还在自己的博客上，记录着自己的成败得失。

1. 提炼了"3 + X"教师成长推手经验

两年的课题研究让他们在不断摸索中总结出能有效促进青年教师快速成长的若干个推手：

推手一："经验 + 反思 + 检验 = 成长"。

青年教师知识更新较快，他们很容易接受新事物，不断寻找新方法。因此，在日常教学活动中，他们能够积累丰富的经验，这些经验常会自觉或不自觉地成为他们处理教学事件的重要课程资源，并随时随地对教学行为发生着作用。但是，同样的，经验又容易被"经验"遮蔽，衍生"经验的误区"，要去伪存真，不断"精确经验"、"提升经验"、"转化经验"，则需要反思能力的介入。在经验的基础上反思，在反思中提炼经验。经验才能转化为"真经"，更好地指导实践行动。但是，这个"真经"是否正确？有无偏颇？——这需要青年教师不断将其放在实践中去检验。他们提倡的"好课三磨"、"教历叙事"、"微格研究"，"教科研一体化研究"，都体现这样一个成长推手：经验，反思，检验，不断循环，不断上升。这个推手将不断推动青年教师走向专业成熟。

推手二："引领 + 对话 = 成长"。

牛顿，那个自称在海边捡贝壳的孩子，曾经不无诚恳地说起，如果说我能看得更远一些，那是因为我站在巨人的肩膀上。对青年教师来讲，"巨人的肩膀"是什么？是泛着朴素哲思的教育经典名著，是切中时弊的专家大师的深刻言论。他们推出"名师讲堂"、"名著研读"，就是给青年教师提供和大师对话的平台，和真知灼见对话的机会。青年教师太需要这一心灵的成长剂了！但是，只有经得起实践和时间考验的教育教学真理，才能在传承中不断革新、创生和发展，只有在学习名师优秀经验的同时不断重温真理、碰撞思维，才能去伪存真，真正成长。如果一味地聆听与受教,那专家和名师就已异化为不可置疑的圣人,他们的引领价值和垂范意义,将成为一种盲目膜拜。这是青年教师成长个性和专业自我的严重缺席。所以,他们认为,青年教师不但要学名师读名著,更要放飞自己的思想,建立自己的学术人格和尊严,要在不断对话名师、质疑名著的同时锤炼思想、砥砺人格、拔节生命。

一言蔽之,在名家引领的基础上促进学术、思想的对话,青年教师才能走向独具风格的个性化成长之路。

推手三:“碰撞+协作=成长”。

伙伴教师,在互相促进专业成长上,是不可或缺的重要角色。作为教育教学现象研究的共同体,作为同一外部环境下(学校)共事的伙伴,年龄相近,经历相似,但思维可能相异,经验可能相异——这就让伙伴教师之间的感悟、对话、交流、研习、分享,变成一种非常好的教育教学智慧之间的砥砺和碰撞。碰撞中,真理的火花迸发了,思维宽度广度拓展了,成长的轨迹清晰可见。当然,“碰撞”的同时,少不了“协作”。一起打磨同一个课,分工组织论坛活动,合力探讨一个话题,协作与碰撞,犹如畅通的双轨桥梁,能迅速帮助青年教师跨越“竞争关系”的心理鸿沟,使隐含于心灵深处的相互欣赏、相互认可逐渐强化。这样的“碰撞”与“协作”,不但让青年教师许多自身尚自懵懂的“缄默经验”“缄默理论”浮出水面,更让他们心灵和谐、情感愉悦、充满干劲。

还应该有“X”个推手。

除此以外,他们认为,促进青年教师成长的,还应该有很多个推手,如:

“行动+记录=成长”教师在教育教学过程中遇到的很多有意义的事件,如课堂教学中处理突发事件的教育机智、和“问题学生”谈话的某一次灵感,许多教师意识不到这些瞬间的可贵,尽管在日常的工作中也谈论这些问题,但“口头谈论的东西会即刻消失在空气之中”。将教师经历的有价值的“教学行动”记录下来(如案例),就是反映一个教师专业成长的轨迹,这种记录对教师的专业成长来说是极其宝贵的推手。

“显性知识系统化+内隐知识显性化=成长”青年教师要不断通过自主研修、学习,搜集信息资料,采用系统化方式分类管理自己的显性知识(学科内容知识、课程知识、学科教学法等),建立实用的知识管理库。而对实践中不断感悟并逐渐累积的隐性知识(教育教学实践经验、教学机智、教育教学技巧、教学情境创设力、个人的科研能力、治学策略等),应该尽力让其显性化。因为隐性知识,是基于教师的个人经验和个人特性,镶嵌在教师日常教育教学中,深藏在教师知识的“冰山”下部的。它们不成系统,但却是青年教师成长过程中的“闪光点”,如果能及时记录并整理出来,运用叙事研究、案例撰写等把它们外显出来,并通过教育论坛和博客等方式和同行交流、分享,必能促进教师自己更好地反思,从而更快地成长。

“工作+休息=成长”列宁说:不会休息的人就不会工作。尤其作为工作压力、心理压力较大的青年教师,不断拓展休息的方式,能调整良好的心态,调节生活的情趣,丰富生命的感悟,这是保证高效率工作的重要前提。

这些成长推手的总结,将为学校在现有基础上制订青年教师成长推进计划,提供切实有效的行动建议与理论支持。

2. 快速推进青年教师队伍的专业发展和成熟

近三年来,在成长联盟的带动下,教师们牢固确立“问题即课题”“教室即研究室”科研理念,积极参与课题研究,投身“教育综合改革实验区”“教育学术之区”建设。通过示范性成长基地和教科研成长联盟这两个平台,促进学校教师特别是青年教师的专业成长。从教科研方面来看,收获是显著的:承担的教学观摩活动从校级走向区级,更从区级迈向全国,在各级各类的教科研课题立项和论文评比中,参与和获奖的教师人数逐年递增。三年来,学校教师有四本专著正式出版,31篇论文在《人民教育》等杂志刊出,47篇论文在各级比赛中获奖,18项案例获得各级奖励。有9项课题在省市级立项。学校三年来获得20项区级以上荣誉,教师获得区级以上荣誉18项(据不完全统计)。张祖庆老师被评为浙江省特级教师。

3. 形成和谐奋进的学校可持续发展氛围

青年教师成长联盟的建设,在较大程度上促进了学校青年教师之间的沟通交流。在“主题沙龙”“好课多磨”“成长论坛”等等联盟活动中,青年教师心怀敞开了,目标明确了,行动有动力了,过程也有自我监督感了。和谐奋进氛围逐渐形成,学校可持续发展空间逐渐扩大。

第五节　平台5
构建“决策者、研究者、实践者”平台

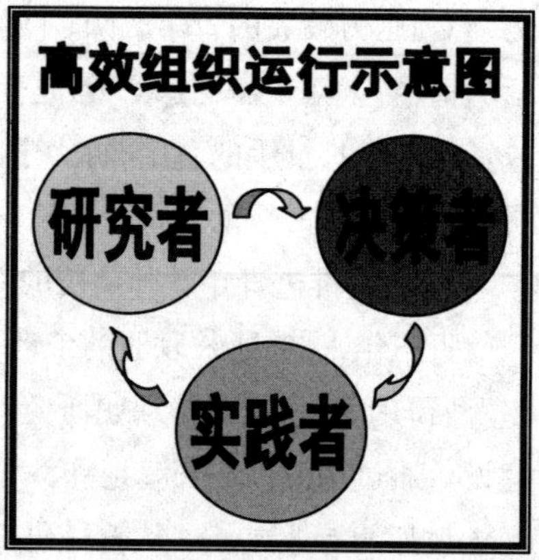

一个高效的组织，必须建立在“决策者、研究者、实践者”三者有效地参与基础上，光是决策者参与，内容就可能缺乏理论性和可行性，容易出现“拍脑袋”的想法；光是研究者参与，很难在政策面和实践面产生影响，很容易脱离实际；光是实践者参与，容易琐碎，也很难上升到政策层面和理论层面。联合国教科文组织出台的每一类政策，就很注意将这三种人结合起来，既能影响决策和实践，又是具有理论高度和运行高效的。为此，近几年来学校教育科研工作努力建立“决策者、研究者、实践者”有机统一协调机制，扎实开展学校校本研训工作。

1. 制定者：校长室，健全科研组织机构

学校是下城区首批陶行知研究会成员学校。近年来，学校教育科研研究工作努力围绕“陶行知与新课程改革”这个主题开展一系列研究活动，将学陶、师陶、践陶与新课程改革有机结合起来，与教师成长有机结合起来，真正将陶行知教育思想落到实处。学校领导意识到学校的办学质量和发展，是建立于学校教育科研水平之上的。学校教育科研工作只有依托于学校教育科研网络，才能更加有效地监控学校工作的开展，找到学校各项工作开展的最佳磨合点。学校为此建立科研组织机构四级网络和科研课题开展循环网络。

2. 研究者：教科室，完善学校科研管理

(1)制订规划，及时总结。根据学校发展的目标和师资队伍建设要求，他们制定学校发展规划，提出分阶段、科学系统开展学校教育科研研究的方案。每学期末，科研室都及时进行反思。在培训保障机制上，他们通过建立研究制度，研究汇报会、研究座谈会、研究讨论会、专家会诊、信息通报等活动方式提高研究的质量和效率，提倡务实高效。

(2)科研资料规范化、有序化。学校科研资料收集主要分为校内科研活动、国内外最新科研资料库这两大块。近年来,由于学校在全区小学中率先实现教师办公智能化、网络化。及时在校内局域网和校外网页上推出《教育科研》栏目,方便全校教师查找和翻阅。学校的每次教科研活动都有相应的记载。根据档案建设的特点,校科研室还建立了完备的档案库。主要分为各学期科研工作计划、总结、科研讲座、论文集、教师获奖论文及证书、期刊装订等六大类内容,使学校科研资料的收集达到规范化、有序化。

3. 实践者:教师,参与制订科研工作考核制度

学校教育科研活动的开展必须有章可循、有据可依,这是保障学校教育科研活动顺利开展的前提。真正的制度必须建立在所有参与者一起协商的基础上。为此,学校在教代会协商讨论的基础上,制订和修改学校科研工作考核制度,目的是鼓励全校教师积极参与教育科研活动。

(1)学期考核办法　从学期奖中抽出一定数额的奖金,对全校教师在一学期中开展教育科研活动的情况进行考核;考核依据为每月《教育教学案例记载本》的上交情况、记载情况,期初是否按时上交论文(或申报教育教学课题),每次的教育专题报告会参加的情况。

(2)论文获奖和课题申报奖励办法　参照学校奖励办法。

一、践行陶行知思想,形成浓厚教育实验氛围

1. 践行陶行知思想,课题研究深入发展

2007～2008 年,学校有市级立项课题 2 个、区级立项课题 8 个课题,还有与语文、数学、综合实践等学科相关的陶研课题在学校立项,全校教师都参与到"陶行知与新课程改革"研究活动中来;其次,他们以陶行知"生活教育理论"教育思想为指导,积极开展综合实践活动课程的研究。一年中,学校就承办省市区综合实践教研活动 3 次,5 位老师在教研活动上介绍经验,多名老师和学生的论文和作品在各级比赛中获奖,综合实践活动课程已成为学校特色学科,走在了市、区的前列。教师在学陶、师陶、践陶的活动中,善于总结经验,积极参加各类文章评比,2007 年来硕果累累:教师获奖、发表文章共 48 篇次,其中省级报刊发表 1 篇,区级报刊发表 1 篇,全国得奖 1 篇,省级得奖 7 篇,市级得奖 6 篇,区级得奖 21 篇。学校还获得浙江教育报社颁发的第二届教师读书活动组织奖。

2. 立足课堂,开展模块跟踪教研活动

课堂是教育的核心领域,新课程背景下的课程设置和三级课程管理体系。

2008年,学校已有省市教研课题2项、市社联课题1项、市师训课题1项、区课改专项课题2项、区草根研究课题5项。近年来,学校尝试开展模块跟踪教研模式,突出对教育教学基本环节的草根研究。

模块跟踪一:构建开放、互动的课堂。小班课堂教学是课程改革的主要阵地,并且,课堂教学总是以一定的方式呈现。对于具体的学科、具体的年级和具体的教师,适用的课堂教学模式是不尽相同的,但是不管具体的课堂教学模式如何不同,起支撑作用的基本规律是相同的。他们认为,新课程背景下的小班课堂教学应该呈现出开放、互动的基本特点。

模块跟踪二:深入开展综合实践活动研究。综合实践活动课的设置是我国基础教育课程体系的结构性突破和重大改革,学校开始新课程实验后按新的课程体系调整了课程设置,现有三至六年级30个班级全部开设综合实践活动课。在综合实践活动领域,他们遵循"大胆探索、理性思考"的思路,边实践、边调整,从课程管理入手,探索出"抓好三类计划,以活动为主线,以研究性学习为核心,本土为主,整合资源"这样一条途径,取得很好的效果,受到了市、区教研部门的重视和赞赏。学校的经验先后在全国、省、市、区介绍。

3. 区域推进,开展运河杯联校教育教学展示活动

为了加强东片运河沿线学校的横向交流,营造教育学术研究的浓厚氛围,提升区域教育均衡水平,杭州市永天、京都和东园三校联合开展"运河杯"教育学术研讨活动。活动以加强校际学术交流,搭建师生成长平台,展示学校特色成果为宗旨,主要开展课堂教学主题研究、教师"小问题"论文评比、教研组长沙龙、联校体育运动会、学校特色品牌展示等六项活动,取得良好的效果。

4. 城乡互助,开展优势互补的共同体学术交流活动

今年三月至今,学校不断深入开展优势互补的共同体学术交流活动。在原有工作的基础上,学校不断加强与互助共同体学校之间的互助,实现城乡共同体学术交流活动的无缝连接。分别开展"岗位互换""送教讲学""协办莪山畲乡艺术节""教育教学科研指导""特色学科送教下乡"等活动。送教教师达到40余人,受惠教师达到100余人。突出共同体学术交流活动的"实"字和"效"字,讲究的是"惠"字,实现的是"补"字。

二、校本研训有实效,教育改革见成效

1. 立足校本培训,教育教学质量持续提升

学校是区校本教研先进单位,是区内较早开始新课程实验的学校,以校本为

主展开教学研究，形成一种在教学实践过程中自主探索、解决问题的学术导向，是新课程改革的需要。近几年来，他们从调整学校教育管理入手，建立起多层面、多渠道的校本教研网络和制度：完善了学校教学管理制度，形成教导处（含科研室）——教研组——年级学科组这样一个校本教研体系；建立以专家集中指导为范本，学校业务领导为主导，各学科主要教学骨干为带头人，一线教师为主体的校本教研队伍；以"思、训、践"一体的校本教研课题研究为核心，以解决新课程实施中的实际问题和提升教师教学理论、业务水平为导向，形成集中培训，分组研究，个体钻研的校本教研层次。采取涉及校本教研的人员、经费、时间、场地等保障措施；根据课程管理的需要提出教研的主要方向，列出重点内容以供参考；对各教研组、年级组和教师个体的教研情况进行监督和考核。学校在区研发中心组织的历次学科质量抽测活动中，学校排名呈上升趋势，位居全区中上水平。

2. 满足多种需求，办学特色呈现多样生态

对东园来说，多样化、个性化是学校教育研究中重点考虑的内容之一。多年的积累，使他们对开设满足学生需求的校本课程有了比较深入的思考。他们认为，满足学生需求的教育是一个非常宽泛的概念：既有精神层面的；又有体制、管理、运行层面的；更多的是在某个领域里的强项。作为学校发展的战略需要，开设各类学生社团活动能帮助学校找准自己的定位和各种切入口。到目前为止，学校已经形成的特色社团包括：

特色一：学校美术工作。学校的美术学科以"生活中的美术"为特色课程，从校园环境、地域文化中开发课程，收到很好的学科效果，获区"文化寻访，我与杭州"少儿美术大赛组织奖，市"正版正货"徽标征集优秀组织奖。

特色二：圣野诗社。学校在"圣野诗社"的基础上，开设以一至三年级为对象的"童年飞歌"校本课程，每周开设一节童诗课，每班有班级童诗社团，51%以上学生接受该课程的教学，60%以上学生参与儿童诗创作，30%多学生在各级各类刊物上发表诗作或获奖。学校以学生的童诗美化校园，并继续编辑了学生诗集"长青树"7、8 辑。

特色三：学校体育工作。学校体育工作坚持开展每月一个专项的体育活动，以全面参与和选拔竞赛相结合，参与面达 80%以上。学校田径队、棋类队、球类队等，从班级、年级、学校层层选拔产生队员，在区级及以上比赛中成绩显著，2004 年、2005 年、2006 年，在区小学生"三棋"比赛中均获团体第一名。学校从 2002 年开始就一直被授予"杭州市体育传统项目学校"。2005 年被评为区体育竞赛工作

先进集体。

特色四:学校科技工作。学校科技组每学期能有计划地开展活动,在市、区"三模"比赛中成绩显著。开展普及。海摸、空模、车模和无线电测向等学生喜爱的科技活动项目多次在省、市、区获团体和个人奖。学校在区科技节团体总分名列前茅,被评为区科技特色学校。学校还组织学生参加科技设计比赛,科普黑板报、展板、橱窗等展示活动,以及科普宣传活动,有70%以上学生能积极地参与这样的活动。

三、下一步设想,开展"115工程"

围绕创建区教师成长基地学校工作,下一步学校教师成长工作将着重围绕"115工程"展开。即,打下一个基础(进一步完善由学校教科室统一负责,分工明确的学校校本研训体系),完善一个保障(将校本研训经费纳入学校预算),形成五个加强(加强示范作用、加强研讨活动、加强教师技能比武、加强请进来的力度、加强送出去的力度)。

1. 打下一个基础

进一步完善由学校教科室统一负责,分工明确的学校校本研训体系。实现学校校本研训与教科研计划的有效融合。

2. 完善一个保障

学校将校本研训经费纳入学校预算,2014年预留经费3万元。邀请专家来校讲座、研讨经费学校认真按照区教育局有关精神执行。

3. 形成五个加强

——加强示范作用。每学期举办一次面向全区展示的校本研训展示活动。本学期将举办"潮鸣杯"三校联合区域学术研讨活动。

——加强研讨活动。近期将围绕"后20%学困生"在全校范围内开展系列研讨活动。

——加强教师技能比武。每学期将针对一项教师基本技能开展比赛。

——加强请进来的力度。每学期至少邀请两名以上的专家来校参与研讨。

——加强送出去的力度。每学期将积极为每位教师创设外出培训的机会。

第三章

运　行

第一节　运行1
教师成长走向专业化

维特根斯坦曾说:“我贴在地面行走,不在云端跳舞。”但随着“云计算”和大数据技术的日益发展,知识和信息的传播途径变得更加广泛,传播速度更为高效。“云时代”为大众提供了与兴趣和情绪相关的休闲、娱乐和学习方式,也为当下“拥挤、遥远”的研训教环境和“固化”的研训教模式开辟了一条新的路径。杭州市安吉路幼儿园两所园区相隔遥远,一所在中部,一所在北部。面对遥远的距离,安吉路幼儿园提出“他们既在地面行走,也在云端跳舞”。坚持地面的,是指脚踏实地,坚持不懈与日积月累地进行教师专业成长工作。享受云端的,是指利用现代各种网络技术,拓展多样化的校本研训途径。

一个学校要发展教师是关键,而教师的专业发展结构至关重要。学习了刘堤仿教授撰写的《教师专业发展标准下的校本培训》,并接受了一次次的理论+实践的学习,甚至承担活动前,刘教授有针对性地指导,获益颇深。这种理念下的培训,教师成长是全面的,可以从一个事件背后挖掘实质,从根本帮老师们找到病症,帮助她成长。今年的园本研训《指南背景下一日活动优化》系列活动中课堂教学研讨板块他们就是在这个思想指引下进行的。因为是首度尝试,发展整理标准没有全面铺开,而是选择从专业才能、专业素养、专业职责、专业效能四块着手进行,贴近幼儿园教育。

专业才能包括教师的认知才能、预设才能、组织才能、应变才能和评估才能。在教师组织教学活动中他们以往也会提出目标、设计、课堂组织、应对和幼儿的评价,这个与他们以往的评价非常契合,教师们在认识上也比较容易,但是这种提法更加专业。

专业素养是指德商、智商、能商、情商、健商。这是作为教师的基础,一个优秀的教师德先行,是根基。在这个素养里面包括专业知识、心理素质、能力、健康。这是他们在以往评价课堂教学中不太关注的,但正是这些背后的素养才造就了一个教师的优秀。从课堂去观察这些,就可以去挖掘教师背后的故事,找到教师成长的要点。

专业职责通俗点说就是传道、授业、解惑。职责的明确可以帮助教师树立正确的儿童观。譬如说是“授人以渔”还是“授人以鱼”,两种不同职责观念决定了教师的成长。

专业效能即教师有效执行教学活动的行为,它是教师专业角色的终结要素。教师的教学行为应当包括对教材的分析行为,对孩子的年龄特点把握行为等,这些与专业才能相比更关注教师的内涵,积淀、关注和研究。

一、云时代背景下创建开放、自主学习空间

在云时代背景下,安幼的校本研训发生了质的变化,研训的时间、地点、方式更为自主,内容学习更加的广泛和个性化。共建共享资源库,形成数字资源超市,老师上传下载自主学习,犹如一座合作银行,推进了信息技术和校本研训的深度融合,改变教师们专业成长的方式。

做法一:网络虚拟研训——云端和安幼网站打造强大的资源中心。

安吉路幼儿园利用免费资源360云端和幼儿园网站的教师专区,建设数字资源超市,使之成为学校开展教师研训的基本平台,支持教师随时随地进行数字化自主学习、合作学习和探究学习。这个资源超市老师不仅能下载大量精品的学习资料,而且还有上传优质资源的义务,为教师的专业成长提供了一个非常强大的信息平台。在360云盘有我要帮助、线上线下、科研引领、个人空间四大板块,教师在这里可以看到关于学科研修的资源和教学实践的丰富的信息,也可以看到同伴关于教学实践的大量体会、观点、实践案例。安幼网的教师专区中,有“班级工作室”“IE-BOOK校本电子教材”“交流中心”“VOD点播”,教师在这里可以下载电子教材,上传备课反思、班级工作,在此基础上进行日常教学的交流、分享各班的案例和教育心得。两者之间有区别又有交融,给了老师更多的选择空间。

做法二:利用开放课堂视频录播,教师自我研讨和反思教学,与自我的对话。

“安幼”的部分教室和音乐厅装有开放课堂网络视频教学装置,老师们可以尝试进行对课堂教学的自我剖析。如某位教师要研究自己的活动,可以打开录播按钮,在录播环境下进行教学。课后在空闲时打开录下来的视频,对自己教学进行现场诊断,找到问题,促进成长。这也是他们研训中教师自我学习和成长的方式。

360 云盘、翼校通不仅在电脑上有 PC 版,在手机上也有客户端,老师可以同步进行自主学习。老师们在学习中可以自己掌控时间,以自己的兴趣为导向,能根据自身情况来安排学习。不担心工作、生活和培训三者之间的冲突,可以在轻松的氛围中进行。老师们学习资源的节奏全由自己掌握,懂了可以选择另外的内容,不懂可以反复看,也可以停下来仔细思考或做笔记,甚至还可以通过论坛、聊天软件向其他教师、外围专家寻求帮助。真正实现了和享受到移动学习的乐趣和便捷。开放、自主(内容、时间、节奏)、移动学习(手机端)、碎片化学习。

二、云时代背景下打造平等、互助成长社区

在网络发展的前提下,安吉幼试图突破传统教研组的模式和称呼使之冠以"成长社区"这个概念,使他们的教研动态化。在"成长社区"中,他们的社区成员(老师们)共享价值观和学习愿景,相互信任、尊重和支持,共同担任实践,开展反思性专业研究,共同探讨解决教学实践问题,从而提高教育质量。教师是一个有专业化要求的工作,相当于社区内的专业学习共同体。

"成长社区"的三个立足点是:立足于教师为本、同伴互助、专业引领。

做法一:异地此刻共享——远程课堂教学研讨,主题研讨、讲座。

"安幼"在园区设置了网络视频教学点,通过此可以开展教学活动研讨,克服了两所幼儿园在开展研训时的时空差距。例如,幼儿园进行某一主题的教学研讨,两个园区的老师设计好的活动在各自园区有视频教学点的场地进行教学,同园的老师实地观摩,另一个园区的老师通过开放课堂在大屏幕中观摩,还有一类正在带班的教师即时看不到,可以在空闲时候,通过开放课堂后台中的资源中心库去观摩当时的教学。这样避免时空的限制,大家都能参加到这次的园本研讨活动中。开放课堂的课堂实录点播,网络观课、评课议课:相互开放课堂,听推门课,从而有效开展网络观课、评课议课活动。

做法二:利用网络进行主题研讨和讲座,提升教师培训课堂的互动效果。

由于地域的关系,安幼校本研训中的主题讨论和讲座一般是以互联网的视频会议的形式,老师通过 PC 电脑进行,并且使用在线交流工具对于研讨的主题进行实时交流和点评。在邀请名师讲座的时候会通过 ECP 工具,使视频和声音、PPT、互动同时呈现。通过采用视频会议系统,实现了两个园区研训工作同步,同时借助于实时交流平台,实现了互动环节中两个园区教师之间的交流互动,不仅节约了重复的时间,扩大了互动交流的范围,而且会进一步加强互动的灵活性,进一步拓展视频互动的范围。

做法三:QQ 群、公众号的协作研训,自主建立合作小组。

随着信息技术的发展,QQ、微信、微信公众号成为很多教师获得信息、学习和工作的重要交流工具,传统的研训管理方式中,教科研负责教师面对很多教师,任何一件事都得逐一通知,而且通知不到位的情况常常发生。管理成本大,时间成本高,工作又不到位。利用现代化技术后,使他们的信息不打折。在研训中,利用 QQ 和微信。教师自由组合成不同类型的协作组团队,如可以按学科、按兴趣、按问题、按课题。教师可以自由加入几个协作组中。在群中教师尽情地畅谈,针对某一主题进行热烈的讨论,而且方式也比较灵活,在有网络的情况下随时随地可以提出和去解决。在网上讨论、交流,从很大程度上弥补了时空分离造成学员之间交流困难的缺陷,大大受学员的欢迎,而且在群上还可以引用一些好的教育理念文章、教育感悟分享,大家互相学习。QQ 群、微信群的建立实现了真正意义上的网上教育管理。

做法四:网络集体备课凝聚集体智慧,为区域集备插翅添翼。

网络集体备课不仅指教师利用网络寻找资料、制作课件,更指教师利用网络实现两个校区之间、姐妹校区之间利用网络平台实现立体备课,使集体备课打破时间、空间的限制。集体备课的内容也由传统意义上的集体备教案,发展到以备学生、备教学设计为核心的全方位、多角度、综合性备课,教师之间的合作在网络环境下得到实现。

网络教研平台提供了集体备课模块,教师可以发起备课,可以针对某一备课任务进行交流讨论,共享资源,发表见解,最终就备课任务的解决方案达成共识。从老师开始思索、到形成个案、共案、反思等所有的集备过程都会留下记录,每位老师的思考过程都能完整地保留沉淀下来,供其他老师参考。教师可以通过学科、年级来筛选查找集体备课。

评价:案例展示,全园总结推广。

“安幼”在半年学习、尝试的基础上,不断了解教师对于评价发展指标的理解,在调研中也发现不一样的声音,针对教师专业成长的检验和评价,推出一名培养的教师进行展示,再通过评价了解其发展的情况。

培养对象:杭州市教坛新秀张鑫(力推往区教育骨干)

实施培养者:朱水铮、汪彩萍、徐李凡、鲍云

案例:课堂教学音乐活动《音乐高楼》

教师专业素养:汪彩萍

优点:教师在活动中非常重视幼儿情商的培养

在这个活动中,孩子们表现出比较浓厚的情趣,在活动中注意力集中,也能进行和同伴的合作和不断地自我挑战。从孩子们的表现来看,教师非常重视孩子们情商的培养,首先张老师以自身较高的情商不断地影响着幼儿,例如在活动中始终保持乐观的心态、昂扬的激情、宽容的态度、坚强的意志、冷静的态度等。在活动中张老师经常和孩子们说:“可以吗?你们能行吗?”“他们用歌声来夸夸自己和别人。”以此鼓励幼儿不断地去挑战,去探索、去合作。

教师具有良好的基本功。这是一个传统常规的音乐教学活动,里面有学习音符音高、有学习唱歌的内容、有边唱边游戏的内容,其实对幼儿来说是具有难度的,但从孩子们的表现来看,他们很喜欢这个活动,很喜欢唱歌,兴趣浓厚。张老师在教学中充分运用了完整示范、重点示范、难点示范等方法教幼儿学唱,形式多变,所以幼儿学的很有兴趣。因为音乐是情感的艺术,张老师悦耳的范唱,以及自然到位的肢体语言,还有精练有趣的讲解,激发了幼儿学习的兴趣和热情。所以在音乐活动中,不仅教师要认真地对音乐活动进行有计划有目的的准备,更重要的是要培养本身扎实的专业基本功,才能使幼儿的音乐能力有所提高。

建议:给幼儿更多的富有个性的感受与表现,多给孩子们合作的机会。在活动中我观察到,由于这首歌有一定的难度,虽然教师从学歌到游戏步步深入,重点明确、目标达成度高,但可以看出有些孩子在学习中遇到了困难,因为在游戏中要有节奏地来跳格子,需要有一定的控制力,很多幼儿单脚跳是有困难的,虽然他们很乐意去挑战,但由于能力和时间有限,唱和跳的节奏没有合上。建议教师给幼儿一些自主和合作的空间。例如给孩子们一些自主探索的时间,让幼儿自己去练习,过几分钟后教师再集体游戏,也可以让他们两两合作,一个唱一个跳,同时让他们重点去观察问题出在哪里?是跳得太快,还是中间高音“都”的地方要跳2次?让他们自己去发现问题,自己改进。同时要更多地接纳幼儿对音乐富有个性的感受和表现,教师的观念还要更开放,例如教师提到的跳房子不仅可以单脚跳,还可以双脚跳,让幼儿自主选择喜欢的方式来跳,不断提高幼儿自主性能力。

要加强自身正确分辨声音优劣的素质,在活动中他们会发现,由于这首歌音

高不断地在变化,很多幼儿在音高和音准上出现一些问题,钢琴的伴奏与幼儿的歌唱在音高上有点不匹配,音乐有一个特点是具有严谨性,它的音高、音准和时值都是固定的,所以当教师面临一个发声能力还不强的幼儿群体的合唱声音时,教师必须具备分辨声音优劣的听觉能力,这是对幼儿教师的职业性要求。幼儿园的音乐教学,一般都是以集体教学形式为主。首先,教师应该有正确的声音观念。所谓的正确声音观念,是指教师在实施教学之前,应对所要教学的乐曲的各种音律、节奏、声调等都有较熟悉和清楚地掌握,形成一个客观而准确的声音标准,并以此来判断幼儿在演唱中的正确与错误。这种声音标准的形成和掌握是靠教师平时的自我训练和经验的逐渐积累而形成的。所以当发现幼儿音高有问题时,应该考虑这首歌的音高适合孩子吗?建议让幼儿听听伴奏或者是以同伴互听的方式来进行,加强对幼儿音乐倾听能力和音准的培养,同时建议钢琴能不能自己伴奏,因为很多时候音乐教育活动都是一个老师执教的,所以当一个老师又要带领幼儿游戏又要伴奏的时候,可以把伴奏好的音乐事先录下来。

教师专业才能:徐李凡。

在本次“跳房子”的音乐活动中,幼儿的情绪活跃、游戏热情高涨,不断与教师进修积极有效的良好互动,我认为,活动成功的原因在于活动过程中凸显教师的才能,和这个是分不开的!

教师的才能有三方面:(1)教师的组织才能。(2)教师的应变才能。(3)教师的评价才能。张老师在现场有很高的组织才能,用游戏贯穿始终,在现场活动来看,张老师是很有智慧的,在每次孩子游戏后,都能进行多棱评价,评价的模式也不是单一的,既有群体评价又有同伴间的评价,如果量化,我数了一数,在活动中群体评价大约是5次,同伴间评价和个别评价大约是6次。例如在群体评价中张老师评道:“呀,你们都想到啦!”在同伴间的评价用唱歌的方式进行赞许,“你真跳得好呀,你真跳得好呀!”

那么在一个活动中群体评价和个别评价次数是不是等同的呢?答案是否定的,那今天张老师的评价比例也给他们做了很好的一次示范,值得他们为她点赞!他们以后的音乐活动也可以参照这一标准来进行。

此外结合张老师的评价,我想到了一点,老师的评价是否要更加具象化,像“你真棒,或者你真聪明”这样泛泛的评价语句是否可以少一点?“聪明在哪里?棒在何处”是否也可以更加细化?

最后我想用教育家陶行知先生的一句话结束今天的评课——“教师在课堂中

的评价要心中有爱,要做到每句话背后都有一颗心!"

教师专业效能:鲍云。

在教学现场看到,在短短的22分钟这样一个单位时间里,孩子们学会了歌曲,又很投入地做这个音乐游戏,绝大多数的孩子能比较合拍地完成跳房子的游戏动作。从孩子的学习效果来看,张老师所表现出来的专业效能,可以说,还是很值得他们学习的。

这首歌有前面的问答形式,又有音阶,后面还有一段"他们跳得好呀",结构比较多。这对孩子来说是有挑战的。我想,在歌唱教学的时候,他们都会有很好的期望,就是减少孩子一遍一遍反复,容易枯燥的学唱。那么,今天在张老师的活动中,他们发现,她运用了很多策略来帮助孩子们有效地学唱歌曲。这些策略基于什么?首先就是对孩子学习特点、认知水平的了解。在这个基础上,分析教材,准备教具,对教学环节进行精心的设计。大家也都看到了,张老师最先教的是音阶,然后利用一个音乐密码的形式,学唱问答部分。

张老师今天在教音阶的时候,呈现在孩子们面前的是高楼状的七彩音阶。教具简单、有效。包括后面孩子们跳音乐房子的场地布置,利于孩子分散练习,也很简单方便。现代多媒体在教学中的运用很多,他们可以声光动画,把它做得很精美,但有调查,过多的媒介也许反而会干扰孩子的学习。因此,怎样选择合适的教具、教学媒介,也是对他们的专业效能的考量。

张老师在教音阶的环节中,他们听到她总是会用歌声来表扬孩子,"他真唱得好呀,他真唱得好。"在这个时候,就很自然地把歌曲后半部分的内容融合进去了,孩子们渐渐地就能用这样一个曲调、歌词来鼓励自己和别的小朋友。通过这样的一种前期铺垫,有效地减轻了孩子们学唱歌曲的难度,减轻整首歌学唱的负担。在后面幼儿整首完整唱,以及游戏时,他们发现,孩子们很自在、很顺畅地就把这部分唱出来了。

对歌词理解上,也就是一问一答部分。今天小朋友很快就和老师接上了。这里,讨论关于教师专业效能里很重要的一条"教学表达的行为"。怎么样用简短的,孩子能理解的语言跟小朋友解释清楚这个问答关系并且不会冲淡这个音乐氛围,张老师这里的导语是"这里有两种声音的",孩子们就开始认真倾听哪两种声音。听出来了,老师再引导:"要接着问怎么问呢?"马上又是用歌声来告诉孩子,"你们跳得好吗?"提问很紧凑,加上清晰的手势、肢体语言。孩子跟上唱了"他们跳得好",因为这个曲调刚才他们已经很熟悉了。他们来看这个教学部分,教师与幼儿的互动就产生了很好的学习效应,这时候,教师的专业效能就显现了。

进入游戏跳房子阶段,孩子会唱和他控制身体动作跟着音乐节奏跳,还是存在一定的差距的。有的快,有的慢,张老师发现孩子们在这上面的问题,她是带着孩子一起来找原因的。也就是教师专业效能里的"教学设疑行为"。设疑可以更好地发挥幼儿的主动性,培养他们会发现问题,尝试去解决问题的能力。张老师没有做示范,让孩子自己尝试,不做规定,让孩子有自由选择的机会。她做的是设疑。"他(你)们跳得好吗?有没有困难?""是什么原因?"

那么,整个活动,孩子们一直很乐意跟着张老师参与这个活动。张老师的声音、音准、节奏、身体动作,都带给他们很好的音乐感受,孩子们也能感受到,还有她的亲和力。这也是教师专业效能的一部分,他们的自身素质。

建议在"预备跳"的时候,教师的节拍可以在空拍处给予,可以帮助孩子及时开始跳,有一个讯号,能合拍开始。

教师专业职责:朱水铮。

早在一千多年前,唐代教育名家韩愈在《师说》一文中对教师的专业职责就作了非常详尽的说明,就是:"师者,传道、授业、解惑也"。教师的专业职责从古到今是否能够这样理解:传道,我想就是传知识之道、技能之道;同时传做人做事之道,也就是他们所说的情感、态度、价值观;在张鑫老师的教学活动过程中,孩子们通过游戏的过程愉快地参与活动,老师创设了轻松愉悦的氛围,对孩子们来说获得了愉悦体验,这就是情感态度,这就是传道。再者,孩子们在游戏中学习音乐的技能即在玩跳房子的游戏过程中感受到了音阶1、2、3、4、5、6、7,并学会唱这一音阶,也告诉了他们,幼儿园的老师就是需要用这样游戏化的专业教学方式来进行课堂教学,通过游戏的体验孩子们主动地在潜移默化的过程中学会了知识技能。传道,不是什么意味深长的语言,也不是"1+1=2"的理论,而是教师通过自身的专业能力,让孩子们获得一份真真切切的情感,在自然而然中主动获取知识经验,从而促进孩子的发展。

那么,授业,在现代教育理念下,是否也能非常好地来解释这个道理:"授人以鱼,仅供一饭之需;授人以渔,则终身受用无穷。"作为教师就应使孩子们学会学习、学会思考、学会在各种复杂的情况下独立地搜集信息、分析判断,从而掌握新的知识。在刚才的教学活动中,张鑫老师首先用密码的方式吸引孩子们主动学习,用师幼问答歌和幼儿同伴之间的问答歌,以及跳房子等游戏方式使孩子们主动地掌握了音阶上行和下行的唱法。老师从多个角度多个层次鼓励和激发幼儿主动学习,掌握游戏的方法,在对唱问答及游戏中感受共同游戏的快乐。这不正是授人以渔使孩子终身受益。

最后我想谈谈教师职责的最后一点,就是解惑。我想前面的授业就是教师通过多种方法激发孩子主动学习,而解惑就是需要他们教师用专业的知识为孩子解答心中的疑惑,不断调动孩子们学习的积极性和主动性。他们教师就是要循序渐进地为孩子们解开"扣子",越过思维的障碍,让孩子们疑惑消散,甚至茅塞顿开,达到"自制其知"。同时也要鼓励孩子们在已有知识经验的基础上,大胆提出问题、获得解决问题的方法,启迪思维获取发展。在教学活动中,张老师用开放的提问、循序渐进的游戏方法非常好地为他们诠释了教师专业职责中的"解惑"。

第二节　运行 2
课题研究的操作

(一)课题带动模式,以科研促教学

在科研兴校的背景下,课题带动模式是针对教育科研能力的培训,培训中力求使教师转变为一个学习型、研究型的教师,培训内容是注重培训教师的科研能力,教育教学的创新能力,促使教师为学校及自身乃至整个教育事业做前瞻性的改革尝试。该模式的主要形式有:科研成果交流、教育科研讲座、教育行动研究、学科课题研究等。其中课题研究在学校使用的最为广泛。

学校以省级重点课题《全面质量管理的构建研究》和省规划课题《转制背景下民办教师责任感研究》和市级课题《以"课堂观察"为载体的教研组研修与实践》为依托,向广大一线教师招标了 31 个子课题和 21 个草根小课题,设立子课题和草根课题的目的是让一线教师通过参与,给他们搭建一个将教学与科研有机结合的平台,提高他们的科研能力。在这个过程中,教师发现了自身存在的很多问题,比如怎么写教学案例、怎么写论文、格式上有什么要求,怎么进行具体的调查研究,如何设计问卷,怎么查阅资料等等。针对教师出现的共性问题和个性问题,他们 5 次邀请教科所的专家进行集体辅导和个别辅导,让参与的教师受益匪浅,很多论文、调查报告还在区市各种评比中获奖或者发表。自 2010 年起,学校教师课题研究,有利于激发培训学员学习教育科研理论和掌握教育科研方法的积极性,提高教师教育理论素养和教学实践的创新能力,既落实了科研兴校的理念,又实现了教师的科研培训,同时还促使教师提升问题意识、探究意识、反思意识,不断提高自己的教学水平。

(二)课堂观察模式,以教学促科研

学校以市级课题《以"课堂观察"为载体的教研组研修与实践》为载体,积极开展课堂观察模式的校本培训活动,提高教师课堂教学和课堂研究的能力。学校各个教研组开始探索一种新的教研文化——课堂观察分析。各个组下发《课堂观察手册》《课堂观察20问》,全面学习新的听课、评课方式,将原先的"面子文化"转向"学术文化"。无论对授课者还是观察者来说都是一种全新的体验和挑战。

课堂观察直接关注教学过程,关注教师的教和学生的学,能够成为教师反思性实践的重要载体。通过课堂观察进行反思,能够以定性和定量相结合的方式对教师原有的教学行为进行准确诊断,并提出针对性的改进建议。

课堂观察第一阶段的课前会议的主要内容是:①听课教师与被听课教师进行沟通,了解上课的主题和内容,了解课的大致结构和重难点和上课教师的教学方法,了解听课班级学生的情况等。②听课教师商讨确定课堂观察的目的、重点和观察点;根据自身特点分领自己的任务。③结合学校开发的《"课堂观察"手册》,制作好相关的观察量表。第二阶段的课中观察主要根据各人的分工:选择好恰当的观察位置和观察角度;借助观察量表,通过不同的记录方式,采用录音、摄像、笔录等技术手段做好课堂实录;梳理好听课过程中记录的信息,形成观点。第三阶段的课后会议则是关键一环:首先,被观察者要进行课后反思。主要围绕下列问题展开:这节课的学习目标达成了吗?谈谈各种主要教学行为的有效性?谈谈有无偏离自己的教案。其次,观察者简要报告观察结果,形成几点结论和行为改进的具体建议。最后,被观察者及时汲取同伴的意见和建议形成教学反思上传教务处以为后者借鉴。第四阶段的后续跟踪观察,就是要结合本次课堂观察存在的问题,被观察者在日后的教育教学中进行改进、反思、实践、提高。

下面以学校社会组的一次课堂观察为例具体展示落实"轻负优质"教育的课堂观察活动:

课题:《他们都是当家人》(《历史与社会》七年级下第八单元第三课内容)

执教者:韩晓丹

(一)课前会议

1. 韩晓丹老师介绍课程设计、学生学情等。

2."课堂观察"维度分工:

(1)教学时间安排主要由陆如秋、郭春迎负责。

(2)课堂教学时间分配:郭春迎

(3)各教学环节中所问问题统计:陆如秋

(4)教师角度包括内容设计、教学表达:蔡春晓

(5)学生角度与表现:吴小美

(6)提问与答问水平频次统计:陈虹

(7)学生应答方式统计与学生回答类型统计:薛利君

(8)学生调查问卷:王慧琴

3. 被观察者韩晓丹要求重点观察提问环节的设置。

(二)课中观察(略)

(三)课后会议

主持人:陈虹

课堂观察参与人员:陆如秋、郭春迎、欧自黎、徐志强、吴小美、薛利君、王慧琴

与会专家及教师:省"领雁工程"骨干校长培训班第一批10位学员、下城区教育局后备干部培训班20多位学员和临安实验初中、台州路桥区金清三中部分教师,此外,他们还邀请区研发中心教研员等专家观摩了此课。学校各组教研组长、备课组长及社会组其余教师全部参与听课。

过程聚焦(由于篇幅有限,故节选韩晓丹老师要求重点观察的部分及学生问卷调查部分,其余略):

薛利君:我的观察维度是学生回答问题的情况。采取表格观察,以量化的标准来衡量。统计大致如下:

学生应答方式统计表

学生回答方式	频次	百分比(%)
集体齐答	6	17.1
讨论后汇报	8	22.9
个别回答	17	48.6
自由答	4	11.4

学生回答的类型统计表

学生回答类型	频次	百分比(%)
无回答	0	0
机械判断是否	6	17.1
认知记忆性回答	14	40
推理性回答	13	37.2
创造评价性回答	2	5.7

从学生回答问题的角度看，韩晓丹老师《他们都是当家人》这节课，比较突出的优点是问题多，互动充分。除导入外，新课教学分为四大环节：说一说、算一算、辨一辨、想一想，问题设计比较合理，安排得当。在课堂教学中主要通过问题的分析解答，一步步完成课堂教学任务，体现以学生为本的教学思想。教师提问的有效性达百分之百，学生无回答情况为零，学生回答问题次数共35次。

从问题的设计和学生回答方面看，这节课也留有一些遗憾，主要表现为全班讨论次数有3次，太过频繁，以致重点不够突出。第一次讨论关于5332万巨奖得主纳多少税，完全没必要，属无效讨论，还有6位同学发言推测，浪费太多时间。一节课只有45分钟，设计1－2个讨论题目作为教学亮点为宜，1个更好，有利于突出重点，突破难点。最后一次讨论两难问题的3个小题，明显感觉时间不够，尤其是第3问：他们在依法纳税中应该做什么？这是一个领悟和提升的问题，但似乎被忽略过去了，回答不到位，学生并未站起来回答此问，只是老师匆忙中做了几句说明，主题不够明确。

陈虹：韩晓丹老师的常规管理性提问7次，占37%；记忆性问题4次，占21%；推理性问题5次，占27%；创造性问题2次，占12%。合计问题19个。韩老师以问题引发学生思考进入授课，随后用活动的形式将全课分为四部分（说一说，算一算，辨一辨，想一想），每块内部通过相应的问题实施。

说一说，提问主要是了解概念为主，都是常规提问，如税收、纳税人、税种等，让学生对中国的税收制度有一个大体的了解，但在教师展示的主要税种中出现了农业税和农业特产税，这两个税种均已经取消。这里有一个知识延伸：关于个人所得税的征收范围。

算一算，问题主要是关于税收的计算，就是学生的动手能力的实践，并让学生分析中国税收制度的特点，不过在设计中出现了一个概念“速算扣除数”，学生并未理解,教师应该加以辅助说明。

辨一辨,通过是非对错的练习总结一些关于税收制度的知识,但提问中也有一些值得商榷的地方,B中纳税靠自愿和D依法纳税是公民应尽的义务,两个判断有关联性,判断完任何一个都能自然判断出另一个。

想一想,以"未成年人没有收入是否和纳税无关,为什么?"作为开题,能迅速捕获学生的注意力,将他们引入到深层的思考中。一位学生回答,税其实包含在他们所消费的商品中,个人认为教师可以顺势引导学生了解在原料、加工、运输、销售等环节中的税问题。此环节中关于收据和发票引发的思考进行的小组活动比较有效,能让学生充分动起来,可惜最后一小问"你认为他们能在依法纳税中做些什么?"结束得过于仓促,完全可以将后面的补充材料前移,深入进行讨论。

王慧琴:针对本次课堂观察中主要观察的内容及上课老师需要观察的点,学生问卷调查我一共设计了8个问题。问卷一共下发43份,收回有效问卷40份。统计后的情况是这样的:

1. 师生关系是否融洽?共36位(占90%)同学认为师生关系融洽,共4位(占10%)同学认为一般。

2. 课堂中我心情如何?共36位(占90%)同学认为课堂中我的心情愉悦,共4位(占10%)同学认为一般。

3. 我在课堂里是否积极主动参与?共17位(占42.5%)同学认为自己参与很多,共20位(占50%)同学认为自己参与一般,有3位(占7.5%)同学认为自己参与很少。

4. 我在小组里与别人合作与商量了吗?共32位(占80%)同学认为自己经常和同学合作,共8位同学(占20%)认为与别人合作一般,还有3位(占6.7%)同学承认自己很少和别人合作。

5. 本课堂中我的收获怎样?共37位(占92.5%)同学认为自己在这节课上收获很多,只有3位(占7.5%)同学认为收获一般。

6. 我能专注地倾听老师和同学吗?共39位(占97.5%)同学能够专注地倾听老师和同学,只有1位(占2.5%)同学选择了一般。

7. 对本堂课的综合评价?共36位(占90%)同学对本堂课的评价是好,只有4位(占10%)同学选择了一般。

8. 你觉得这堂课的内容难易程度如何?共37位(92.5%)同学认为这堂课的内容难易程度正合适,只有3位(占7.5%)同学认为有点难。

作为学生情感调查问卷,主要是学生对自己的评价。以上是从问卷上得到的信息,但是我认为这个信息还有一定的误差,学生在填写时不一定是事实,或者是孩子对自己的认知和评价的失误。比如在学生回答自己在课堂中是否积极主动参与时,只有4位同学选择参与很少,而据我的观察,我发现没有和同学讨论,或者积极回应老师的同学肯定不止4位。还有"我能够专注地倾听老师和同学"这一点上,我看到一半左右的学生在倾听同学回答时是不专注的。不过总的来说,学生对这堂课的评价还是比较高的。

(三)教师研修模式,以交流促智慧

他们对教师职业素质要求是:"四基础一专长"。四基础即:高尚的人文修养为基础;扎实的专业知识和教育教学技能基础;开展教育科研实践能力的基础;较熟练的计算机操作基础。一专长即:至少具有一种培养学生特长的业务能力。为实现这一要求,教师们都着手制定个人成长规划,依据研修平台进行专业成长,提高教学技能和课堂教学质量。学校也积极建立一个学术研究性组织,构建合作、对话、分享、发展研修平台,让教研组真正成为教师专业成长之家。

(1)形成三大研修组织

一是问题小组,根据课堂教学问题,以学期为单位组织,每月一次,由全体教师参加的问题研究会;二是同伴互导,每两星期一次,教研组长、教科信息员与备课组长,了解问题小组的研究进展,为年青教师专业成长提供可能的支持;三是师徒结对,落实学校教学行政规定,关注切近青年教师的成长问题。同伴互导、师徒结对,通过各种途径,运用多种方式,促进教师专业成长。

(2)开展五大研修活动

包括集体备课、课堂观察、教学展示、教研沙龙、教研交流。不同研修活动,有其不同的操作流程,应着力探索活动有序有效的运行常规,能为丰富完善学校研修常规提供经验。

集体备课:集体备课是教研组共同对教学内容进行重新开发的过程,是集体智慧的结晶,对于优化课堂教学具有直接规约作用。在集体备课中,教师们通过集体研讨制定出最完善的教学体系,坚持"三备(备教材、备学生、备教法)、四定(定主备、定时间、定地点、定内容)、五统一(统一教学进度、统一教学目标、统一重难点、统一反馈练习、统一测试安排)"。集体备课流程为"个体初备→集体研讨→二次备课→课堂实施→课后反思"五步操作法,其具体的实施过程如下:①个人初备。组内各教师根据个人理解自行备课、设计和编写教案。教案设计要体现学生的主体性,要在经过充分的资料查找并参考以往教案、最新的课程标准和教学参考的基础上认真书写。教案内容必须要重点备内容、备学生、备教法。②集体研讨。主要是讨论重难点如何突破,教学目标如何实现,教法和学生学法指导。常用的形式是由主讲人进行说课,介绍各自初步备课的成果,然后全体教师共同探讨,去伪存真,矫正补充,使教案内容更加合理、充实和完善,并形成学生的学习学案或预习学案。③二次备课。由教师个人结合所在班级学生的实际情况和自己的教学特点,进行个性化的设计,形成适合本班学生和教师个人的个性教案。④课堂教学实施。⑤课后反思。课后再次进行反思与交流,对备课与课堂教学实施情况进行比较评价,肯定优点,指出不足,进行改善,实现教师的备课和教学水平逐步提高。

课堂观察:课堂观察是对传统听评课的变革,是教研组开展活动的最基本也是最为重要的形式。教师的发展、学生的进步、教研组的完善都离不开课堂观察活动。可以说,它是提高课堂教学质量、实现轻负优质的重要法宝。自2009年以来,各学科如火如荼地展开这一新兴的听评课活动。以"课堂观察"为载体的听评课活动分"课前会议—课中观察—课后会议—后续跟踪观察"四个阶段。

教学展示:教学展示是教师获得教学专业指导、向他人展示教学能力、进行同伴学习互助的平台。学校利用集体备课、校级观摩课、集体学习等时间,邀请了省、市、区专家来校做学术讲座或工作指导,进行教育、教学、科研指导。同时还利用每月一次教学展示、教坛新秀评选等契机,让教师们尽可能多地展示教学基本功,获得同行和专家的指导,提高教学技能,促进教学质量的提升。

教研沙龙:由学校统一安排和教研组自主安排两者相结合,近两年来,学校统一组织各个学科的老师与市区教研员进行沙龙互动活动,组织全体中考学科的教师进行中考模拟出卷活动,邀请市教研员进行反馈讲解等系列校本培训活动,大大促进了教师教育教学技能的提升,有力促进了教师个人专业素养的提高。各教研组按学科需要,自行选择沙龙时间、地点、方式多样。利用自己的人脉资源聘请各学科需要的专家,如本学期数学、科学、外语教研组以提高初三课堂教学复习有效性为切入口、以"教学观摩——专家点评——同行学习"的模式与市区教研员进行了沙龙互动;语文组则以"同课异构"模式进行"语文课堂节"教学展示活动(并邀请到了《台阶》作者李森祥老师);社会组则将以更快培养新教师为切入口进行"多维度课堂观察"互动沙龙活动。

这种沙龙互动模式,直接与专家零距离接触,与同行坦诚交换思想,就可以得到两种以上的智慧,大大缩短成长的时间。

教研交流:为了提高学校教育教学质量,使教研活动科学化、规范化、制度化,充分发挥各教研组长和备课组长的带头作用,促进教师校本培训并推进学校的教育教学改革。他们经常召开教研组长、备课组长交流会议。教研组长和备课组长在校内应该是本学科的日常教学工作的组织和推进者,是学校教学思路的上传者和下达者。因此,每学期的经验总结交流会议就显得弥足珍贵。

如2010年7月3日学校召开了期末交流会。会上,各位组长就本学期的工作作了明确的总结和反思,他们直面犀利而又客观公正,轻松幽默而不失严谨。大家毫不吝啬地把组内的工作特色与大家共享,同时提出困惑和大家商榷。

这次会议提的最多的是团结协作的问题,的确一朵鲜花装扮不出美丽的春天,一个人再先进也只是单枪匹马,众人都先进才能移山填海。所以,他们所有成员都应该有整体意识、敬业意识、宽容意识,在工作中,应该彼此信任、待人真诚、遵守承诺,相互帮助、互相关怀、共同提高,同时应该利益、成就共享、责任共担,从而促进每个人全面发展。在研讨中,欧自黎校长明确指出目前存在的最大问题是思想阻力问题,他强调要转变思想观念,要克服转制前的一些旧观念,强化时不待我、不进则退的机遇意识;要克服因循守旧的思维定势,强化开拓进取的创新意识;要克服本位主义的思想,强化大局为先。要有优质高效的服务意识。为此,周虹副校长也提出了要相信思想的力量,她用了热播全球的《阿凡达》和《孔子》进行对比,得出《孔子》的胜利不在票房,而在于思想,在于文化,认为"思想的交锋才是真正的交锋"。大而言之,先进的思想是国家进步的内在动力,小而言之,一个企业,一所学校,一个个人,之所以能够成功、成名,必定有它的思想体系。平庸的学校最大的特点就是没有自己的思想,没有特色品牌。孔子、陶行知、魏书生、刘彭芝,包括下城最早的特级教师朱雪丹、林眉云等,之所以被推崇,就在于他们有自己鲜明的教育思想,并且长期坚持,不断完善,不断提高。思想有多远,他们就能走多远,这正是思想的力量之所在。他们要相信自省的力量。她以"二战"中一个各方面都很平庸的战犯为例,在他的监督下,他所在的集中营竟然创造了"每天杀害1.2万人,到"二战"结束,共屠杀580万犹太人"这一令人难以置信的纪录。在审讯中,他反复强调"自己是齿轮系统中的一环,只是起了传动的作用罢了",也就是说,他只是一个忠实的服从者和执行者。这就是"平庸的恶",平庸到丧失独立思考的能力,用权威的判断代替了自己的判断,从而无法意识到自己行为的本质。在此方面,德国人的自省精神很值得学习。德国和日本作为两个战败国,两国的政府和人民面对“二战”的态度完全不同。德国在战后进行了大量的道歉和战争赔偿,在国际社会上已经成为负责任的大国、强国,是受尊敬的国际社会的一员。反看日本,对侵略中国、屠杀中国人的历史遮遮掩掩甚至不承认,更谈不上深刻的反思。结果,到现在,日本还仅仅是个经济大国,在国际上的发言权极其有限,国际形象也不佳。国家要自省,教育要自省,校园要自省,个人也要自省。就个人而言,能不能取得进步、成功并找到幸福,与其是否善于自省有很大关系。一个不会自省的人,是不会进步的,也是不可能成功的。自省有多深刻,行动就会有多清醒,这正是自省的力量之所在。他们要实现自省的自觉,美国一位教授写了本书叫《最愚蠢的一代》。书中指出,在人类历史上,知识从来没有像现在这样普及,一切都在鼠标点击之下,但因为没有思考,人们并没有在知识、竞争力等方面有提高,人类“正进入另一个黑暗和无知的时代”。如果不研究,不思考,对教师而言,他可能很用心,但效果不一定好,结果自己教得很累。因此,要防止只满足于做好常规工作,淡化学术研究的现象,否则,可能会变得越来越笨,不辨是非,不分真假,不学无术。要相信行动的力量,既要漫步云端跳舞,更要贴在地面步行,有行动,才会有结果,才能取得成功。

最后,教务处潘主任在上学期开展教研工作的基础上,提出了下一阶段教研工作的重点和要求,希望大家多和组内老师交流工作和思想,带领教研组的工作整体全面提高。

(四)反思自学提高模式,在学习中自我提高

任何外在的培训若是离开了教师自觉反思这一环节,都将收效甚微。这种方式或模式是非常切实的,它能充分发挥教师主体作用,是长期有效的培训模式。反思学习是一种潮流,教师的教育经验反思参照科尔伯的四阶段循环模式可分为:具体经验、观察分析、重新概括、积极验证四个阶段。第一阶段学习者形成了经验;这种经验在第二阶段得到关注和反思;第三阶段形成抽象的概括,以解释或吸纳经验;第四阶段包括在新情境中检验这些概念,而这又会产生新的经验,回到了第一阶段,开始了新一轮的循环。教师的专业水平的提高就是在这个循环中完成的。

教师反思自学在教师在职培训中的作用是明显的,反思自学能知不足,能改而优之,能以最自觉的状态发现最真实问题,反思自学能促使教师个体内向性发展形成良性循环。反思自学主要形式有自修、反思;教学日记反思;读书笔记等。

1. 自修——反思

自修——反思是自我学习、自我实践、自主评价、自我完善的过程,基本程序是发现问题,定出计划、自学研修、实践检验、评价反馈、对照反思。

自修反思是专业发展中的必要环节,它基于教师自主的专业发展设计。有意识的长期自修——反思的进行,势必会使专业发展扎实推进,专业水平节节攀高。该形式的特点在于自我研修,非外力性自修对于解决自身关键问题是很有效的。自修—反思实施过程中的纯个性化色彩,使得其在上述六个基本程序环节中会有很大的变式。教师在该种形式的运用中要充分地考虑到自身的学习、工作特点,逐步形成自身自修——反思的特色形式。

2. 教学日记反思

写教学日记或周记,能保证反思的经常化,有助于反思理论化提升,教学日记主要有四种不同的类型。

①报道性教学日记,是最为简单的日记类型,只是对教学过程中的学生和教师自身真实情况的记录。报道性教学日记所记录的教学事实可能会成为日后反思的素材,此类日记只有在及时、频繁的记录之中才会显示出它的重要价值。

②解释性教学日记,是在报道性教学日记的基础上,融进教师对报道内容的理解和看法,类似于读后感的形式。该形式是教师对教学事件的初步认识,是教师停留在经验表面之上的一种思考。解释性日记中的观点更接近教师日常教学中真实的教育教学观点,是教师现实教学素质的反映。

③反思性教学日记,是除了报道和解释之外,在日记中加入教师的理性思辨,是教师的自我反省、自我评价。该形式是对教师的自身水平的超越性尝试,对教学工作期望标准的刷新,它将有利于促进教师教学水平实现质的飞跃。

在实际工作中,教师的教学日记写作习惯各不相同,采用的日记类型也各有侧重,教师要在教学日记中有意识地吸收不同类型的长处,使自己的教学日记能够真正地为自己的教学服好务。

3. 读书笔记

读书是最有效果的一种自我提高,可以为教师不断地补充专业发展的能量。学校以“读书俱乐部活动”为载体,以“教师 8 分钟学术小讲堂”为有效途径,利用教工大会,充分发挥党员、骨干教师的模范带头作用,将一本本有关教育教学、有关新课程理念与实践的书籍,和大家一起分享。努力打造学习型校园和研究型教师。教科室每学期都利用寒暑假以各种主题的方式组织老师“阅读经典、亲近巨人"假期读书征文评比,以促进教师个体博览群书、拓展视野、增加底蕴、提升修养,提高教师反思能力,加强教师间信息的传递,分享彼此读书的快乐。每年10月,教科室还会将修改后的校一、二等奖征文集体送评省《教育信息报教师周刊》的教师读书征文活动。在学校资金、制度、技术等的大力支持和鼓励下,激发了大批一线教师多读书、读好书的热情。一大批有才华、有思想的老师脱颖而出。自2009年10月参加浙江省第四届教师读书征文活动以来,学校已连续三年获得优秀组织奖,共有田文君等14位老师共22篇读书征文获奖。其中社会组的徐志强、吴小美老师,数学组的金丽敏、庞晓燕老师,语文组的金宏、庄荣生、周虹老师均获二次以上奖项。教育教学类的书籍,让他们重新审视习以为常的教育教学方式的合理性与科学性;心理类的书籍,让他们去尝试更符合学生心理的教学方式与手段;家庭教育类的书籍,让他们反思为人父、为人母所需要的耐心与智慧……一切皆因为阅读而悄然发生变化。

此外,他们还将教师的各种优秀作品及时汇编成册,发放给每位教工。已经编印了8期全面反映教师专业发展的《启正科研》,作为宝贵的学习资料让启正教师共同学习、分享,为日后研究和思考提供了优秀的参考材料,为进一步促进教师反思意识与能力的发展奠定基础。

第三节　运行3
培训项目的组织与实施

(一)培训模式一:以核心课题为载体的项目群体研究

项目研究包括立项课题研究和非立项课题研究,主要面向教育教学问题的解决。学校的核心课题往往代表学校教育教学共性问题或重要问题,将重大问题升华为研究项目,在过程中把研究项目分解转化为具体操作融入教育教学工作中,形成方法和理论,进而指导实践,以有效提升学科教学质量,促进教师专业发展。核心课题一般以校长亲自主持,在以核心课题为载体的项目研究过程中,应形成专家、骨干教师引领的团队,并围绕核心课题开展小课题。

【案例】项目《基于网络环境下的1+X教学策略的实践与研究》

2012年以来,学校以"信息化带动教育现代化"为主题的研究方向,确定了以校长为负责人的《基于网络环境下的1+X教学策略的实践与研究》核心课题。在核心课题的引领下,与中央电化教育馆戴尔项目专家组合作(我校是浙江省唯一一所参与中国教育发展基金会－戴尔“互联创未来”项目实验的学校),加快了学校数字化校园的建设,带动学校课程与教育改革的有效开展,促进了教师的专业化发展。

课题实施中我们进一步制定课题研究的规划,将教学工作与核心课题紧密结合,分学科从不同角度指向整体研究目标,形成以课题为核心的教育科研共同体。2012年,在核心课题下,英语、数学、科学组首先建立了学科子课题(这几项子课题也为区或校级立项课题),紧跟着的是语文组,各课题小组严格统一在核心课题周围,立足于学科教学的特点,积极探索“在网络环境下的有效教学”的研究,最后通过整合、提炼和推广,在课题研究过程中整合了多方面的力量,形成了研究合力,激发和调动了教师从事课题研究的积极性和创造性。

在项目实施过程中,学校积累了大量的教育教学资源,如典型教学案例、课件、学件,开发的网络学习应用平台等;打造了优秀教师团队:通过专家指导、合作学习、实践探究,提升了课题组教师的教育教学理念,探究能力,多个课例在全国获奖,部分作品发表在核心刊物上。提升了学生终身发展的学习能力。我们利用学件以及网络学习交流平台,给予学生自主探究的机会,让发现问题、思考问题、解决问题的能力,实验班同学的探究能力、合作意识、主动精神和学业水平等得到了充分的提高。学生的学科成绩已达到历史的最高点。

(二)培训模式二:以教研组为单位的“主题化”教研活动

学校教师团队存在着职初教师、经验教师、骨干教师的教师梯队,为促进每一层面教师专业水平的不断提升,学校以校内在教育教学改革方面具有较高专业素养的专家型教师为研究项目的指导者,以学科组骨干教师一起组成项目组,形成研究团队,系统构思整体策划研修活动,一般以教研组为单位,对一学期的单位时间内的研修活动有目的、有计划地围绕着主题研究内容开展群体研究,既有理论学习,又有课堂实践探索,有效提升教师群体的专业发展。

比如,本学期语文组的主题是“课外阅读”有效指导的研究、科学组的主题是科学核心概念的有效教学研究、英语组的主题是语音教学的研究等。

“主题化”群体研修活动的具体操作步骤:

1. 研修主题的确定

从教师工作的具体问题出发,整合区级学科研修主题,以教研组为单位整体策划、系统设计本学期的研修主题。使得教师更主动参与区级研修活动,获得更多的专业支持,获取更多的展示交流的机会。教研组研修主题可以在研究主题下细化,突出课程化和可操作性。

2. 研修方案的制定

由各学科教研组的组长和骨干教师共同制定研修方案。教学处提供方案模板。方案主要包括课程核心、课程内容、课程目标、具体活动安排(理论学习、课例实践、评比活动等)。

3. 研修的操作策略

(1)各教研组内教师资源的合理分工

充分调动组内每个层面教师的参与积极性,使每个层面的教师都承担一定培训的任务,创设展示其智慧的平台。比如骨干教师承担研修的理论课程,包括相关理论、课例等文字学习资料、可以观摩的视频等资源的收集,采用自主学习、主题慢聊等形式组织组内教师开展理论学习,青年教师则可以承担课堂研讨展示等。

(2)教研活动主题化的研讨交流

组织二至三次教科研活动课程化的研讨交流会议,特别是期初方案制定的交流和期末方案实施后的交流,在交流中及时纠偏,并积极积累“主题化”教研活动的有效策略,落实研究主题展示活动。

(3)以评比代考核

对教研组评价,则需要教研组完成校本研修活动报告,各组附上反映自己特色的、体现策划意义的、有价值的教研活动案例。上传的活动资料,做好学期研究的相关资料汇总为进一步深化研究打好基础。

每位教师需完成自己本次活动的任务和反思。期末各组以研修主题为内容,教师完成课例研究小报告。分别评出一、二、三等奖。将研修活动的成效计入学分,评出年度最佳成长教师。

“模式”的第一环节是教师群体基于常态课堂问题的发现阶段,即在众多问题中寻找典型的重要的问题,为合作研究打好基础。这一阶段我们采取的流程一般是,教研组和上课教师共同根据本学期的教学重点、难点确定基本的研究取向;上课教师独立备课后,进行课前教研,即上课教师说课,听课教师熟悉教学内容,保证教学目标的准确、科学、合理;然后进入第一次课堂诊断,教师听课并记录自己的观察与思考;课后按环节分组或按交流点交流,发现并提炼问题,组织网络交流,形成多元对话,最后提炼问题形成主题研究或课题研究的方案,从而进入问题解决的实践研究阶段。

【案例】数学教研组关于“课堂反馈的有效性”团队合作研究

·课堂诊断,明晰问题

数学教研组以“教学中的预设与生成的矛盾”、“学生信息的提取(课堂反馈的有效性)”为研究主题,先由组内沈老师上了一节《倍的认识》,进行了诊断和研究。在活动中,先由沈老师说课,数学组的每位教师明晰沈老师的设计意图,并要求每位教师在听课前想一想,自己会如何设计此课。进入沈老师课堂时,我们都带着沈老师设计的教案,教案右边的“观察与记录思考”要求教师边听边记录课堂生成以及思考。因为听课那天有部分教师外出,也为了更深入地研究和思考,我们对沈老师的课进行了录像,并上传到网上学校数学组的资料文件夹中。两天后,数学组进行了专题研讨,我们按照这节课的环节进行了分组,根据老师们自己的思考参与讨论,如对引入环节有想法的就参加引入环节的讨论。讨论的过程非常热烈,包括新教师在内的每位教师在讨论中都踊跃发言,这是以往教研活动中所未见的,每个组的小组长最后汇报本组的思考。最后我们提炼出了本节课的主要问题:“在教学中如何提取和利用学生的信息更有效实现课时目标呢?”“我们思考的是课堂中如何操作分层练习,如何精心组织分层反馈?”我们会将问题上传到校园网上,与其他学科的教师深化交流。

·网络交流,建构研讨主题

听完沈老师课后,数学组对这节课进行了诊断,产生了许多思考,通过网络进行了进一步交流。

问题一:

在本节课的引入环节,沈老师创设了孩子们喜闻乐见的喜羊羊和灰太狼的情境,让孩子们比一比喜羊羊和灰太狼的只数,说说3只狼和6只羊之间存在着什么关系,有两类回答,一类是学生试图描述两者之间倍的关系,一类是学生按老师的引导说明两个量相差关系。老师对第一类学生的资源没有提取和利用,而是按照自己既定的预案直接教学倍的意义。在我们每个教师的课堂教学中,每个环节都会有信息提取的问题,那么在教学中如何提取和利用学生的信息更有效实现课时目标呢?

问题二:

在本节课中,教师安排了三个星级的挑战题,虽然难易层次不同,但老师要求孩子们都要做,做完后一一反馈讲评。我们思考的是课堂中如何操作分层练习,如何精心组织分层反馈?

感谢沈老师引发了数学组的思考,我们抛砖引玉希望能得到其他学科老师的建议和宝贵经验,启发我们更深入地研究课堂。

针对数学教研组提出的问题,其他学科教师的网络"观点碰撞"节选。

茹老师(语文教师):个人以为,教师应该心中有课,又要心中无课。心中有课的意思是,教师要备教材,更要备学生。心中无课的意思是,教师在课堂上,不能光想着教案想着程序,应该更好地和学生互动,顺着学生的思路进入课堂。善于捕捉学生发言中的有效信息为课堂服务。

王崧舟曾经说过这样一段话:"一堂好的语文课,存在三种境界:人在课中、课在人中,这是第一种佳境;人如其课、课如其人,这是第二种佳境;人即是课、课即是人,这是第三种佳境。境界越高,课的痕迹越淡,终至无痕。因此,课的最高境界乃是无课。"

诚然,要像他那样做到在课堂上挥洒自如,胸有丘壑却又无形无影,是需要历练的。

赵老师(英语老师):

问题一:我觉得既然是学生已经提出倍数问题,而且也没有错,老师可以借这个机会渗透,记得我一开始上课的时候,学生把我要教的单词提前说出来,或者说很复杂的句型,其他学生根本听不懂,被我阻止了。师傅陈景圣就教导我说,总有孩子在外面学过,会说,就不应该制止,而应该"借题发挥",适当点评,进行新语句的渗透,语言本就是积累。其次也不会打击小孩子的学习和表达语言的积极性。所以我还觉得那位学生提出的倍数观点很超前,应该鼓励他的思维方式。

问题二:任何一门学科都有要求分层联系,因为学生的能力本来就有差别。或许有些数学不好的学生,其他学科却非常不错。我认为星级无非是三等:一把最基础的知识掌握,人人都会。二是难度有所提高,可以让中等以上的学生有所提高。最高等级便是学习出众的学生能力可以更上一层楼。所以我认为不必要求每一个学生都要做最高级的题目,最好的题目设置就是在每一难度梯度的题目上,能让学生"跳一跳便摘到桃子"。并且题目的设置应该既考查知识,又训练他们的解题方法。

当然我的困惑是:老师只有一个,如何可以将这些梯度作业适合地布置给每一位学生,并且根据学生自身,即使其给予反馈,同时又不使老师的精力过于分散,不至于顾此失彼,且能高效完成。这样的方法或是作业管理操作是我渴求的。

潘老师(数学教师):

“在教学中如何提取和利用学生的信息”这个问题与我们阳光数学组正在研究的课题相关,本人也想来谈谈对此的一些粗浅认识。

我认为提取什么样的学生信息一定要以“深入参与学生的活动”为前提,在这个基础上做到:

1. 选择有利于突破教学重难点的信息。在课堂短短40分钟里,会呈现大量的学生信息,这些信息可能都是正确的,但并不一定都是十分重要的,这就需要教师及时捕捉到其中最重要的、能够突破教学重点或难点的信息,以此为素材展开教学,提高课堂效率。

2. 选择学生独特的见解。教师应让学生的亮点闪耀光芒,课堂中学生出现的不经意的亮点,教师应及时捕捉,因为这些亮点足以让学生得到瞬间的创造。

3. 选择学生在解决问题中产生的有价值的错误。所谓有价值的错误应具备:有普遍性;对以后的学习有一定的影响;能促成师生、生生互动。课堂上学习过程出现的错误正是展示学生思维风采的最佳时机,我们要善于将错误资源转化为新的教学资源。

以上这些是在实际教学和听课过程中感悟到的一点想法,急切盼望各位同仁给点意见和建议,谢谢啦!

……

在这一过程中,首先是教师对教学中的问题和困惑进行收集、分类整理,以解决问题为中心,进行多元对话,以深化对问题的理解,进而提出解决问题的方案。需要教师独立地探究情境,独立地思考归纳,真正建构出可以研究的真问题。

《倍的认识》课堂教学诊断

【问题扫描】一:今天我们的教学一定要忠实于自己的预设吗?

1. 引入环节——创设情境

用已有知识介绍数量关系:

实录(略)

2. 揭题板书

师:是的,其实这两个量之间除了谁多谁少的关系外,还有一种刚才同学们说到的倍的关系。今天我们就一起来认识这个新朋友“倍”。(板书)

【透视分析】

试教时，六只喜羊羊是随意乱放的，孩子们关注比多比少的比较多，但在这堂诊断课的执教中为了节约时间把六只喜羊羊排成一排，孩子可能更容易想到倍，当有孩子提到倍的时候也没有过多的反馈，而是让其他的孩子继续来说说他们的发现，希望孩子们能说到谁多谁少的关系，没有让说到倍的孩子顺着他的思路说下去直接引入教学，选择了“忠实自己的预设”。我想我的处理可能有两个问题：首先是我的环节目标在左右我，在这个引入环节设计的教学目标是想从两个量间除了存在比多比少的关系外，还存在着倍的关系，从而引出倍；其次是自己还不敢“放”，虽然孩子可能听到过倍，但具体怎么描述，可能还不够清晰，因为这是学习倍的第一课时，我也担心孩子模糊的概念描述会对其他学生的理解造成一定的阻碍，虽然老师可以在这之后作补充，但有些孩子可能会先入为主，特别是对于一些后进生来说，所以我选择自己来阐述倍的概念的建立。

【解决策略】

1. 如果我的教学目标是想从两个量间除了存在比多比少的关系外，还存在着倍的关系，从而引出倍的话，是不是可以在“比一比他们的只数，你想说什么”之前先让孩子摆一摆喜羊羊，怎么摆一眼看出谁多谁少，再让孩子来比一比它们的只数，孩子是不是更容易去比较它们的多少关系。

2. 如果在引入环节发现孩子已经有了倍的概念，是不是可以顺着孩子的思路教学，但是还是前文说的那样，自己还不敢“放”，虽然孩子可能听到过“倍”，但因为这是学习倍的第一课时，我也担心孩子对概念的描述会比较模糊，会对其他学生的理解有一定的阻碍，特别是对于一些后进生来说，所以我选择自己来阐述倍的概念的建立。看来在以后的教学中还要加强自己教育机智的培养，善于抓住学生所思所想的契机，以及在教学推进过程中不断表现出来的思维火花，将教学及时进行调整，顺着学生实际发展的方向去挖掘，不断推向理想境界。

……

教师群体共同讨论研究确定源于教育教学实践中的问题，形成研究主题，并确定研究的步骤，形成专题研究下的实践方法和实践过程，不仅在不断丰富教师的实践智慧、理论水平的同时提升专题研究能力和实践能力，而且使不同层次的教师都取得不同的进步和发展。

(三)培训模式三:以小课题研究为基点的教师“本真”研究

学校始终倡导和关注教师个体的小课题研究。为了不使教师小课题研究孤立无援,学校要求以教研组为课题研究管理单位,我校教师的小课题研究主要通过以下策略保障研究的持续开展。

(1)通过学校核心课题的分解或教研组教学问题的研讨,促进教师生成小课题。

(2)要求教师在备课中体现课题思想。教师要结合课题,精选教材进行备课。备课中要体现课题研究的思想,选择研究的方法,设计出具体的研究操作步骤。

(3)在教学中落实课题研究。结合“胜蓝教学月”活动、公开课展示、常态课教学切切实实地进行课题研究,将先进的教学理念转化为教学行为,并促进小课题的合作和交流。

(4)在反思中提升经验理论。教学案例、学生个案等都是实践过程中形成的最好的原始资料和经验。学校每学期都组织教师教学诊断报告(案例)评比,教师及时反思,使自己的经验、思想趋于系统化、理性化。

【案例】茹老师的一次个体研究

【问题的发现与建构】

暑期拜读了王崧舟的《诗意语文》,感受颇深。诗意语文告知我们,语文教育的人文性与工具性是须臾不可分的统一体。语文学习首先应该引导学生去感受语言文字所承载的思想和感情,在此前提下的知识教学、技能训练,才会有情趣,见实效,才真正有语文味。语文味不仅在于教学内容的语文性,也在于教学方式的语文性。

王老师对文本解读的独到的能力和他的“举象、造境、入情、会意、求气、寻根”六个基本策略,十分值得深入地研究。我想起自己曾经研究的“文本空白点的挖掘”,似乎和王老师“举象、造境”颇有联系,所以兴起极大的兴趣。

我很想将这些融会贯通,并在教学中进行实践,期望能够增强教学的语文味,提高教学的效率,并最终提升学生的语文素养。

鉴于自身对这些的研究还很浅,所以我想在这个学期内,重点学习、探讨、研究“举象”一法。

何为“举象”?就是把文字还原成一定的形象、印象、意象。它是把抽象到不能再抽象的语言文字,一次又一次地放大,一次又一次做细,看到文字背后的种种不曾言说,但是形象和内涵却非常丰富的东西。

举象,回到象,就是回到语文的源头活水。语文教学,说白了就是两件事,一是由言到意。它是理解的过程,倾听的过程,走向视界融合的过程。二是由意到言。它是倾诉的过程,表现的过程,是思想情怀,内在体验种种转化为变现与存在的过程中。所有的象都来自学生的生活体验,由于这样的象是跟学生的生活体验结合在一起的,学生很容易将文本的语言文字转化为自己的语言文字,积累为自己的东西,这才是活学活用的语言。而活学活用的语言才是真正的有用的东西。

茹老师选择了六年级上册的第1、5、7、8单元进行研究,对王崧舟老师的部分教案实录和《诗意语文》一书进一步研读,她采取了以下措施:1. 认真研究文本,深入揣摩文本,解读好文本;2. 认真研究学生,每学一篇文章之前,要明白文中哪个词、哪个句子会使学生疑惑,是理解的障碍点,可以用"举象"法帮助理解、积累;3. 不断利用文本,寻找文本中的空白点,寻找举象造境的点,训练学生"举象"的能力;4. 在教学实践中进行运用,教后及时进行反思,探讨成败得失,寻找、探讨"举象"一法的触发原则、形成原则。一学期结束,茹老师撰写了课堂诊断报告。

【形成诊断报告】(节选)

如何"举象"更有利于学生理解文本

——《最后一头战象》一课片段的课堂诊断

王崧舟老师在《诗意语文》中,谈到了诗意语文的六个基本策略:"举象、造境、入情、会意、求气、寻根"。何为"举象"?就是把文字还原成一定的形象、印象、意象。它是把抽象到不能再抽象的语言文字,一次又一次地放大,一次又一次做细,看到文字背后的种种不曾言说,但是形象和内涵却非常丰富的东西。

……

【课堂记录】

《最后一头战象》是中国动物小说大王沈石溪写的一篇悲壮、感人、发人深思的动物小说。课文记叙了曾经在抗日战争中幸存下来的最后一头大象嘎羧,自知生命大限已至,便再次佩上象鞍,来到打洛江畔缅怀往事,凭吊战场,最后在埋葬着战友们的"百象冢"旁,刨开一个坑,庄严地把自己掩埋的故事。

以下是教师教学课文第7自然段的重点语句的教学片断(略)……

【透视分析】

在设计教学过程的时候,我原本打算借助学生对"摩挲"这个场景的"举象",营造出"嘎羧见到象鞍刹那间的激动,然后又回到平静"的情景,让学生体会到嘎羧对象鞍的深情和缠绵。可是,在实施教学后,我发现,学生举出的"象"不仅空洞、单一,也无法进入到那个场景中,所以在朗读时没能流露出嘎羧的那种深深的留恋与回味的情感。可以说这个设计是失败的。

为什么我们的教学不能达到我们预期的效果呢?我又仔细研读了王老师的《诗意语文》,希望能找到问题的根源。"举象"就是回到"象"。那么什么是"举"?就是呈现,就是打开。设计这个策略,理应是把整个场景呈现在学生的眼前,打开学生的四维空间,如同身临其境般地进入这个场景中。可是教学中,由于我们把视角单一地放在了"摩挲"一词上,导致学生的思维受到了限制,眼睛看不到别的事物和景象。所以才会有上述案例中,"我仿佛看到嘎羧的鼻子在象鞍上来回蹭着。我仿佛看到嘎羧一动不动地看着象鞍,鼻子对着象鞍轻轻嗅着。"这样空洞的、没有同感的"象"。

【思考与改进】

针对以上问题,教师在第二次教学中,改变了自己的视角,重新设计了提问。教学过程如下(略):

【分析】

可以看到,在第二次教学中,因为教师引导学生把关注的点,从"摩挲"扩展到"呼呼吹去;久久地摩挲;泪光闪闪;久别重逢"这一组关键词,甚至是整个句子,所以学生举出的"象",明显地生动了,丰富了,感性了。虽然有可能学生之间存在能力的差异,但是我想因为教师调整了教学,才使得前后的教学产生了不同的效果。我想说,在"举象"策略的运用上,教师就像是一个导演,要指导演员去拍一个镜头,虽然演员好坏也会是决定的因素,但是导演如何诱导、启发演员,才更关键,才会决定最后拍出的镜头是否符合剧本要求,是否能够打动观众。

那么是不是学生能够举出生动的"象",就是我们的最终目的?当然不够,因为一个一个的象是平面的,是单调的,所以,在举象的基础上,还要建立语文课堂的情境、意境、心境。什么是情境?所谓情境就是景象的连续体,就是很多象的叠加,形成一种场,形成一种氛围,形成一种透明的空间。如果说"象"是平面的,那么我认为"境"就是立体的。人置身其中,感受到的是一种象的叠加,产生共鸣共振之后的那种情绪。就像导演,光是把镜头拍好是不够的,还要把一个个分镜头剪辑在一起,才能形成一段影片。

所以"举象"最终是为了让学生产生共鸣共振的情绪、情感、情怀。如果能到达这点,那么学生便自然而然地形成自己的感受,自己的体会,自己的嚼头。那么,也便自然而然地能感悟、体会到文字所包含的意义、意蕴和意趣。那么,教师还需要去逐字逐词地细细咀嚼那些语句吗？

我们关注了教师是否迈进“提出问题——尝试解决问题——生成新问题——解决新问题”的螺旋循环赛道，用实践来看待教师的成长，给教师专业成长更自由的成长空间。

第四节 运行4
项目引领促发展

迄今为止，杭州市大成实验学校已初具规模，现36个教学班，已形成完整建制的九年一贯制学校。教师平均年龄33.5岁，非常年轻，其有利有弊，利在有活力，学习能力强，如创造条件，给予平台，就会快速成长；弊在缺乏实际教学经验，短期来看，可能会影响学校教育教学质量快速提升，因此，如何促进青年教师成长就成为学校发展的当务之急。针对教师发展，结合校情，经分析研究，他们决定在教师的校本培训上走“课题引领，以研促训，以训带教，研训教一体化”的发展道路，于是，他们确定了校本培训项目。一个学期即将结束，总结一下一学期的认知与实践。

一、校本研训教一体化要素解读及实践价值

校本培训是根据学校自身的发展状况及主客观条件，结合学校和师生实际开展的具有独特校本优势、特色的有利于教师成长的培训。因其内容丰富，目标明确，且能促进教师专业发展，能凸显学校的办学特色，而使之具有针对性、独特性。学校自2013年3月成功申请确立为省级重点教研课题《以教学案为载体的轻负高质课堂教学实践研究》以来，学校便开始按部就班的学习、研究、试验、普及，并逐步落实、实施“教”、“学”合一的“教学案”，后经专家指导，将方向确立为“基于数字化教学案的智慧课堂互动教学系统实践研究”。本学期开学后，学校即以此为校本培训项目，扎实开展对教师的培训和引导，并根据学校教师组成情况，制定《大成实验学校青年教师培养方案》，在教师专业发展上，走上科研、培训、教学融为一体、相互促进、相互辅助的校本培训培养教师的道路，以此开始学校教师专业发展的探索和实践。

（一）校本研训教一体化“三大要素”

1. 以研促训：“数字化教学案智慧课堂互动系统”为引领

数字化教学案智慧课堂互动系统是充分利用网络资源、年轻教师学习接受新事物能力强，以及学校九年一贯制完整建制等优势，探索基于数字化教学案的智慧课堂互动教学，以此为契机，为提升学校教师专业发展水平和教育教学能力，他们具体制定以下目标：

(1)提高教师教书育人水平。让教师牢固树立以学生为本，先查后教，以学定教，培养学生自主、合作、探究能力的教育教学观念，提高教师对课堂教学的思考力、对课堂效率的研究力，成为“美丽教师”。

(2)通过学习数字化“教学案”的编写及备课过程，形成促进学校教师发展的具有不同学科特点、不同年段的“教学案”体系，促进国家课程具体化、校本化。

(3)创建一套适合学校教学实际、符合各学科特点的、相对有效的“美丽课堂”教学模式，促进校本课程特色化，提高教师课程能力。

(4)构建一套数字化“教学案”课堂教学评价体系，并与德育结合，构建一套适合学校的学生综合素质评价体系，使教师在具体课堂中的评价能够更有效、有针对性、具体性，提升教师的专业课堂评价能力。

(5)打造基于数字化“教学案”的智慧课堂教学系统，构建精细化课堂，实现“云资源”共享管理，以数字化建设推进教育现代化。不断提升教师利用高新技术为教学服务的能力，牢固树立教师与时俱进的专业发展取向。

围绕上述目标，他们组织课题研究，通过专家引领、教师研讨、自我学习、同伴互助等方式，以提高教师教学效率，有效促进教师专业成长和教学质量的全面提升。通过邀请专家进行结题论证，让教师聆听专家意见和建议，提升对课题研究的认知，达到培训教师的目的。

2. 以训带教：“师徒结对、各级培训”等多元培训为辅助

为打造新大成教师专业发展成长共同体，帮助青年教师快速成长，学校开展“师徒结对”活动，让有经验的教师培训年轻教师，通过听课、讨论，促进其成长。

围绕“美丽大成，幸福成长”的办学宗旨，本着“比武即学习、过程即培训、参与即成长”的理念，学校开展第三届“大成杯”青年教师“美丽课堂”教学比武活动，年轻教师通过这种活动学习、感悟、提高。

该校校长是特级教师，本学期成立名师空间站《基于数字化教学案的智慧课堂互动教学系统实践研究》，经常在承办各种教学活动或邀请专家讲座时，创造机会，让年轻教师上展示课，通过同伴研讨、聆听专家点评等面对面方式，接收培训，带动年轻教师教学成长。

借助360学时培训契机，学校大力鼓励青年教师积极参加“国培”“省培”“市

培”“区培”,通过培训来督促青年教师认真学习、观摩相关课程,学习当下先进教育教学理论,做好札记,搞好教研学习任务,按时完成作业,并及时反思总结,提醒教师选取适合自身发展和教学个性的内容尝试运用,开展教学实践活动。

此外通过阅读互动带动教学。如暑期师德培训期间,全体教师阅读《学会教学》,后组织读书会,请教师代表交流阅读体会,并将书中所学与课堂教学结合,以开展新进教师公开课的形式,鼓励教师将理论运用于实践。

多元的培训,目的都是希望教师可以从中得到启发、感悟,将某些先进理念和教学方法融入自己的教学中。

3. 研训教一体化:寓“研训”于“教”,教学中检验、反思

学校的教师培养,是以“数字化教学案智慧课堂互动系统”为抓手,结合多元培训,鼓励、发动各年级、各学科教师通过以上的学习、研讨、培训来开展实践,将所学、所研、所悟融会贯通到实际课堂教学中,并要求每节课都予以反思、记录,改进教学,比如对于教学案的运用,对于数字化在各门学科如何运用更为恰当,运用到哪些教学环节上更为妥帖;对外培训的先进理念和上课方式如何植入、选取及纳入到自己的教学之中等,都在教师的实际课堂教学中得以质疑、思考,并且由于各学科所学内容的不同,运用的数字化教学案、电子白板等环节及处理方式的不同,在实际运用过程中,必然会出现问题,对于各学科教师反映的教学中的问题,也正是他们修正和完善我校数字化教学案的智慧课堂互动系统的最好的契机和方式。而教师通过外出培训,扩充视野,在运用学校的数字化智慧课堂互动系统时,可以移植或融入某些方面到自己的教学过程中,实行研训教一体化方式。

(二)校本研训教一体化实践价值

以上在教师的培养上,采取三大要素相结合的方式,形成研训教一体化培养模式,具有以下实践价值:

1. 利于教师理论与实践素养综合发展

当前,尽管处于轰轰烈烈的课改大潮中,但因各个方面的因素作用,导致一部分教师身上出现“两张皮”现象,也就是说,教师经过多年的教学实践,教学技能及教学经验有所长进,而日久天长,就会形成始终如一的教学方式,即学生年年新,而教师的教却一如既往,没有根据学生及社会发展的需要等方面条件去展开教学,而他们以“数字化教学案的智慧课堂互动系统”为抓手,利用先进的课题引领,带动教师不仅学习先进的教学理念、教学技术,而且还将这些切实地融入各学科教师的实际教学中去,既关注教师的理论素养,又关注教师的教学实践,采取两条

腿走路的方式，避免教师"瘸腿"现象，影响自身的发展，促进教师的理论素养与实践相结合，综合发展。

2. 加快青年教师发展步伐

他们采取"三大要素"结合，照顾到各个学科教师的发展需求，多管齐下，力争综合提高我校教师专业发展水平。以往对教师的专业发展或外出培训，或专家讲座，适合某些教师自身需求、兴趣及发展的，便有效果，而不适合的，可能个别教师便凑凑热闹，充个人数罢了。而学校开展的以课题为抓手，要求逐步落实、普及数字化教学案的运用和电子白板的操作，在强调学习高科技技术运用的过程中，又强调具体运用；并且学校校长、特级教师王盛之又开设名师空间站，进行理论讲解、培训等，在学习后，又将学校便捷的课题资源及硬件设施运用到实际的课堂教学中。因此，他们在对教师，尤其是青年教师的培养上，采取的是多方面、综合培养，而非单独某一方面的培训，因此落实和培养的效果更好。

3. 促进科研型教师的成长

"课题引领，以研促训，以训带教，研训教一体化"。由于学校的校本教师培训采取的是课题引领、多元培训及教学实践落实、反馈的方式，因此每一步的切实落实，都要体现出教师的积极性和主动性，这就避免引发以往的单方面培养导致教师某方面的被动情绪。而课题引领需要教师进行主动的教学研究，环环相扣，每一步都与其他步骤联系紧密，因此在对学校教师专业发展的培养上，都要注意到教师的科研能力的发展，必然会形成较为浓厚的科研氛围，利于学校科研型教师的成长。

二、项目引领，研训教一体化培训实践

（一）完善组织，为培训实施提供保障

为使校本培训项目顺利推行，学校建立健全了校级领导、处室主任、教研组长牵头的"三级研修网络"。学校层面，由校长和分管教学的副校长统筹协调，各处室具体组织实施，制定培训制度、培训内容，确立培训方式。培训依据主要是《大成实验学校青年教师培养方案》《基于数字化教学案智慧课堂互动系统的实践和研究方案》以及学校工作发展纲要。培训对象是全体教师。学校层面，由教科室主任和教学处主任负责策划与组织实施，教研组层面则由教研组长负责组织实施。学校根据教师需求，确定培训的专题、内容和方式。在具体实施的过程中，主要遵循以下步骤：

一是合理分工。专家讲座和"大成杯"教学比武活动、"九年一贯制衔接课程设置”活动等大型培训活动由学校校级及处室负责,教研组培训活动分中小学,由教研组长组织。这种分工方式的最大好处在于按需而行,有利于研究问题、共享资源。

二是确定内容。主要依据有两个方面,一是要善于发现和提炼教师的核心需求;二是要根据学校发展和项目方案的研究方向,确定研究专题。如,针对教师对电子白板操作有群体困难的核心问题,他们先后三次邀请网络公司帮他们分期分批培训教师。针对年轻教师多,接受能力好但缺乏经验,课堂教学传统低效,需要改变这一现状,他们组织以信息技术老师、总务后勤中层为核心的研究团队,开发形成“数字化教学案智慧课堂互动系统”,大大提升了教育教学效率。

(二)确定专题,为培训推进提供导航

根据学校的校情和“数字化教学案智慧课堂互动教学系统研究探索”校本培训项目特点,他们确定本学期校本培训三大专题,即九年一贯制课程衔接研究,一科多模教学研究,数字化教学案智慧课堂互动系统建设研究,并稳步推进培训和研究。

三大研究针对的教师群体和方式有所不同。以《九年一贯制课程衔接实施方案》培训主题为例。培训的内容分 5 个步骤:第一步,成立课程衔接研究小组,针对群体人员主要由教学处主任和科研处主任及六年级语文、数学教师,七年级语文、数学、英语、科学教师和中学语文、数学、科学、英语教研组长;第二步,由教学副校长组织学习课程研究小组学习教育局关于九年一贯制课程衔接的文件精神并布置下一阶段工作;第三步,教研组组织本组教师学习九年一贯制课程衔接研究精神并交流学科教材意见和建议;第四步,组织六年级和七年级教师一起研究现有教材,制定衔接课程;第五步,组织实施数字化教学案衔接教学课程。最后,总结、讨论下阶段行动研究方案。而下一阶段主要针对发现的问题,寻求解决问题的策略。目前已经对两大问题进行了对策研究,一是通过备课组定期备课制度在实践中提高教师的研究能力;二是分析了解学生对衔接教材的适应情况。在研究过程中,以研为主,通过研究发现问题,调整教材,解决问题,用备课组研讨的方式解决相关的问题。

一科多模教学研究针对的是全体教师。不同的学科根据数字化教学案的要求从新授课、复习课等不同的角度研究出有效的教学模式,提高教学质量;数字化教学案智慧课堂互动系统建设研究针对的是四年级到九年级的老师,通过学习将多媒体课件、电子白板、学生平板电脑三者有机整合,实现课堂的适时互动,达到提高课堂教学效率的目的。

（三）专家引领为教师成长助力

他们认为，一个好的老师不仅要有驾驭课堂的能力，有自己的独特教学风格，还要有反思和研究的能力，即教师要有研究精神。学校教师普遍年纪较轻，有很大一部分刚刚走出大学校门不久。认识的提升对教师的发展非常重要，这就迫切需要专家和骨干教师的专业引领。他们也多次有针对性地邀请专家和骨干教师进行专题讲座，以提升智慧。如，暑期师德培训期间，他们为了让年轻教师尽快提升认识，8 月 29 日下午，他们举办全体教师专题培训会，以“教师成长与教育研究的哲学思考”为主题，浙江省特级教师、下城区教师教育学院副院长陈锋应邀为全体教师作报告。他从我国当前教育改革现状及教育部导向入手，结合联合国教科文组织及我国相关专家的调查报告，介绍教师专业成长的规律，强调教师专业发展的必要性及重要性，指出一名“好”教师应是与时俱进并有自己教育哲学的教师。在此基础上，结合具体的课题案例，阐释教育研究的基本规范，分析教师在教育研究中存在的误区，重点引导教师要从教学问题入手，从小课题研究开始研究自己的课堂，并说明小课题的特点、选题策略、研究步骤及要素。他表示，教师要学会从问题出发，研究时，选题应遵循“针对性、实用性、基础性、有效性”等四个原则，体现“小”“专”“实”“深”四大特点。他建议，老师们在研究中要把握好“亮度、宽度、深度、准度、温度及精度”，不断提升教育科研水平。

学校特意安排体育教研组组长郑华老师结合自己的草根研究，与大家分享自己研究的体会。他现身说法，建议老师们从教学问题出发，做到“六个一点点”，即：每天想到一点点、每天写下一点点；每天学到一点点、每天反思一点点；每天领悟一点点，每天成长一点点。

刘粉莉副校长结合自己的教学经验，向全体老师提出“三勤”的希望：一是“眼勤”。多看专业杂志，借鉴同行智慧。二是“脑勤”。关注每天工作中遇到的教育教学问题，要有问题意识，善于反思，认真梳理、剖析。三是“手勤”，要勤于积累，及时记录上课、听课的精彩片段、专家报告的共鸣，每天教育生活中的所见、所闻、所思，进行理性提升，总结转化成研究成果。

本次培训将主题报告与本土培训有机结合，既有专家引领，又有草根对接，使得与会教师深受启发，获益匪浅。

之后，他们还先后聆听了学校校长、特级教师王盛之，市教研室主任曹宝龙等多位专家的指导，内容涉及数字化教学案、智慧课堂互动系统、关于课程设计等方面。丰富的实践经验和理论指导，拓展了青年教师的视野，带动和提升了青年教师专业发展的积极性，助力青年教师的快速成长。

三、实践磨砺，创新校本培训模式

作为基层学校，如何从本校实际情况出发，创造性地开展工作，探索具有本校特色的培训之路，是一个十分重要的问题。他们不断研究探索，形成分层培训、突出重点、培研结合、不断创新、步步推进、整体优化的培训模式，努力做到科研、教研、培训三结合，把教师日常教学工作和教育科研、专业发展融为一体，以研促训，以训带教，研训教一体化，落实了教师的全面发展。

1. 师徒结对，让年轻教师快成长

年轻教师刚出大学校门，缺乏经验，学校里这样的教师占了很大比例。为打造新大成教师专业发展成长共同体，帮助年轻教师快速成长，8 月 26 日，学校举行“师徒结对”活动。首先是教科室宣读名单、学习“细则”。细则中对师父和徒弟各都提出明确具体的要求，特别要求每学期徒弟在师父的指导下于学期即将结束前至少上一节公开课，每周听至少一节常态课。之后师徒合影，下发师徒结对记录手册。最后，刘粉莉副校长提希望：师徒结对重在行动，要求师傅要做到“三带”，即带师德、带常规、带方法；徒弟要做到“三学”，即学工作作风、学教学艺术、学教育技巧。她希望师傅们能以开放的胸襟、包容的情怀鼓励、指导年轻教师成长；年轻教师要树立职业理想，制定职业规划，虚心好学，主动求教，实现“一年能教、三年熟教、五年慧教”的成长目标。

2015 年 1 月，学校还将组织师徒结对徒弟汇报课，检验数字化教学案师徒学习研究成果。

师徒结对活动通过双向培养，聚焦集体智慧，促进教师之间的交流和融合，使新秀更秀，加快青年教师在实践中成长，脱颖而出，有经验的老教师也可以从徒弟身上学到东西，如热情与朝气。达到造就一支思想好、素质高、能力强的大成青年教师队伍的目的。

2. 教学比武，为培养教师搭平台

教学比武不失为培训锻炼教师尤其是好老师的好方法。因此，常常被学校采用。如，学校为培养和造就一批师德修养高尚、教育理念先进、知识底蕴深厚、育人效果明显的青年教师队伍，在历届“大成杯”系列项目活动基础上，围绕“美丽大成，幸福成长”的办学宗旨，本着“比武即学习、过程即培训、参与即成长”的理念，于 2014 年 12 月 1 – 12 日开展第三届“大成杯”青年教师“美丽课堂”教学比武活动。

活动分三个阶段:报名、上课、说反思;三个大组(小学语文组、中学组、综合组)同时进行,为此,科研处、教学处专门制订比武方案及评课标准,专门成立三个评委小组,由校级领导、中层干部、教研组长、备课组长组成,设组长;评委全程参与,对每位教师上课和说反思逐人逐项评分。

在开课过程中,全校教师分组参加听课,观摩说课,听课老师认真做好听课记录,教研组内组织研讨,师徒结对的师傅课前悉心指导,徒弟虚心求教。尤其是本次比赛学校特意加入将数字化教学案和电子白板纳入评价条件的要求,老师们为了将课设计好,将电子白板和智慧教室运用好,可以说是绞尽脑汁。大家相互请教,互相切磋,不上课的老师也倾囊相受,可以说,活动得到大家的响应,表现出对课堂教学和青年教师培养的足够重视和务实态度。这种培训的效果是其他培训达不到的,年轻教师获益匪浅。

3. 落实科研,为教师教科研成长催生

为了不断提高教师的科研能力,学校在培训工作上,把培训的内容同本校省级教研重点课题《以教学案为载体的轻负高质课堂教学实践研究》(后根据专家建议改为《基于数字化教学案的智慧课堂互动教学实践研究》)结合起来。使全体教师通过参与研究培训,科研能力不断增强。围绕课题研究的各种培训也就慢慢催生着教师的成长,如,为研究实践数字化教学案与电子白板的融合,学校在多次组织电子白板培训后,开展新进教师公开课,要求体现数字化教学案理念。开设展示课的新进教师认真学习,虚心求教,一时间,形成师徒间、同伴间你教我、我教你、你培训我、我培训你的氛围。开课后,又进行教研组研讨,分析数字化教学案与电子白板的融合度,运用的合理性以及什么时候、什么环节有效运用电子白板等,达到互相培训的效果。

同时,教科室组织编印的《教学案手册》每学期成为教师数字化教学案备课的教案,教师按照“学情调查—目标问题—交流展示—课堂检测—拓展提高—反思评价”六个板块进行备课和课堂教学,通过学生平板电脑适时反馈。一系列的研究,对刚刚开始教学生涯的新教师是有力的规范和引导,促进新教师对课堂教学的思考和教材的把握。

4. 名师智慧,为教师培训借助跑

学校校长是特级教师,本学期成立名师空间站《基于数字化教学案的智慧课堂互动教学系统实践研究》,经常通过承办各种活动,创造机会,对青年教师进行培养，对全体教师进行教育技术方面的培训。如，家长节，他在微格教室亲自上《氧气的制取》一课，通过电子白板、PPT、学生平板交互等现代技术与板书、实验操作演示等传统教学手段的结合，课堂生动、流畅而高效。承办杭师大90学时项目培训，让中小学语文、数学、英语、科学四位年轻教师到微格教师“智慧课堂”上课，老师们和外来教师分享、观摩，开阔了教师的眼界。每周五教工大会之际，安排一定时间，学习电子白板和智慧教室各项功能使用。鼓励教师在课堂中运用电子白板，提高课堂教学效率。每次，教师们都认真参与，感受名师智慧。通过这个空间平台，教师深受启发，自觉行动。

5. 智慧课堂，为教师发展奠基

为了把培训工作落到实处，学校把教师培训工作引到课堂教学方法和技能提升上来。引导教师树立坚持以学生发展为本的思想，注重优化课堂教学手段，由传统转向现代开放型转变，教学顺序由“教后学”转向“查后教”，教学活动由教师活动为主转向学生活动为主。

学校着力建设数字化教学案的“智慧课堂”互动教学。着力打造传统教学与现代科技的完美结合的课堂。从2012年9月至今，经过两年的摸索，学校从当初的纸质教学案发展到今天的数字化教学案，学校教室教学设备也从当初的投影仪发展到如今的电子白板以及与学生平板电脑互用的“智慧课堂”系统。学校在上个学期两次电子白板培训基础上，本学期，学校在现代化教学上走得更远。一方面，学校教学处自行开发的“大成实验教学质量分析”系统，便于组织教师开展校本教学质量分析和培训。教师通过这个系统既可以看到自己任教学科某次考试在年级里的位置，在区里的位置，也可以看到学生的进步与退步情况（如图）。

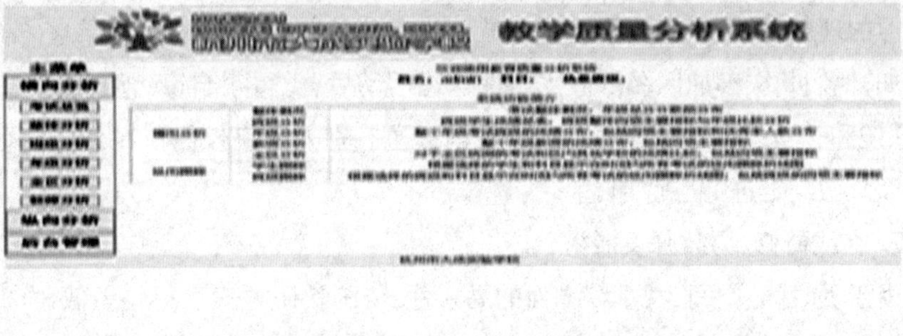

促进教师反思、改进自己的课堂教学。另一方面，学校信息技术老师，踏实努力学习、研究，与网络公司合作开发并完善了课堂教学系统，形成“智慧课堂”系统。两次组织教师学习操作，助力课堂教学。又将这个系统与手机链接，方便教师与教师、教师与家长的联系。如,教师可以通过手机而不需要经过电脑就可以上网将教学现场或教学信息向其他教师、家长群发或部分发分享。极大便利了教育教学。

6. 新型培训,为教师成长指路

“培训是教师永远的福利”,本学期,他们组织教师参与多种形式、不同主题、不同内容的培训。培训内容紧跟时代步伐,并能急教师之所急,他们采用网络培训和自主培训结合的培训方式,如教师在进行信息技术培训时,就采用自学与他培结合的方式,教师自行在网上自学,不懂的地方利用 QQ 远程请教班主任或者群里技术水平好的老师,最终完成培训任务。又如,“智慧课堂”互动系统集中培训后,老师们自行利用互动教学平台上的资源库(如图),包含试题、试卷和课件资源等进行自我学习或互相学习。

这些培训真正触及教师灵魂,不仅使教师们知识、素质得以提升,而且形成终身学习的理念,变革了传统的学习模式。聚焦集体智慧来创设智慧课堂、美丽课堂。如,他们几次参加区级以上优质课评比活动后,觉得很自豪,他们的“智慧课堂”系统和教学理念已经远远走在别人前面了。别人还仅仅停留在 PPT 阶段,他们的课堂已经走进“交互”时代。

7. 在线研修,为教师发展搭台

由于受时间、空间、共享等方面的局限性,传统教研方式显得较为低效。为突破其局限性,他们积极探索推行“信息化教研平台”,结合学校课题,从新型教师信息化校本研训着手,培训教师加入学校微信圈,开通网上论坛。通过 QQ“东部人家”群,及时发布公开课信息。一个学期的培训,网上教研活动的开展,学校形成一股强劲的研修力量,每位教师把微信当作自己开放的自由空间,及时记录发布个人思想灵感、观点见解、工作反思、故事见闻。实时交流互动,实施跨时空网上教研协作给培训带来便捷。就在思、写、访、评中,教师的综合素质得以大幅度提升。

8. 外出学习,借鉴他石

为培养一批理念先进、与时俱进的青年教师,本学期,学校先后派骨干教师前往宁波、宁海等地了解他们现代教育技术的发展和应用情况以及教学优势、教学方法、管理方法等,拓宽教师的视野,通过部分学习,借鉴他法,辐射全体,促进学校课堂教学改进和发展。如,11 月 21 日的宁海之行,他们先后到宁海实验小学和星海中学听课、听校长介绍,了解到宁波地区在课堂信息技术运用方面已经走在全省前列。

知不足而多努力。他们加紧进行"智慧课堂"的完善,组织教师学习、运用,提高课堂教学效率,从而提高教学质量。

总之,围绕学期初制定的校本培训项目方案,他们扎扎实实按照计划认真实践,促进教师尤其是年轻教师的成长。

第五节　运行 5
学科课题驱动型教师实践

由国有民办的民工子弟学校转型为公立学校,教师学历高而能力偏弱,部分教师教育视野狭窄、教学观念落后、对工作投入度不够,课堂教学效率较低、教学成绩不够理想,这些既是该校目前师资队伍的现状,同时也是本课题研究的实践背景。本课题旨在以终生发展论、主动建构论、同伴互助论为理论基础,构建在校长领导下的以学校教科室牵头、骨干教师研习、优秀教师论坛、特色备课组建设为组织形式,以课题研训和校本课程开发为主要内容的校本研训基本模式。

一、课题概述

(一)课题研究的背景

杭州市明珠实验学校成立于 1999 年 8 月,是下城区唯一一所独立设置的进城务工人员子女学校。1999 年,经下城区人民政府批准,在下城区教育局的支持下,由杭州通源工贸公司出资,以浙江省杭州石桥中学校为依托,成立杭州明珠民工子弟小学,专门招收石桥地区民工弟子以解决社会需求,顺应了城市化进城的时代要求,此举被当年国务院政报报道。

学校自成立以来,坚持以“全纳教育”为理念引领,以“敢为人先,有教无类,融短促长”为学校精神,以“尊重、服务、育人”为办学宗旨,以“抱诚守真,志存高远”为校训,立志探求满足进城务工人员子女需求的公平、均衡的优质教育。明珠注重学校内涵发展,践行着“科研兴校”的信念,开展多项联合国教科文组织立项课题的研究,努力锻造明珠的特色品牌。学校现为联合国教科文组织项目实验学校,联合国教科文组织流动人口子女教育研究所、全国千所流动人口子女示范家长学校、浙江省家庭教育实验基地。

随着学校的进一步发展,他们意识到最大制约点是教师的专业水平。学校一些教师在教学上长期囿于自己驾轻就熟的“老经验”“老办法”,很少了解学科教学改革方面符合教育规律的新信息、新方法,制约了他们更为快速地发展。同时,为数不少的教师对教育课题研究还没有切身的体验,教师的科研能力比较缺乏。如何在校本教研中促进教师的专业化成长、提升教师的科研水平,成为学校管理者亟待解决的两个有着密切联系的问题。学科课题驱动型校本研训建无疑顺应了课程改革发展的需要,满足了教师专业发展的需要,已成为教师成长过程中不可缺失的阶梯。学科课题驱动型校本研训就是以学校为本位,以学科课题研究为基本载体,以课堂教学为主阵地,以解决学校教育教学实际问题和提高教师教育教学水平为目标的促进教师专业发展的形式。“在研究中学习,在工作中研究”,将学习、工作、提高、实践有机地结合。

在学校管理中,他们认识到进行学科课题驱动的教师校本研训研究是十分必要的。实践出真知,实践长才干。只要广大教师自觉投入相关学科课题的研究,解决教学中的一些问题,搞清教学中的一些困惑,逐步树立科学的教育教学观念,掌握科学的育人方法,促进他们专业素质的提高,实现“轻负高质”的生态教学,教师在其间才能享受到教育者的幸福感。

相关研究的概述:

先行学校校本研训的实践及我校前期课题研究实践证明:校本研训是推行“研训一体”的重要载体。有效的校本研训能使教师将新的教育理念内化为自己的教育观念,从而自觉地在这种教育理念指导下实施教学,确保教育改革深入到学校的各个层面,体现在每个教师日常的、集体的教育教学行动之中。

研究的现实意义:

开展校本教研,使教师培训更具针对性和实践性。教师把教改实践中的难点、热点问题,作为培训的课题,通过教师群体的智慧,寻找问题解决的办法和理论的支撑点,把校本研训活动作为推行"研训一体"的重要载体,做到培训专题化,教研课题化,通过总结反思和行动研究,提升教师文化底蕴和实施新课程的能力:校本研训是促进课堂教学改革的主要形式。他们把教研、培训、科研融为一体,通过研训而获得的知识、技能,回到课堂得以验证,从而促进课堂教学模式的改革。实践证明,在这个过程中,校本培训是培养科研型、学者型教师的有效载体;校本研训是施展专业引领的舞台。专业引领必须与校本研训密切结合起来,否则专业引领将失去存在的意义。学校通过与教研、科研机构的合作,引进专家名流指导工作。在提升研究的同时,培养自己的名师,通过承担对教师专业发展的指导,承担系统的专业知识的更新和提高任务,让教师在共同的研究和学习中,学会自我反思、自我发展。

他们认识到校本研训的重要性,想方设法充分调动校本研训各个参与要素的作用,于是落脚于备课组的小课题研究,试图通过各学科的课题驱动,带动教师校本研训的开展和落实。

概念的界定:

校本研训就是以校为本的教学研究与培训。它为了学校,基于学校,在学校中,它将教学研究和培训的重心下移到学校,以课程实施过程中教师所面临的各种具体问题为对象,以教师为研究主体,理论和专业人员共同参与。它强调理论指导下的实践性研究,既注重解决实际问题,又注重经验的总结、理论的提升、规律的探索和教师的专业发展,是保证新课程实验向纵深发展的新的推进策略。它主张问题即课题,教室即研究室,教师即研究者。研训的形式主要有专业引领、同伴互助和自我反思,也就是通过理论学习、专家辅导、合作研讨、集体备课、教学反思等手段使研训工作落到实处。它的初级目标是促进教师的专业化成长,提升教育教学水平,终极目标是全面推进新课程改革,全面实施素质教育,为民族振兴提供强有力的智力支撑。有效的校本研训能使教师将新的教育理念内化为自己的教育观念,从而自觉地在这种教育理念指导下实施教学,确保教育改革深入到学校的各个层面,体现在每个教师日常的、集体的教育教学行动之中。

学科驱动型校本研训就是以学校为本位,以学科课题研究为基本载体,以课堂教学为主阵地,以解决学校教育教学实际问题和提高教师教育教学水平为目标的促进教师专业发展的形式。"在研究中学习,在工作中研究",将学习、工作、提高、实践有机地结合。为此,本课题的主要思路是以学科课题推动青年教师更快成长的校本研训,把课题研究过程与教师研训过程统一起来。具体的做法是由学校学科带头人设立符合学科改革方向的若干个学科课题,供全体教师自主选择,主动参与,在研究过程中将现行的校外培训、校本培训的一些手段有机融合,最大可能地激发教师的主观能动性,在具体实践与研究的过程中形成、提高教师的教育思想和教育教学技能,从而有效促进教师专业素质的发展。

二、研究的目标与内容

(一)理论支撑

建构主义理论:人的最大特点在于他的主观能动性,强调在社会实践中充分发挥人的自觉性、主动性、创造性。建构主义认为,知识是学习者在一定的情境即社会文化背景下,借助其他人(包括教师和学习伙伴)的帮助,利用必要的学习资料,通过意义建构的方式而获得。由于学习是在一定的情境即社会文化背景下,借助其他人的帮助即通过人际间的协作活动而实现的意义建构过程,因此建构主义学习理论认为"情境""协作""会话"和"意义建构"是学习环境中的四大要素或四大属性。学习者的知识是在一定情境下,借助于他人的帮助,如人与人之间的协作、交流、利用必要的信息等等,通过意义的建构而获得的。理想的学习环境应当包括情境、协作、交流和意义建构四个部分。本课题以教师为研训对象,同样也应充分培养和发挥教师的主体作用。

终身学习论:1995 年 3 月 18 日颁布的《中华人民共和国教育法》规定国家要"推进教育改革,促进各级各类教育协调发展,建立和完善终身教育体系。"并且就建立与完善终身教育体系以及努力为公民接受终身教育创造必要条件等做出明确的规定,这一事实不仅表明终身教育理念已开始为我国社会所广泛接受,而且也标志着终身教育事业将从此走上法制化的轨道。在党的十六大报告中,提出"加强职业教育和培训,发展继续教育,构建终身教育体系"。2004 年 9 月 19 日,在党的十六届四次会议通过的报告中,进一步提出"营造全民学习、终身学习的浓厚氛围,推动建立学习型社会"。我国制定的《面向 21 世纪教育振兴行动计划》则提出要在 2010 年"基本建立起终身学习体系"。这些规定和举措说明我国正努力构建中国特色终身学习社会。这一思想对教师校本研训同样具有重大指导意义。

同伴互助理论:八十年代初,美国学者乔伊斯和肖尔斯(Joyce, B. & Showers, B)首先提出了"同伴互助(peer coaching)"的概念,他们认为,改变早期教师培训模式的设计和组织方法可能有助于教师将培训内容迁移到教学实践之中,过去将教师培训低效的结果归咎于教师自身可能是错误的。他们假设,教师可能需要一些持续的帮助和反馈才能够在教室里应用新的教学策略和方法。他们在随后的研究中验证了这一假设,并证实同伴互助的效果:教师可以与同事或同伴保持互相信任和依赖的关系,他们共同规划教学活动、互相提供反馈意见和分享经验,拥有"同伴互助者"的教师比那些独自工作的教师更容易运用新的教学策略和方法。人们在实践中也发现,相对于管理层和学生提供的教师评价而言,来自同伴的评价更有助于教师改善自我的教学行为。乔伊斯和肖尔斯建议学校应让教师组织和参与同伴互助小组,以使教师之间能够互相帮助、彼此支持和共同成长。

(二)主要研究对象和时间

主要研究对象是我校教师(不包括 50 岁以上的女教师和 55 岁以上的男教师),时间为 2012 年 4 月到 2014 年 4 月。

(三)研究目标

1. 让每一个备课组都实现真正的"自主"

学校希望通过一段时间的引导,让备课组的活动能真正地"自主"起来,并能真正地促进教师的专业化成长,成为明珠一道绚丽的风景线。

2. 让备课组建设成为学校"构建和谐校园文化"的典型个案

备课组建设是学校建设的一个组成部分,我们将通过不懈的努力,使其成为学校"构建和谐校园文化"的典型个案。

(1)带动一支教师队伍。培养指导中青年教师,打造一批有影响的知名教师。

(2)抓好一批科研课题。承担在区以上教科研部门立项的课题,并按要求展开研究,定期汇报总结课题研究情况,按规定完成结题工作。

(3)推出一批教改成果。开发、研究、推广教育教学改革创新成果。总结我校教学经验,更好地为教育教学服务,增加学校的文化底蕴,提升学校的知名度。

(4)搭建一个资源平台。依托校园网络搭建教学资源交流平台,实现优秀教师的教学资源共享。

(5)开发一批校本课程。根据新课程理念,开发一批具有学校和地方特色的校本课程。

(6)建立一个教师讲坛。定期开展教育教学专题讨论,发挥研习小组的辐射带动作用。

(四)研究的内容

研究的主要内容:通过学科课题的驱动,在校本教研中提升教师的专业化素质、呈现“轻负高质”的生态课堂。

本课题的主要思路:以学科课题推动教师更快成长的校本研训,把课题研究过程与教师研训过程统一起来。具体的做法是由学校科研室牵头,以备课组为单位结合各自备课组教学教研中的困惑问题、亟待解决的问题或成功的经验,捆绑申报学校的“草根课题”和区的课改课题,由学校立项,纳入学校的科研管理,在研究过程中将现行的校外培训、校本培训的一些手段有机融合,最大可能地激发教师的主观能动性,在具体实践与研究的过程中形成、提高教师的教育思想和教育教学技能,从而有效促进教师专业素质的发展。

三、课题研究的方法、过程与具体措施

(一)研究方法:行动研究法、个案研究法、经验总结法

(二)研究的重点难点、主要观点及创新之处

重点和难点:教师科研意识和水平的提升,校本教研的有效途径、方式方法、策略。

研究主要观点和创新之处:把课题研究、校本教研与教师的日常教学紧密联系在一起,反思日常的教学,从日常的教学中发现问题,在问题中研究、在行动中研究、在情境中研究、在情感中研究,并从日常教学中检验课题研究的成果,提高教师对课堂的实践能力,为广大教师提供实践经验,为课堂教学的有效性提供实践模式,能够在现有条件下提高课堂的产出能力,提高师生的教学素质。

(三)研究的具体实施

1. 课题申报的前期工作和准备

对此课题,学校已经进行一系列的校本培训和校本教研工作:他们通过“请进来,走出去”,广猎专家,让生态课堂和有效教学的思想在教师的头脑里交融汇聚;他们通过强化业务学习,广集理论,让不同观点在教师们的头脑里洗刷冲染。学校要求教师们广泛地阅读教学名著、经典教学理论和优秀教学经验,利用“教学沙龙”活动等平台交流学习心得体会。同时组织各种形式的校本学术研究活动,开展一系列课堂教学研讨活动。进行“同课异构”的教研活动,引导教师精心设计教学预案,细心应对课堂生成,智慧运作课堂流程,全面落实有效教学。为此,他们加强校本管理,向全体教师提出“精炼教案、精彩课堂、精致作业”的倡议,细化校本制度。强化课程建设、优化管理流程,强化质量监督。引导教师自觉地反思和调整自己的教学观念,不断地反观和改进自己的教学行为,引导教师把关注点聚焦于学生良好学习习惯的培养和课堂教学质量效益的提高上。

2. 各备课组向学校申报课题

各备课组都向学校申报了校级课题：

组别	课题名称	负责人
外语初一备课组	《英语薄弱生中开展有效的动态英语课堂教学的研究》	沈晓燕
外语组初二备课组	《英语课外活动影响探究》	刘辉
语文初一备课组	《流动人口子女初中语文“摘录式”课外阅读模式的实验研究》	牟倩
语文初二备课组	《基于国学推广的提升学生阅读能力教学研究》	付辉
数学组	《初中数学潜能生错题成因及解决策略课题方案》	张佳宾
学生处	《流动人口子女学校有效亲子沟通的探索与实践》	陈亚娟
科学组	《作业分析自主合作学习模式的践行》	杨巧英

3. 实施课题

学校以教科室牵头，先后以专题讲座式、自学尝试式、教学反思式、交流研讨式、课题研究式等五种模式开展校本研训工作：

(1)从教学观念的三个层面开展校本研训

从“教学是一项技术”的层面，规范新教师的教学行为。出台《携手共进工程实施条例》，对拜师结对、听课、辅导、评优等都做了明确的规定，结合学校考核制度，推动“携手共进工程”向纵深发展，一大批年轻教师在各级各类技能比赛和教学比武中崭露头角。

从“教学是一门科学”的层面，引导青年教师快速成长。出台《梯级教师评定办法》，使青年教师不故步自封、停滞不前，鼓励教师全面发展，更鼓励教师博采众长，张扬个性，教学技术能日臻成熟，课堂教学能个性鲜明，为此，学校建立课堂教学资料库，供青年教师借鉴参考；并要求这些教师重视教育科研，边实践边总结，从教学中发现研究的课题，用课题来引领课堂教学，提高自己的科研能力，用科学理论指导自己的教学实践。

从"教学是一种艺术"的层面,引领名优教师百尺竿头,更进一步。他们鼓励名优教师加强理论学习,提升教学水平,力求做到五个"能"——教学理论能应用,教学经验能总结,教学模式能提炼,教学观摩能评析,教学风格能创造。不断超越自我,突破瓶颈,形成自己的教学风格,不满足于做一个教书匠,努力成为一个研究型的学者。

同时,学校也不断开阔视野,统筹经费,让教师们能够更多走出校门,实现异地培训,博采众长。派教师到上海、北京等地参加课题研讨培训;组织教师到洋思中学、绍兴实验学校等学校实地学习异地培训;与同城的优秀学校进行联动培训,派出四个学科十几名教师到对方学校分三个阶段进行深入的学习与研讨。

进一步明确菜单式主粮加杂粮的培训形式,让教师自行选择专业研训的内容。多元的培训形式突破"请进来,走出去"的简单操作,更加注重质的观察与研究,更加注重培训的实效性,起到很好的激励作用。学校用于教师培训的费用也达到新高,借力搭梯、借脑发展、培训是福利这些理念也逐步在教师心目中形成,对提升专业素养起到很好的作用。

(2)从落实本课组课题层面,推进本课题的研究

注重专家引领,营造学术氛围　为更好地进行专业反思,更加重视"请进来"培训模式的有效性与学术性。学校在了解教师需求、结合队伍实际的基础上,制定明确的培训计划和指导专家名单。一方面更加重视对一线教师的教学工作的针对性指导,另一方面更加重视理论深入浅出的引领。并更加注重培训讲座的延续性与连贯性,使得教师们能够得到较为系统全面的理论学习。名师、专家的学术涵养、人格魅力等都有着极强的感召力与吸引力,对教师们产生很大的影响力,很好地促进了教师的专业反思,取得良好的效果。

(3)从校园文化建设层面,营造课题研究的氛围

倡导读书活动,凝结校园书香　坚持阅读改变教学的理念,继续开展暑期教师读书活动、中层干部读书会、局管干部读书会等;定期向教师推荐读书书目,促进教师多读书;充实学校图书室的藏书,将新书采购作为学校经费预算的重要组成部分;坚持不定期向教师推荐最新的短小优秀教育文摘,分享读书心得。经过集体研讨,确定学校九年必读和选读课外读物,并在七年级开设阅读课。经过努力,越来越多的教师开始阅读教育专著、经典名著,开始关注最新教育理论,教师的年阅读量有明显提高。"腹有诗书气自华,最是书香能致远。"目前,在校园中,

阅览室、图书室成为学生最爱去的地方之一。

(4)从课堂教学层面,凸显课题研究成果

开设明珠讲堂,促进理论思考　围绕着“轻负高质”“生态课堂”等中心主题,我们提出用三年时间在学校开展100个草根讲堂的活动设想,并由初中部高聘教师带头开讲。仅2013年,就有近40人次开讲,内容涉及家庭教育、班主任工作、教学研究、心理健康教育、法制教育等等多个方面,开讲的有中层干部、学校学生、法制副校长等等,更多的是学校的一线教师。通过“明珠草根讲堂”的开展,促进教师对教学实践进行更加理性的思考,促进对教育理论的学习与吸收,促进教师形成自身的教学风格,引领成为智慧型教师。

四、课题研究的结果与结论

1. 初步形成有效的学科课题驱动的教师校本研训策略

初步探索并形成一套较为科学的操作程序。整个程序以问题为中心,分四个阶段、六个环节。三个阶段依次是学习、研究、实践、反思,这既是一个由提出问题、分析问题和解决问题的时间链构成的逻辑程序,同时又是教师立方体式的学习行为和过程。

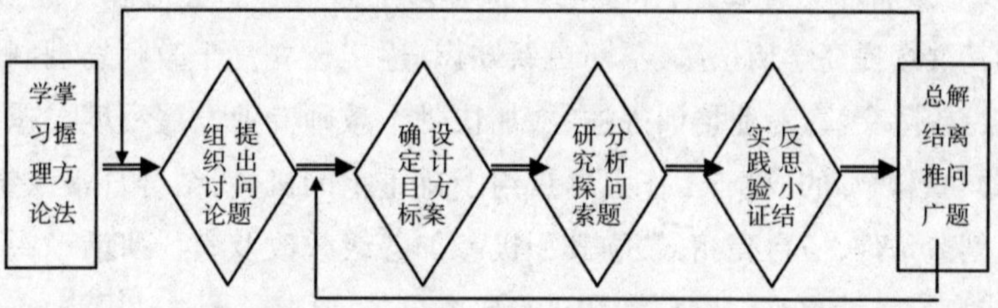

初步形成在校长领导下的以终身学习论、主动建构论、差异发展论为理论基础,以学校教科室牵头、本校骨干教师为先导,以案例探究和课题研训为主要内容的校本研训基本模式。这一模式充分体现校本研训的优势,符合我校教师专业发展的需要。

2. 构建了一套科学发展的管理制度

科学发展的管理制度是课题实施、提高教师职业水平的根本保证。为此,他们建立健全系列管理制度。

特色备课组制度:备课组活动的立足点是解决课堂教学的实际问题,着眼点是理论与实践的结合,切入点是学生学习方式的转变,生长点是教师观念的转变、教师之间的互助和教师教学水平的提升。学校每学期进行特色备课组的评选，开阔教师的视野，感悟新的教学理念和教学方法，把一些好的经验、做法带入备课组，带入课堂，提高教师的教学水平。

开学初各个备课组进行“研训主题”的申报，将这些申报情况按照教研组进行整合在学校网站进行公告，做到校本教研明朗化、公开化。以“研训主题”申报形式开展校本教研，各组内容丰富，形式多样。语文组有讲座交流、上课评课、集体备课等，内容涉及低段的识字教学，中高段阅读与作文教学，还有书写、阅读等方面的习惯培养；数学组有说课、沙龙、经验交流等形式，内容涉及教材处理、论文撰写、后进生的转化等；综合组更是结合学科特点，音乐组以课堂比武为主，信息组以组内沙龙为主；美术组以教师素养提升为主，体育组围绕运动会组织教研活动，而英语组结合区 90 学时培训，开展教具、简笔画、课件制作、论文交流等形式多样的活动。各个备课组结合本组实际情况和学科特点，几个学期下来“特色备课组”活动初显成效。同时，他们向全体教师提出“精炼教案、精彩课堂、精致作业”的倡议，细化校本制度。强化课程建设、优化管理流程，强化质量监督。

研习小组制度：学校成立骨干教师研习小组。学校将积极创造条件，优先安排骨干教师参加各类进修，有条件的可推荐参加国内学术交流和专题讲座等活动，鼓励其继续提高学历层次，不断更新知识；逐步建立骨干教师培训制度，通过名师带教、校际交流、专业培训等途径，加快骨干教师专业发展程度与速度，促进骨干教师和名教师的成长；工作上尽量给予挑重担的机会，结合日常课堂教育教学工作，创造条件，搭台亮相，鼓励其积极参加各级教改及教科研活动；每年由学校指定或自行设计教改（教研）课题进行研究攻关，要求骨干教师围绕自己承担的课题，不断学习、研究、实践，进行教育教学反思，提倡写教学日记、教育案例或教学随笔，并开展教育研究活动；鼓励其积极参加现代教育技术和信息技术方面的培训，提高操作能力和应用水平，尽早实现资源共享和知识共享，加快成长步伐。

在课题研究的三年时间里，在学科课题的驱动下，教师的研究能力不断提升，教师撰写的论文获省级三等奖 1 篇，市二等奖 2 篇、三等奖 3 篇，区级一等奖 1 篇，二等奖 8 篇，教学案例设计、教学课件等获区级二等奖以上 15 人次。初二备课组付辉老师撰写的课题《基于国学推广的提升学生阅读能力的教学研究》被立项为 2012 年度国家基础教育课程改革专项研究课题（教师小课题）。宋芳备课组的《初中数学潜能生错题成因及解决策略课题方案》被立项为 2013 年度国家基础教育课程改革专项研究课题（教师小课题）。学校已完成《反对校园暴力》《流动人口子女生活技能培养》《统战知识进课堂》《剪纸艺术》四部校本教材的编写，成为学校提高教学质量的新的增长点，也为学生创设更多的学习、体验与成才的机会。

第六节 运行6
微课推进

在现行教育模式下，课堂上"前三分之一"学生吃不饱、"后三分之一"学生吃不下的现实困扰着一线教师。教学时间和手段上的各种限制，让课后辅导成了小学数学教师的一大负担，首先，依托家长的协助成效不高，因为学校超过百分之七十的学生是外来民工子弟，大部分家长的文化素质有限，难以辅导孩子的学业；部分家长讲解的算理法则跟学校课程所教授的不匹配，特别是对于"后三分之一"学生容易混淆思路徒增学习困难。其次，教师的课余时间有限，针对性地对每个孩子进行课余辅导在时间、空间上都存在着一定困难。

目前，"微博""微电影""微视频"等时尚"微概念"凶猛来袭，"微时代"将教育改革推上风口浪尖。随着教育信息化的持续推进，为了实现教育数字化，"微课"成为各大院校及一线教师研究的热点。在2013年举行的"全国高校微课教学比赛"的官方文件中，将"微课"界定为："微课是以视频为主要载体记录教师围绕某个知识点或教学环节开展的简短、完整的教学活动。"教师根据教学中的重难点、易错点、拓展提高等有针对性地制作"微课"，学生根据自己的需求，利用课余时间自主或者在家长的协助下自主选择学习"微课"，以预习、巩固课堂中的知识点或针对课本知识的提高拓展。它强调时间的简短性、学生选择的灵活自主性以及知识点的针对性。以基于网络的"微课"为载体进行课余辅导，降低了对家长的文化要求，较好地改善了师生之间的时空问题。如何更好地利用小切口、强针对、重实用的"微课"来提升小学数学课后辅导的成效，是他们一线教师应该研究的方向。

（一）优化"微课"制作方法

由于数学课程自身的特点，知识点多、题型变化灵活，本课题研究的前提是教师熟练掌握"微课"制作的基本方法。首先，以手机拍摄课堂片段等最简单的方法开始，通过一定的技术培训优化方法，比如后期制作、后期制作软件的选择等，在课题研究中不断选择优化制作方法、制作高质量的"微课"。

（二）丰富“微课”资源库

“微课”是教师提供给学生课后自主选择学习的载体，是教师课后辅导学生的一种形式，丰富的“微课”资源是课题研究的基础。教师在不断积累“微课”的同时要组建资源库，“微课”的分类是学生更便捷地找到所需“微课”的保障。本课题研究将所搜集的“微课”按年级的单元知识模块进行分类，然后根据各单元知识模块的“微课”制作目的及面向学生层次不同，再细分为重难点微课、易错题微课、聪明题微课和竞赛题微课四大类，分别整理归类并在优酷、百度云、学校网络等公共网络平台上开放共享。

（三）探究“微课”辅导效率

如何更好地利用小切口、强针对、重实用的“微课”来提升小学数学课后辅导的实效性以及“微课”是本课题的研究方向。面对丰富的“微课”资源，本课题研究主要从课前预习、课后巩固、课余提升三方面的实践来探究对微课提升小学数学课后辅导效率。把微课放在学生和家长都能看到和下载的平台上，鼓励学生根据自己的需求去找相对应的内容进行学习。及时听取关于微课的反馈意见，保留有成效的微课资源，调整成效不高的微课资源，并对总的辅导效果进行分析整理。

实施：

（一）“微课”使用技能的培训、操作及交流

1. 制作培训：课题组成员已掌握微课制作技术，对微课有一定的了解，让教师熟悉“微课”制作并熟练制作“微课”，这是本课题的前提。

2. 操作落实：以生为本是以生为本的教育理念，让学生知道并找得到网络上教师放置的“微课”并会自主合理安排时间选择学习自己所需的“微课”是本课题实施的保障。学生课前预习相关“重难点微课”，并在课后自主选择学习“易错题微课”、“聪明题微课”巩固课堂知识，针对有能力的学生可以选择学习具有挑战性的“竞赛题微课”，分层的课后辅导是“微课”的强针对的具体体现。

3. 借鉴提升：课题组成员主要利用网络学习研究微课制作方法视频、微课案例等“微课”自主观看学习，并从教师的反思感悟中获得一手的借鉴资料及交流借鉴经验是本课题研究的一个重要环节和研究内容。组织课题组成员及全校感兴趣的教师进行“微课”教学研讨、“微课”教案设计等，调动科研氛围及教师的积极性，教师从实践中反思感悟，这是本课题研究的实质性环节。

（二）“微课”相关资料的收集、制作及分类

本课题是探索“微课提升小学数学课后辅导效率”，这就需要收集、制作“微课”资料，不断丰富“微课”资源库，这是本课题的重点。所以准备工作中，先要分清楚小学数学课后辅导所需内容，尽可能地收集相关的微课案例及自己制作需要的微课视频。

1. 收集“微课”：理论资料主要是通过购买教育类书籍、图书馆教育类书籍，以及网络资源收集；收集制作的“微课”视频根据知识单元模块、面向学生层次的不同进行分类。

2. 制作“微课”：针对“微课”的收集，考虑到“微课”是比较新的研究方式，小学数学相关“微课”资源少，收集起来比较困难，所以一方面需要课题组成员设计制作，另一方面尽可能联系专家收集高质量的资料。

3. 分类标准：将所搜集的“微课”按年级的单元知识模块进行分类，然后根据各单元知识模块的“微课”制作目的及面向学生层次不同，细分为重难点微课、易错题微课、聪明题微课和竞赛题微课四大类。

（三）“微课”实践的整理、总结及再应用

教师通过课题研究，探索微课提升小学数学课后辅导效率，优化微课制作方法、丰富微课教学资源、探究微课教学策略等，将适合的微课应用于日常课后辅导，达到轻负高质的同时提高本校一线教师的教育教学能力，这也是本课题的最终目的。

1. 选择优秀“微课”设计、优秀“微课”案例参与竞赛评选等，以促进教师积极性，提高教师参与度。

2. 尽可能地邀请专家参与组织的集体“微课”案例探讨过程，及二度微课设计制作的点评。

3. 以同上一个内容或同一节课的形式，将微课提升小学数学课后辅导效率推广应用于自己的教学中。

4. 汇总研究过程中得到的各种形式的资料，整理优秀“微课”、优秀“微课”案例等，将这些研究成果撰写成论文，为进一步研究提供一定的借鉴经验。

第七节 运行7
基于教师沟通的校本职后训练

教师工作既需要专业技术的支撑,更需要具有个人标识的教学艺术。教师职后培训就是要激发教师的成长动机,让教师把上课的激情和自我成长结合起来,培养教师的自我批判、自我更新和反思精神,帮助教师成为一个有思想、有技能、有教学艺术的人。

朝晖实验小学所提出的"校本职后培训"是基于学者王邦佐提出的教师职后培训体系,着力于提升教师沟通能力的专项培训。其培训内容设计解决朝晖实验小学校教师目前在教师与学生、教师与教师、教师与家长沟通方面存在的问题与困难。培训形式具有校本独特性,关注教师发展,满足教师专业化成长的需要;关注学校发展,为学校发展服务;关注个案,为教师解决教育教学中遇到的实际问题。学校校本培训的"培"指的是:基于教师沟通的"畅享沟通坊"体验式培训课程;"训"指的是:基于课堂沟通的教师倾听、辨识、表达能力的训练。

通过此次校本研训教一体化的实践,发现教师与学生、教师与教师、教师与家长间沟通存在的误区。通过教师职后校本培训创新载体的研究与实施,形成具有朝晖实验特色的校本研训新载体,引领教师培养有效沟通的意识;改变教师与同事、家长、学生之间的沟通方式,帮助一线教师掌握一些实用的教育教学技能,从而有效提升学校校本研训的效益,促进教师教育管理观念的转变,发挥教师自主创新性,提高教师的专业素养和管理水平。

针对不同教师群体、注重教师个人生活史背景及个别差异,根据教师的不同需求、已有的经验水平、面临的困惑与问题,以体验式培训为载体,面向全校教师,设计并实施相关的沟通课程。

在课堂教学过程中研究教师与学生沟通的现状,成立"教师课堂沟通研究小组",设计"朝晖实验小学教师课堂观察量表"即时观察记录、视频全程拍摄等。通过相互对话沟通、共同思考、进行调查与分析,使用观察量表,对教师课堂教学过程中倾听、辨别、表达行为的数据记录、分析发现影响教师在课堂教学过程中沟通的误区与不良沟通方式,提出师生有效沟通的策略。主要平台如下:

(一)基于团队训练 强化合作共赢

教师这一群体具有其独特的工作特性。是个体劳动与群体合作相结合的工作形态。需要帮助教师形成合作文化,在民主平等、合作交流的基础上激活实践知识,激发责任意识,激励对话理念,共同求得教学机智和教育智慧,共同支撑、进步和发展。此种合作的结果,可以导致教师知识、信念及行为的改变,有助于刺激教师挖掘自我和他人的"个人理论"和"隐性知识",强化教师个体与教师群体、教师主体与教师本体角色成长的动力。因此,反思并积极寻求一个适合教师群体的知识共享的协作共同体,是根本上解放教师头脑、唤醒群体智慧、激发课堂活力的关键所在。

(二)基于课程建设 提升沟通能力

将"培"与"训"密切结合。针对不同教师群体、注重教师个人生活史背景及个别差异,根据教师的不同需求、已有的经验水平、面临的困惑与问题,设计科学的校本沟通课程培训体系。以课程建设为载体,通过体验式课程的实施,提升教师的沟通能力。

(三)基于课堂实践 深化研究视野

一方面,引导教师在培训课程的学习中内化和掌握最基本的技巧和策略;另一方面,善于把学习成果和实践研究统一起来,引导教师改进课堂教学。这就要求"一培二训"教师职后校本培训活动不仅要关注教师行为,更要关注学生反应;不仅要关注教学活动,更要关注学习状态;不仅要关注教学过程,更要关注教学情境。从教师到学生,意味着对教学预设和生成的思考;从活动到状态,意味着对课堂对话和效率的反省;从过程到情境,意味着对教师专业素养和智慧的追求。这样的校本培训,自然也就可以成为任何一个参与者不断拓宽视野、开阔思路、打磨思想的过程。

(一)基于教师沟通的"畅享沟通坊"体验式培训课程的架构与实施

1. 课程目标

针对不同教师群体、注重教师个人生活史背景及个别差异,根据教师的不同需求、已有的经验水平、面临的困惑与问题,相关理论学习与体验式培训相结合,了解学校教师沟通常见类型及其问题,发现交际沟通主体素养在实际教育教学过程中的制约作用。引导参与培训的教师反思自己的教育教学工作,帮助教师掌握一定的沟通技巧,提升教师主动沟通意识与能力。

2. 课程设计

①教学内容

◆理论学习:针对不同教师群体开设可供选择的菜单式讲座

针对群体	群体特征	开设讲座主题
8年教龄内教师	缺乏沟通技巧	《沟通需要技能吗?》 积极的聆听:说明成人的聆听效率尚且如此,不必苛责学生的听课效率; 表达时声调与重音对沟通的影响
全校教师	沟通方式单一	《沟通的千姿百态》 正式沟通与非正式沟通 上行沟通、下行沟通与平行沟通 单向沟通与双向沟通 书面沟通与口头沟通 言语沟通与肢体沟通
班主任	师生关系紧张或家校沟通存在障碍的教师	《沟通心态》 通过测评,定位自己的沟通心态。 解读沟通的三种心态:父母型:我行你不行;成人型:我行你也行;儿童型:我不行你行 进行相应的分析与指导

◆体验式学习:“畅享沟通坊”教师体验式培训部分课程例举

主题1:沟通意识类

培训内容	活动目的	培训过程
捉手指	建立和谐的沟通氛围、有初步的沟通意识	1. 组织学生站立,围成一圈; 2. 伸出你的右手,手心朝下; 3. 伸出你的左手,竖起食指; 4. 用你的左手食指点住旁边人的右手手心; 5. 当主持本次培训的老师数数“1、2、3”,当主持本次培训的老师数到“3”的时候,你的右手要去捉旁边的人的左手手指,而同时,你的左手手指要不被旁边的人捉到

续表

培训内容	活动目的	培训过程
我、你、他们	感悟沟通的效能，体会自己的沟通能力；	1. 助手分发活动用纸 2. 大家拿到纸后，请你在团队所有成员中寻找与你具有相同特点的成员，找到之后，在你的活动纸上签名，你要尽可能想办法在规定时间里签到更多的人的名字。 3. 看谁签的名字多？ 4. 分享：你是怎样找朋友的，你为什么找的多（或少）（有的可能在规定时间还不能完成所有项目） 5. 你找到同伴时的感觉怎样？全体学员参加
拼图分组	发现沟通的重要性。提升教师的团队归属感。	1. 主持本次培训的老师事先把年历画裁剪成不规则的6部分。请学员每人随机取一张； 2. 然后，请学员拼出原来的图画，以组成小组； 3. 主持本次培训的老师给大家分发活动用纸，每人一张； 4. 请你按照项目填写； 5. 在小组中逐一分享； 6. 请小组成员说说我对沟通的理解？以及各自对培训班的愿望； 7. 请把小组意见写在彩色张贴纸上； 8. 集体分享：张贴在指定的地方。全体学员参加
积极鼓励游戏	积极反馈是有效的沟通手段	1. 挑选一个志愿者，让他离开房间。 2. 让大家选择一个用手的目标行为，譬如在头顶上拍手。 3. 让志愿者回到房间，向他解释大家想让他做一些用到腿的动作。 4. 当他做的动作与目标动作比较接近的时候，大家就喊“对”（这被称为“接近”任务，通过喊“对”来促使志愿者越来越接近目标行为）。 5. 由于“领导”的指示，志愿者将不停地移动他的腿；但是只有在他移动手的时候，大家才喊“对”。 6. 来自大家的反馈通常将会压倒领导的指示。“领导”可以不时地插话，以越来越强硬的口气坚持：大家实际上想让志愿者移动他的腿，他不得动他的手。 7. 当领导者的指示和大家的反馈相竞争的时候，这个游戏会产生很多的紧张和笑声，但最终通常是反馈的形式胜利。 讨论题 1. 当反馈与指示竞争的时候？通常哪种形式会赢？ 2. 日常生活中的哪些例子可以说明反馈与指示存在着竞争？ 3. 这个游戏的结果是什么？它说明了反馈具有什么样的效果？ 4. 用在教师和学生的关系上，对你有什么启发？

主题2:沟通技巧类

问出一种水果	询问的技巧:如何把封闭式问题转向开放式问题	1. 游戏随机分组进行; 2. 抽取纸条上的任务; 3. 探讨、寻求方法; 4. 分组对抗竞赛
我说你剪	倾听的技巧:变单向沟通为双向交流	测试:我的倾听能力 小游戏:你说我剪 探讨:为什么他们不能更好地聆听 小讲座:多听少说与多说少听 练习:倾听的回应方式
他们的身体会说话	非语言沟通的技巧:掌握一些体态语	小讲座:对学生、家长、同事不同的"察言观色" 小游戏:他们的身体会说话
搭房子	表达的技巧:说让对方听得懂的话	欣赏与分析:各类名人著名演讲词 游戏:谁的说话更清楚 1. 活动需要8位志愿者。 2. 请助手把他们的眼睛蒙上,这里有一根长10米的绳子,你们将按照我的指令,变化出相应的图形。 3. 请变化成一个三角形。再变化成一个六边形。 4. 集体分享:问参与者:为什么成功或失败?问旁观者的感受。如果将这一游戏迁移在教师与学生的关系上,对你有什么启发? 练习:与对方语言同步;使用对方易懂的语言

主题3:合作沟通类

亮出你自己	引导学员领悟要想与别人沟通,首先要亮出自己的观点	1. 每个人都要蒙上眼睛,并且不能说话。 2. 主持本次培训的老师在每个人的手上放一样东西。 3. 请大家寻找手上和你所拿东西一样的人。 4. 分享:你是怎样找到同伴的?或你为什么没找到同伴?

续表

风雨同舟 （翻台布）	培养团队合作的意识，体验良好沟通带来的双赢	1. 6—8 人一组。以小组为单位，站在台布上（包括讨论的时候） 2. 小组群策群力，把台布翻个面。 3. 只要有人的身体的任何部位触碰地面就要重来。 4. 主持本次培训的老师视现场情况提出时间要求。 5. 分享：大家怎么办到的？在过程中大家发表了什么建议，有何感受？ 各位觉得此时报纸像什么？而整个过程又是什么？ 生活中有无类似感受，从过程中你感悟到什么？
心连心 （连环马）	体会沟通在完成团队任务中的重要性；进行团队协调能力的训练	1. 6－8 人站成一排，每两人的肩部之间都放上一个球 2. 让大家一起列队向前走，走的时候，任何人之间的球不能掉下来 3. 如果有球掉下来了，就重新开始，直到大家的球都不掉下来为止。 4. 各组有 10 分钟的时间可以讨论和预演。 5. 各组完成"连环马"活动，用时少的队获胜。 在你的小组里开始沟通时是否有冲突发生，后来又是如何解决的？问持大球者——问持小球者——问掉下者——问责怪者 本游戏对他们日常教育教学工作有什么启示？
解手链	成功的关键来自于小组成员良好的沟通和精诚合作；合作中的冲突在所难免，关键是他们要正确认识冲突与竞争合作的关系	1. 主持本次培训的老师将全体学员分组，让每组围着站成一个圆圈。 2. 主持本次培训的老师指定任意一个学员说："先举起你的右手，握住对面那个人的手；再举起你的左手，握住另外一个人的手。"接下来请其他学员照着第一个学员同样的方法做，直到所有学员的手都彼此相握。现在他们面对一个问题，在不松开的情况下，让他们想办法把一个错综复杂的结解开。 3. 主持本次培训的老师宣布解开的标准，只要小组成员呈现一个大圈或是两个套着的环，就视为解开。 4. 如果实在解不开，主持本次培训的老师可允许学员决定相邻两只手断开一次，但再次进行时必须马上封闭。 5. 用时少的组获胜，求助一次加时 30 秒

续表

比比谁高	在团队合作中解决问题	1. 6-8人随机组成一组。 2. 主持本次培训的老师发给每组扑克牌两副,吸管100支,回形针一盒。每个小组在规定的时间内利用材料做一个物体,使物体做得尽量又高又稳固。 3. 做得最高的物体为胜。 4. 他们有30分钟的时间做这项活动。 分享活动中的沟通体验

②教学要求

理论学习根据实际情况每月安排两个半天,每次一小时左右的集中授课时间。体验式学习时间利用隔周周二下午、周三上午、周四下午,每次不少于三小时的时间。在施训过程中不得随意减少学习科目与内容。

③课时分配

教师职后培训学习(含理论学习和体验式学习)列入学校的校本培训教学计划,成绩记入教师校本培训考核成绩内,按照《教学大纲》组织实施教学,严格考勤考核制度。在教学中,要掌握好深度和广度,不断改进教学方法,确保教学质量。

3. 课程实施

案例1:沟通技巧类培训《我说你剪》

(1)培训方案

一、培训目标:

1. 掌握一定的技巧,尝试在倾听过程中变单向沟通为双向交流。

2. 了解表达与倾听之间的关系,反思自己的教学实践。

二、活动准备:

1. 十把剪刀。

2. 准备参加人数两倍的白纸(可以是使用过的纸)

三、活动过程:

1. 热身游戏:太阳花(10分钟)

2. 培训师讲述参加培训要求(3分钟)

3. 出示《我说你剪》活动规则(2分钟)

4. 第一次互动活动(5分钟)

5. 分享感悟(20 分钟)

6. 第二次互动活动(5 分钟)

7. 反思感悟(10 分钟)

(2)活动片段实录

本次培训活动主持:冯◇

自主报名参加教师:19 人

活动地点:一校区二楼演播室

冯:这个游戏由于工具的限制,我先请 10 位教师参加。(随机抽取道具,产生 10 名)你们 10 个人请到前面来背对着围成一个圈。(发给每人手里一张纸和一把剪刀)一会儿你们按我说的来剪你们的纸。看谁剪得最标准。特别提醒注意的是,在我说的过程中,你们只能听不能提问,也不能说话。下面请你们把纸对折再对折……

(有一位男老师第一时间举起了手,要求发言,冯没有理他,于是这位男老师忍不住插嘴:你这样是不对的,你说把纸对折再对折,有人是向左折的,有人是向右折的……)

冯:对哦,那么这位老师你能不能帮我想想?

男老师:你要说清楚。把每一个步骤说得简洁明了。

冯:对的,这位老师说到了一个表达的要素,尽可能地用简单明了的话把意思表达清楚,这是他们在与人沟通中特别要注意的。他们继续活动。然后剪一个等腰三角形,接着向上折,再向上折,也剪一个等腰三角形……现在剪完了,你们打开自己的作品看看,标准吗?和旁边的老师们一样吗?他们一个一个来说……

(参与活动的老师们发现,自己剪的和其他老师剪的各有不同,有三位剪得形状一致,但大小不同。老师们面面相觑或若有所思)

冯(对一位手里攥着纸的女老师):大家看到这位老师不愿意打开纸给他们看,我想他们这位老师们挺要强,她肯定非常不满意,所以一直不愿意打开。(这位女老师频频点头)没有关系,他们一起来看看,原来纸被剪断了,如果这时候,他们有的老师说:你这剪的是什么鬼东西啊。你心里……(女老师马上接:肯定尴尬死了)所以,他们都是需要赞赏与鼓励的,他们的学生们更是如此……

冯:通过这个游戏,可以反思一下自己,很多时候自己认为自己的表达很清楚了,然而听的人理解到的意思却是与他们不同的。所以,老师和学生是一样的,当学生没有达到老师心目中的要求时,他们老师不应该生气、指责学生,要学会相互倾听和配合。

成员分享各自的感受。

冯:刚才发现,同样的清楚的指令,同一个人说出来,同样的纸和剪刀,他们却剪出了形态、大小各异的图形。那么,如果再次进行游戏,怎样才能达到同一口令下,大家剪出相同的图形呢?

老师们纷纷发表意见,分享感受,最后得出统一的答案:要允许提问,允许讨论。

冯:好,那么请还没有参与活动的老师上来游戏……

4、评价与反馈

(1)课程评估

采用参与培训的教师自评与引导教师测评相结合的方法进行评价

"教师职后培训课程"教师自我成长评价表

姓名						
组名						
序号	评价指标	评价结果				
		完全符合	符合	基本符合	基本不符	完全不符
1	我能在这次学习中向别人表达我的看法					
2	我喜欢这次学习活动					
3	我觉得在这次学习活动中学会了更好地去沟通					
4	我对自己越来越了解					
5	参加学习使我对自己越来越有信心					
6	在这次活动过程中我乐意和他人分享我的经验					
7	我觉得这次的活动经验很有意义					
8	我觉得这次学习大家互相信任而且坦诚					
9	我喜欢引导老师的带领方式					
10	我在这次学习中最大的收获					
11	我在本次培训过程中最想说的一句话					
12	我的建议与希望					

(2)课程反馈

体会最深的是在老师指导下做了“松鼠搬家”的游戏。在一轮一轮热闹有趣的游戏后,大家已完全抛开成年人的束缚,像孩子般投入到游戏里面来了。每轮游戏结束,老师都会做出点评。指出他们平时没有注意,而在游戏中无意识反映出来的一些小不足,例如缺乏人与人之间的沟通,做事情的“差不多”心理、缺乏位置感和集体感等。让他们明白,看问题要辩证地看,在处理学生问题时也需要多关心理解和体谅,取代原有的责备和惩罚。

——李◇

这是一个快乐的游戏,他们充分体验了组内合作,组外竞争的紧张气氛。通过实际尝试,发现了各自的弊端,在全体成员讨论的基础上,达成共识不断优化,不断激发起“再来一遍,可以做得更好的”主动性,最终取得满意的结果。我觉得,在游戏中,组长的组织才能尤为重要,他要带领练习,现场指导与鼓励,讨论改进措施。组员的服从意识也非常重要,竞争需要合作,合作能够更好地竞争。

——陈◇◇

这次的校本培训是一种新形式。体验式、参与式、互动式的学习模式,将主题思想贯穿在精心设计的大量趣味性团体活动中,让他们在活动中体验、感悟,并进而将学习到的方法、技巧及时运用到自己的教育教学工作中去。通过这些游戏体验活动能有针对性地指导教师解决存在的自我意识、沟通交往、心灵成长等方面的困惑,有效地帮助班主任解决在班级集体建设中面对的如环境适应、成功激励、合作竞争、感恩责任、创新拓展等难题。

游戏互动,轻松参与,激发深沉感悟;真情表白,真诚感人,获得真实成长。参加培训的教师,在塑造健康个人形象、学习人际沟通技巧、提升合作竞争能力的同时,更多地开放自我、认识自我、悦纳自我、完善自我,身心得到了放松,心灵享受了按摩,真切感受到了合作的快乐、集体的幸福、人生的价值。

——吴◇◇

“搭房子”是一个难度比较高的游戏,因为在游戏中包含了多种能力要求。他们由于彼此看不见,不知道别人的图形与位置,最终要拼出“房子”的造型,没有事先确定的“指挥者”,也没有预先确定的“图纸”,一切都靠大家默契合作完成。每个人的性格、能力、理解力、服从性都不一样,但为了一个共同的目标“造房子”,需要彼此理解、彼此认同、彼此配合,每个人都在寻找自己的位置,表现自己的价值,获取共同的成果。圆、三角形、正方形如何拼成一个房子的造型,也有多种答案,最终结果如何没有规定模式,关键看图形位置、比例是否合理。实例:通过今天的培训,我对“在合作中沟通”的主题是否有了新的理解。合作,是成功的保障。沟通,是合作的基础。没有互动、良性的沟通,就不可能合作成功。在日常工作中也一样,我想这真值得我去反思。我该如何主动地与同事、家长、学生去进行有效沟通。

——沈◇

(二)基于课堂沟通的教师倾听、辨识、表达能力的训练

1. 定义

课堂沟通问题:就是在课堂多层面的、多维度的沟通情境和沟通关系中呈现的问题。在信息时代,知识的传递功能已从其原有的中心地位上被排挤出来,被以各种信息为媒体的沟通功能,以及以思考、见解和知识交换为指标的价值评价与判断功能取而代之。因此把教学过程仅仅理解为学生把握间接经验为核心的特殊认识过程,已不适合现代教学过程的丰富性、多元化的需求。从本质上说,教学就是集约化、高密度、多元结构的沟通活动,在这种活动中形成多种多样的、多层面的、多维度的沟通情境和沟通关系。

尽管教师个人可以通过自我学习、反省提升课堂沟通能力,但是对于一线教师而言,要应对千差万别的具体学生以及具体课堂沟通情景,除了教师个人素质之外,很多属于具体问题的应对技巧,教师个人往往缺乏自己解决的好办法,或者根本就没有意识到问题所在,因此依靠团队进行案例研究成为主要研究策略。

学校在研究课堂沟通问题中主要是研究倾听、辨识、表达三大问题。基于课堂沟通的非语言倾听能力:指教师在课堂倾听时不通过语言反馈传递信息而达到促进师生沟通的能力。具体表现为倾听时的表情、态度、姿势、走动路线等非语言表达能否有效促进课堂信息沟通的能力。基于课堂沟通的辨识能力:指教师在辨别理解课堂信息的能力。具体指课堂上能否听得准,理解快,记得清,并具有较强的倾听品评力和组合力。基于课堂沟通的表达能力:指教师在课堂上反馈表达自己的信息以促进课堂有效沟通的能力。

2. 操作过程

(1)抽调教学骨干组成团队,研发观察量表,观察课堂,发现不足,归类整理,提炼本校关于课堂沟通的典型问题

为了提升语文教师课堂沟通能力,语文教研组抽调教学骨干组成团队,根据

学校实际,选择最需要研究的内容,依照比较容易操作的原则,研发了语文课堂沟通观察量表。骨干教师每周二次进课堂听课,分工观察,上完课后集体研讨,为上课教师寻找亮点和问题,并进一步修改量表。

朝晖实验小班语文课堂沟通研究材料——课堂观察量表

观察要点:课堂上教师的倾听能力、辨识能力、表达能力

观察目的:促进教师重视师生沟通,探索有效沟通的途径和方法

<table>
<tr><td>执教人</td><td></td><td>课题:</td><td>学科</td><td></td></tr>
<tr><td>班级</td><td></td><td>观察时间:2011 年</td><td>观察人</td><td></td></tr>
<tr><td colspan="3">行为类别</td><td colspan="2">备注</td></tr>
<tr><td rowspan="4">倾听能力</td><td colspan="2">1. 倾听时,教师目光专注,面带微笑,亲切自然。
(整体判断:能做到　基本做到　不太能做到)
倾听时,教师目光游离　　　　有(　　)次</td><td colspan="2">游离指教师在学生发言时不与该学生进行目光交流,态度不太亲切、自然</td></tr>
<tr><td colspan="2">2. 倾听时,教师遗漏了学生反馈的重要信息。　　有(　　)次
倾听时,教师全面地抓住了学生反馈的重要信息,并据此进行了相关的教学。有(　　)次</td><td colspan="2">指教师有意无意地遗漏。只倾听那些能满足其自我需要的声音,对于期望之外的声音则加以排斥和压制</td></tr>
<tr><td colspan="2">3. 教师走动路线是否能照顾到全体学生。整体评判:是(　　)否(　　)</td><td colspan="2">划出路线图</td></tr>
<tr><td colspan="2">4. 教师在这节课中请了(　　)个学生,次数最多的一个人是(　　)次。</td><td colspan="2">按照座位表进行记录并统计</td></tr>
<tr><td rowspan="3">辨识能力</td><td colspan="2">1. 正确理解学生意思,能作出判断与评价,教师有语言、动作等回应。(　　)次</td><td colspan="2"></td></tr>
<tr><td colspan="2">2. 不能或错误理解学生意思,判断、评价有偏颇(　　)次</td><td colspan="2">指教师对学生的语言信息无法正确解读。教师听不懂学生的言语信息,对学生的回答不置可否,或采用简单肯定、简单否定的反馈方式</td></tr>
<tr><td colspan="2">3. 正确看待教师自己,坦率承认自己的无知与错误(有　无)</td><td colspan="2"></td></tr>
</table>

续表

表达能力	1. 课堂教学语言能针对学生的年龄特点,深入浅出。 整体判断:能做到(　　)不能做到(　　)有时能做到(　　)	
	2. 处理反馈信息教师语言表述过于简略,不清晰(　　)次 处理反馈信息教师语言表述清晰具体,有理有据(　　)次	
	3. 纠偏、纠错时采用消极批评,消极效果明显(　　)次纠偏、纠错时采用鼓励与批评相结合(即既肯定学生,又指出方向),有较明显的积极效果(　　)次	
	4. 交代学习要求共有(　　)次,其中简明扼要,利于学生理解的(　　)次;交代学习要求拖沓复杂,不利于学生理解的(　　)次	
	5. 鼓励学生自己解决问题(即鼓励学生自己补充、归纳……引发学生争辩等)(善于　不太善于　不善于)	

通过对学校及区市语文公开课和家常课进行观察,发现语文教师在教学沟通方面存在着一些共性的问题,归纳起来主要有以下 4 大主要问题:

①倾听时,非言语亲切性不够,造成教学失亲。

其表现为教师目光游离无交流,距离远,面部表情僵硬,声音、语气语调单一没有变化等。总之是教师对学生个体关注度还不够,态度不太亲切、自然。其原因是多方面的。

他们的观察发现,有些教师只想教教材,而不是教学生,更不是教个体的学生。学生在回答问题时,不是专注地与他进行目光交流,而是看课本、看课件、看其他同学,因为这时候教师可能要出示相关段落,或者教师在观察其他同学的反应,或者教师自己在针对学生的回答进行思索,于是就出现了目光偏离,直至游离。尤其对语文课堂来说,教师针对特定学生的语气语调,充满感情的面部表情和肢体语言的应和,对学生的心理产生的投射作用非常明显。下面是一份对他们学校 3 到 6 年级 656 名学生的一份调查问卷的统计结果:

当你回答问题时,碰到如下情况时,你会怎么想		
老师的目光没有看你,而是看到别处去了	觉得自己是不是回答错了	67%
	老师不喜欢我	20%
	老师有其他事情要做或者其他同学要管	7.3%
	无所谓	5.7%
老师对你的回答没有任何肢体语言评价,脸上也没有表情时	不清楚老师要我怎么做,怎么说	78%
	老师不喜欢我	11%
	无所谓	11%
老师讲课的语气、语调	喜欢起伏有变化	90.6%
	喜欢很平和的	8.4%

这说明,小学生对别人的反应还是相当在乎的,虽然他们的判断能力还不那么精细而有技巧,但是教师专注的目光、幅度比较大的面部和肢体语言,近的距离,才能让他感觉到教师对他的回答的重视。目光游离无交流,距离远,面部表情僵硬,声音、语气语调单一没有变化等,就是在暗示学生"我是不是回答错了""老师不喜欢我"等负面的情绪。

②倾听和辨识时,教师遗漏了学生反馈的重要信息,产生教学失辨的现象。

善于倾听学生不仅表示教师对学生的理解与宽容,更是教师的一种美德、修养和一种生活的艺术。然而,在教学过程中却存在大量的漏听现象。当学生的声音被教师拒绝倾听或教师有意无意地遗漏倾听时,教学失辨的现象就产生了。

失辨的现象可分为选择性失辨和意义失辨。

选择性失辨。教师只倾听那些能满足其自我需要的声音,对于期望之外的声音则加以排斥和压制,表现出失辨现象,这就是选择性失辨。在课堂上主要表现为过早地介入、打断不符合教师理想答案的回答。

案例1:语文课堂,经常要学生找"让你感动的语句",听多位老师上《珍珠鸟》,经常看见的情景是,老师在听到不符合自己心目中的答案时,脸上的表情总是漠然的,甚至是不屑的,接着就是反复问"还有吗?""再找找看""看谁的眼睛亮,找得到""还有谁有答案"等等,弄得学生莫名其妙,拼命揣摩老师的意图,可半天也揣摩不出来,感觉很失败,而当最后一个学生终于找到了"那最让人感动的句子时",老师则一脸的欣喜,大声赞扬,这个学生看起来是非常之成功,而这个成功是以其他学生的"被感动"为背景的,特别是这时候可能其他大多数学生并不觉得感动,并不随着老师的引导而走,一个单一的课堂氛围就这样产生了。多元与共享就在这样的“被感动”中消失了。

教师常提的此类型问题还有“你体会到了什么”,让全班同学一直“体会”,直到学生说出老师心目中的答案方才结束教学。这是“被体会”。

当然还有被听课、被感悟、被练习、被朗读等等,都是违背学生主动发展原则,造成了教学低效率。

意义失辨是指教师对学生的语言信息无法正确解读,导致失去重要的引导机会。教师听不懂学生的言语信息,很容易对学生的回答不置可否,或采用简单肯定、简单否定的反馈方式。

这个问题主要来自教师的语言敏感与逻辑判断能力,孩子的表达总是与成人有区别,他有时会讲不全,有时用词错误词不达意,有时候颠三倒四,但是他并非没有主意,并非没有自己的思考,只是他的语言沟通能力还有欠缺。教师此时不能漠然,不是默然,更不可否定,而是快速地为他理一条思路就可以了。

案例2:五年级语文第一课《草原》

教师问:作者把哪些段落写得很生动?

其他学生均回答第1、2自然段,教师正欲开始学习第1、2自然段,有一个学生(后来了解到这是一个后进生)回答说是写主客联欢的3到5自然段,这与教师的教案预设不同,老师也没有马上否定,就先问学生为什么说3到5自然段写得好?

生答:这三个段落很长,作者写了很多。

接下来教师就不知道怎么去应答了,就回答说“我的问题是‘作者把哪些段落写得很生动’,长不一定生动。”就这样把学生否定掉了。

而实际上写主客联欢的3到5自然段也很生动,只是教师没有深入备好课,更没有捕捉到学生所说的“这三个段落很长,作者写了很多”这句话里更多的意思,倘若老师能问一句:“长,一定是写得很具体,作者把什么写得那么具体?有没有也写得生动的句子呢?能找出语句来说明吗?”这样就能有效加以引导,学生的思维指向就会清晰,语言表达就会准确一些。

③表达时语言成人化,造成教与学失同

课堂教学语言不能针对学生的年龄特点深入浅出。学生很难理解教师的意思,造成教和学很难同步,其结果就是教师要么自己一言堂讲下去,要么停下来重新讲一遍。但如果再讲一遍仍然是那种高高在上的方式,学生依然是一片茫然。

这在作业的讲评中表现特别明显。老师过于依赖参考答案,而且一定要学生按照参考答案来写,学生感觉难以达到,失去练习的信心。而且当学生发言表达自己的理解时,老师往往予以否定,最后就给学生报所谓的标准答案,久而久之,学生习惯了老师报学生写,不再有自己的想法了。而教师还要埋怨学生没有认真学习。而真正的原因就是答案离学生太遥远了,太完美了,教师一味让学生去追求"完美",学生如何能做得到呢?总是让学生觉得缺了、少了、漏了。这就是表达时语言成人化,造成教学失同现象。

④表达时不太善于鼓励学生解决问题,造成教学失励。

教师评价时,语言表达不能起到鼓励学生解决问题,扩展深化思维,造成教学失励。

反馈时表达能力不强,处理反馈信息教师语言表述过于简略,不清晰。或者反馈方式单一,只有"好、对、行"等过于简略的表达。不能起到促进思维深化、广化以及引导其他学生思考评价的作用。学生从教师那里得不到前进的助力,造成教学失励。还有不善于鼓励学生自己补充、归纳,总结,引发学生争辩等,也起不到助推作用。还有,特别是当一个班级发言的总是那么几个活跃分子时,教师缺乏丰富有效的语言,引起、鼓励其他同学参与讨论。长期这样,班级里的大多数同学就只会当听众,对于很大一部分同学师生沟通失去意义。

案例3 一个好的表达

学习五下《金色的鱼钩》时,一名学生评价另一位同学的朗读:他的朗读非常好,能做到声音响亮,比较流利,还读出了一种坚定的语气。让他们仿佛看到了老班长为别的战士宁可牺牲自己的美好品质。只是我觉得他读"你是上级,是保姆,是勤务员,无论多么艰苦,也要把他们带出草地"这句时,语速太快了点,要是能慢一点点,就能读出老班长的焦虑和执着了。

对这样会评价的学生,许多教师往往是连连称赞:"说得真好。"学校一位教师是这样说的:他不仅是一个好的语言感觉者,还是一个高明的评价者,他先是肯定优点,再用展开想象的方法谈自己听了朗读的感受,最后提出了自己的意见,希望对方改进。分三个部分来评价,有理有据,态度诚恳,充分又合理。值得大家学习。下面谁能像他一样的发言?

这样的应对,不光评价的学生获得了正确的鼓励,而且鼓励到了该学生的心坎里去了。也许该生还没有意识到自己这么能干呢。更为重要的是,其他学生的思维在跟着归纳、总结、深入。学习到的就不止一点课本知识了。

（2）人人上课，人人参与研究，集体讨论，剖析具体课堂问题，促使全体教师实现从观念到具体沟通能力的提升。

骨干教师完成量表设计和主要问题的提炼，那么如何促进全体教师的参与和学习研究，逐步改进沟通方面的问题，从而达到共同进步的目的呢？他们是这样做的：

①人人带着任务观察记录，逐渐明晰目标

人手一张观察分表，明确观察任务，进课堂听课并记录。开始实践时，教师们对于“有效沟通”的理解模糊空泛，记录也仅仅停留在完成观察这一具体任务上。但是随着实践的积累，观察多了，记录多了，有了比较，教师们对“师生沟通”的认识渐渐清晰具体。比如对比孙洁华的语文课堂观察表：

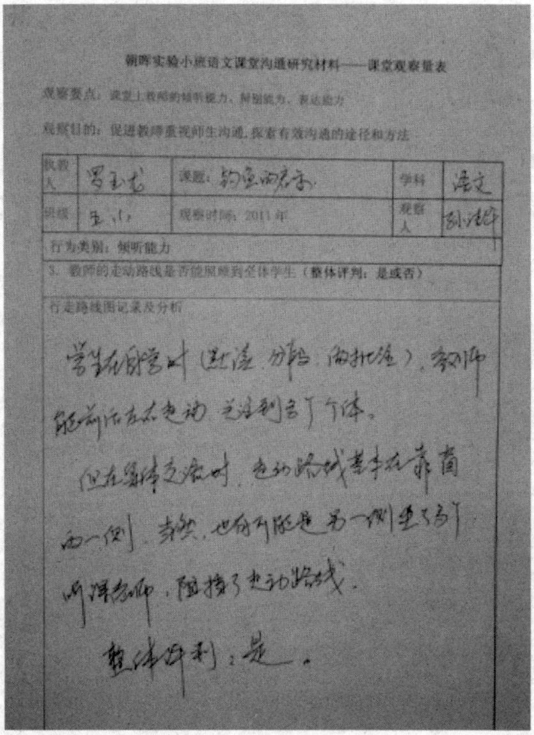
朝晖实验小班语文课堂沟通研究材料——课堂观察量表

观察要点：课堂上教师的倾听能力、辨别能力、表达能力

观察目的：促进教师重视师生沟通，探索有效沟通的途径和方法

执教人	罗玉龙	课题：钓鱼的启示	学科	语文
班级	五（1）	观察时间：2011年	观察人	孙洁华
行为类别：倾听能力				
3. 教师的走动路线是否能照顾到全体学生（整体评判：是或否）				
行走路线图记录及分析 学生在自学时（默读、分段、画批注），教师能前后左右走动，关注到了个体。 但在集体交流时，走动路线基本在靠窗一侧，当然，也有可能是另一侧坐了听课老师，阻挡了走动路线。 整体评判：是。				

以上是孙洁华老师的最早的记录表，她的任务是“观察教师的行走路线”，从中可以看出，最初她只是在记录，并没有意识到观察的目的是什么，我为什么要观察。下面是孙洁华老师第三次观察后的体会记录，截取一个小片段：

关注视觉盲区处的学生

（杭州市朝晖实验小学　　孙洁华）

我关注的是教师的走动路线。据这几次的观察，教师在集体交流时，往往站在过道前端第一或第二排边上，这样第一和第二排的学生就成了视觉盲目，教师经常忽视了这两排学生的学习状况。（也包括我自己）这也是我在参加这样的主题校本研究前所没有意识到的。

建议教师在集体交流时尽量站在教室前方。学生个别活动时，教师能巡回走动，时而俯身询问，时而指指点点，时而摸摸学生的头，能关注到尽量多的学生。

孙老师不仅一针见血地指出问题——师生交流时的站位,忽视一、二排的学生,还形成观点:要关注视觉盲区的学生,而且有了具体清晰的建议。

下面是郑坚老师的第一张表,表中她记录了课堂教学的一个片段,进行了简单的分析。

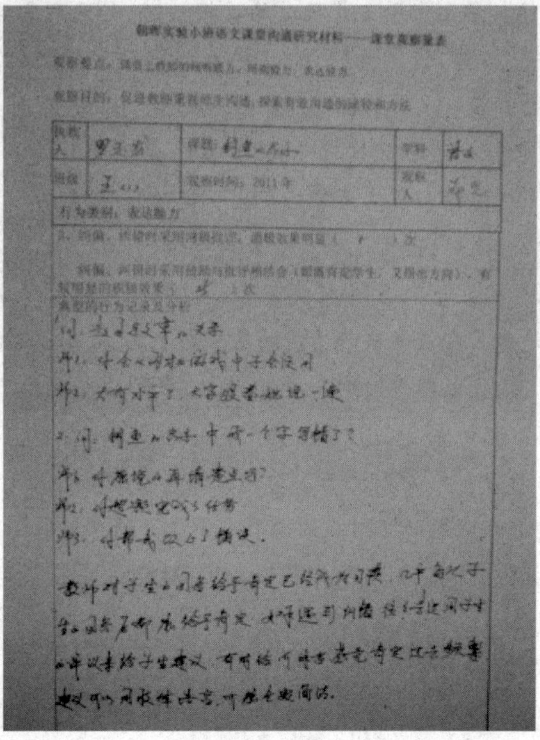

下面是第三次活动时她的感想原文,不仅归纳了其他老师的纠错策略,还提出具体的建议,并且在“启示”中提到研究课堂沟通时,教师的自身素养重于沟通技巧的认识。

沟通主题教学研究的感想

杭州市朝晖实验小学　郑坚

本次教学研究主要是带着任务进课堂听课,我的任务是:“对教师给予学生的发言的反馈是积极的还是消极的。”因为种种原因,只听了冯涵颖和罗玉龙老师的课,因为冯老师的课比较短且距离现在也有段时间了,回忆起来不太清楚,主要就罗老师的课堂发表几点感受。

亮点:

1. 教师对学生的回答给予反馈已经成为教师的习惯,并没有让听者有生硬、做作的感觉。整堂课中教师都是很自然地给予学生正面的反馈,几乎每次学生的发言都能给予肯定或指导,积极反馈有25次之多,不太积极的反馈1次。

2. 很欣赏教师对学生回答不正确时的反馈技巧,如遇到学生回答错误了,教师往往请学生评价、纠错,借学生的评价、纠错给前面的学生以正确的建议。比如:太有水平了,大家可以跟着她说一遍。

建议:课堂中教师的语言反馈过于频繁,留给学生的时间不够充分。本人觉得在一些时候是否可以借助肢体语言给学生肯定的反馈,既简洁又有反馈,比如:拍一下手,点一下头,微笑,甚至是竖一下大拇指等。

启发:这次课题研究下来对我本人有很大的帮助。通过研究,我发现教师与学生良好的沟通是建立在教师良好素质的基础之上的,良好的沟通其实就是教师良好素质的体现。比如教师平时的一些小动作、平时的一些语言习惯等,很容易带入到课堂上,不自觉地就会在与学生的沟通中流露出来,所以要建立良好的沟通,教师就必须注意自身的素质培养。沟通技巧十分重要,但是教师的素质体现才是重中之重,这次的课题研究对我的成长有着极大的帮助。

②第一轮观察后交流时侧重汇报数据,第二轮再侧重交流启发和感悟,逐步推进,促进理性升华

为了熟悉观察量表,开展有效研究,在第一轮听课(每轮3位老师上课)后,交流时汇报与自己任务相关的具体观察数据,一旦汇报结束,交流也随之结束了;第

二轮开始每次听课后，侧重交流启发和感悟，更多地转变到“自己的思考、该教学行为带来的启发”等理性反思和经验上。

倾听时目光倾注

——语文课堂沟通研究的阶段性小结

杭州市朝晖实验小学　沈瑛

我的任务是关注教师“倾听时，目光专注”、“游离”的次数。眼睛是心灵的窗户，而眼神则是眼睛的语言。对于小学教师来说教师教学过程中的每一个眼神常常能达到语言无法替代的效果。“目光专注”在教学中有如下几个重要作用：

沟通师生情感，实现教育目的。

学生十分关注教师的一举一动，哪怕是一个细小的眼神变化，他们便由此来“读”懂老师对学生的教育教学要求。

环视关注学生，无声胜似有声。

教师的眼睛所透露的告诫信息的眼神，常能起到语言要求所难以达到的效果。小学生课堂自制能力差，坚持不了太长时间，有的便开始自顾自地做起小动作来。对于这一点，除了教师应该艺术地调节课堂教学的结构和节奏外，眼神是最佳解决问题的途径。若是当场予以口头制止呵斥，全体学生注意力的转移和教学思路的改变将使课堂教学效果大打折扣。当极个别学生扰乱课堂教学秩序，用眼神提醒，表示不满和批评，那种效果绝对是直截了当的语言警告所不能比拟的，因为稍有经验的教师都知道，引起全班学生的关注，使肇事学生成为教育中心，更易使学生从膨化出的“逆向心理”中产生“成就感”。

语文教学声情并茂，用眼神表情达意更加自如。

眼神是面部表情达意最丰富的渠道，是表情语的核心。如正视表示庄重、诚恳；斜视表示轻蔑；环视是与学生交流，点视具有针对性和示意性；仰视表示崇敬和傲慢；俯视表示关心和忧伤，虚视可以清除紧张心理等。这些眼神的运用有助于学生进一步理解文本内容，体会人物思想感情。

捕捉学生眼神，反馈教学信息。

课堂教学中，教师要运用自己敏锐的目光环视学生，洞察学生，迅速捕捉学生的眼神，及时反馈教学信息，不失时机地调整自己的教学步骤。当学生对教师传授的知识不理解、不明白时，他们的目光会流露出茫然和疑惑；当学生懂得教师讲的内容，有所得的时候，他们的目光会神采飞扬、欣欣然，以调整教学节奏。

③第三轮开始，要求教师从理论到实践，走向自觉运用

由记录案例到找到相应的策略，仅仅是研训的第一步，把别人的策略运用于自己的课堂，这才是他们研究的一个重要目的。第三轮开始，要求教师从理论到实践，走向自觉运用。

他们欣喜地发现，老师们的教学行为正在相应改变，迁移和运用更加主动，更加自觉了。例如陈晓蕾老师的记录：

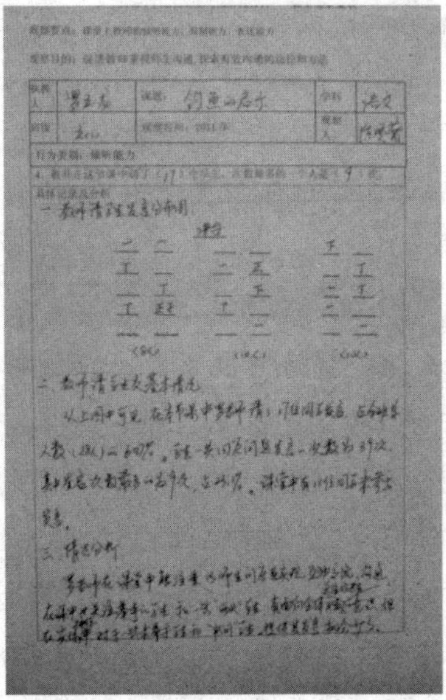
行为类别：倾听能力

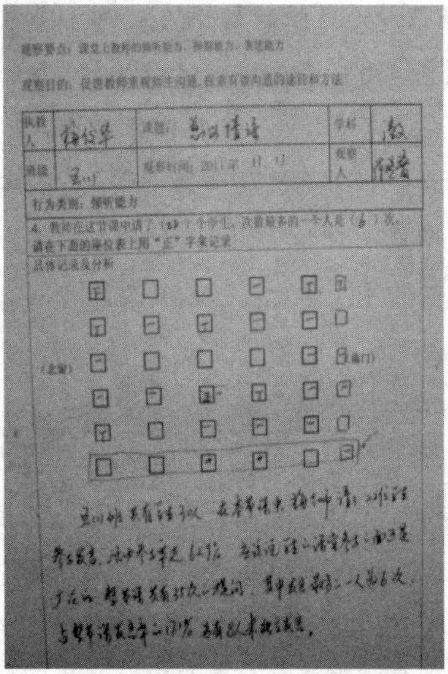
观察要点：课堂上教师的倾听能力、辨别能力、表达能力
观察目的：促进教师重视师生沟通，探索有效沟通的途径和方法
行为类别：倾听能力
具体记录及分析

她的任务是"发言人数统计，发言学生的位置分布图"，前三张表，她统计了发言学生的位置分布，还有简单的分析。再看她的体会——

课堂沟通研究之倾听能力观察阶段小结

朝晖实验小学　陈晓蕾

在本次语文课堂沟通研究活动中，我主要进行倾听能力方面的调查，具体负责观察并记录教师在这节课中请学生发言的人数及次数。现将所听的三堂课教师请学生发言的情况进行整理，并列表如下：

执教教师	班级人数	发言学生人数	发言人数比例	发言总次数	发言次数最多1人的次数	发言次数比例	未发言人数	未发言人比例
罗玉龙	28	17	60.7%	39	9	23.1%	11	39.3%
梅俊华	30	22	62.9%	35	6	17.1%	8	37.1%
孙洁华	30	13	43.3%	25	5	20%	17	56.7%

从表中他们可以看出,老师在课堂教学中能注重以师生对话来实现互动、交流、沟通。60.7%、62.9%的发言比例说明老师在课堂教学环节中能关注全体学生,并为学生创造了在课堂上师生之间、生生之间互相分享、互相交流学习的机会。

同时,他们也发现与60.7%、62.9%相对应的是39.3%、37.1%的未发言学生,他们未能参与发言,原因是什么？是没有把握,不敢说？是讨论话题太难,说不出？还是游离课堂？……总之教师虽然有面向全体学生、关注后进生的意识,也总想把机会给他们,但在实际操作中,那些发言的机会总是被那些积极分子给占去了。

所以,必须让所有的学生都参与课堂活动,比较有效的方法就是小组学习。让学生学会合作沟通,学会在小组内学习,让每一个学生都有发表自己见解的机会和平台。体验到成功的快乐,学生才会乐于参与课堂活动。

有统计,有比较,有分析,还有具体的策略方法。老师们从案例到策略,运用走向自觉。在学校的教学研究中,他们就是按照课前定人定项目—上课—研讨—反思总结—再上课—再研讨,如此循环往复,依靠团队来解决课堂中的具体问题,形成案例,以供借鉴。最终达到提升教师沟通能力的目标。

(3)运用观察量表提升小学语文教师课堂沟通能力的策略总结

在实践中他们有了如下深刻的体会和收获:

1. 针对本校问题编制量表

受教师年龄素养以及学校文化的不同,每个学校的课堂沟通问题不尽相同,针对本学校的问题编制的量表,成为解决问题的利器。

2. 定人定项,跟踪观察

目前他们的12个观察小项目是定人定项目的固定跟踪观察,经过一学期的实践,教师们不但看到语文课堂沟通的一些主要的问题,熟悉了量表,积累了经验,而且在探索教师课堂沟通的有效性上,加速了教师从冷静观察走向理性思考,最后成为自觉行动的转化。

3. 客观记录结合主观判断

在对个案分析时,有的是精确的、客观的量化记录,比如行走路线分析、发言人数统计等;有的是模糊的、主观的整体判断分析,如教师的教学语言是否深入浅出,是否针对学生,是否善于鼓励学生自己解决问题等等。这样就避免了为观察而观察,催化了教师透过现象看本质的思考。

4. 虚实结合、行思并重

“思想是行动的先导,而行动则是思想的体现”,他们就是期望教师们能在具体的课堂教学行为和教学情境中得到真切的体验,从而促进教师的反思与自省,进而更新自身的教育教学理念,改进自己的教法,最终使自己的教学更有效,更高效。而他们的研训,正是在“行”与“思”之间,循环往复地进行,无疑起到了加油站的作用。

5. 团队合作,相互促进

语文课堂沟通问题的研究,主要目的就在于打破封闭,让教学走向开放,通过沟通观察量表这个载体为教师提供有效的反馈,促进课堂教学质量的提高,避免教师专业发展出现过早停滞的状态。因此改变单兵作战的传统,采用团队合作,的方式,是最有效的策略。

团队合作、虚实结合、行思并重、定人定项、相互促进,有效地促进了教师沟通能力的提升。

归纳:

(一)形成具有学校特色的职后培训的新载体

以培带训、培训结合、以训促培的“研训教一体化”教研成效在近几年的新课改中,更集中地体现出来,学校多次承担新课程的培训活动,为教师们提供学习、培训的最佳场所,也为全区新课程教学做了示范,受到区教育局、教研室、兄弟学校的一致肯定。

(二)形成有效训练教师的课堂沟通技能的“四阶段模式”

调研阶段——抽调教学骨干组成团队,研发观察量表,观察课堂,发现不足,归类整理,提炼本校关于课堂沟通的典型问题。

校本培训学习阶段——教师人手一份观察量表,集中学习,理解体会。

课堂实训阶段——人人上课,人人参与研究,集体讨论,剖析具体课堂问题,促使全体教师实现从观念到具体沟通能力的提升。

反馈总结阶段——定期集中校本培训,对一段时间的上课情况进行总结,从实践中提炼理性的东西。

(三)总结了五个校本职后培训的策略

策略一:针对本校问题编制量表

策略二:定人定项,跟踪观察。

策略三:客观记录结合主观判断。

策略四:虚实结合、行思并重。

策略五:团队合作,相互促进。

(四)参与校本培训教师的沟通能力得到了提升

1. 沟通意识加强了。进行以课堂沟通为主题的校本培训后,教师们普遍体会到上课时特别注意沟通方面的问题了。以下是一张对比表:

开展课堂沟通校本培训前	开展课堂沟通校本培训后
86.7%的教师没有注意到自己的课堂沟通问题	100%的教师知道了自己的课堂沟通问题
9.6%的教师注意到了自己的课堂沟通问题,但觉得不是什么问题,无所谓。	100%的教师意识到了课堂沟通问题是现代教学中必须要解决的问题。
3.7%的教师注意到了自己的课堂沟通问题,也尝试解决,但苦于没有办法。	100%的教师学到了一些课堂沟通技能技巧。

2. 教师教学行为有所改变。进行以课堂沟通为主题的校本培训后,他们选取了三堂家常课,课后立即请学生进行评价。结果如下:

关于教师课堂沟通问题调查统计结果

调查对象:朝晖实验小学六年级 3 个班级 163 人 调查时间:2012 年 10 月 16 日

问题序号	内　容	统计结果	
		以前能做到的	现在能做到的
1	听你(指学生)说话时,教师目光专注,面带微笑,亲切自然	47.7%	100%
2	教师平时走动路线是否能照顾到全体学生	55%	100%
3	教师平时上课能否正确理解你的意思	82.1%	98.8%
4	教师平时上课能否坦率承认自己的无知与错误	53.4%	100%
5	教师平时上课的语言能否做到深入浅出,让小学生容易理解	77.9%	96.8%
6	教师平时上课批评我语言表述清晰具体,有理有据	63%	93%
7	教师平时上课纠偏、纠错时采用鼓励与批评相结合方法	45%	93.2%
8	教师平时上课交代学习要求简明扼要,不拖沓,不复杂,很好理解	87%	99.1%
9	教师平时上课鼓励学生自己解决问题(即鼓励学生自己补充、归纳……引发学生争辩等)	36.5%	100%

以上学生调查结果说明,教师在进行课堂沟通校本培训之后,在沟通的倾听、辨识、表达三个方面有所提高,培训取得一定成效。

3. 师生关系得到改善。教师有意识注意改进沟通方面问题,激发了学生听课的兴趣。由于教师有意识地注意沟通方式方法、注重过程的愉悦性,使教学在学生"想学""愿学""乐学"的心理基础上展开,从而改善了师生关系。

4. 学校教育教学质量得到提高。学校教师中有中学高级教师5人,小学高级教师44人,市学科带头人5人,市、区教坛新秀39人,下城区梯级名师46人。他们恪尽职守,不懈进取,成果丰硕:在开展课题研究的两年来,教师所获区级及以上综合荣誉三十余项,撰写的论文获国家级奖 13 项,省级 7 项,市级 27 项,区级 53 项,发表文章 70 余篇。教学案例、设计获得区级以上奖励达 98 人次。通过研究与实践,教师教学方式有了明显的转变,由此学校整体的教学理念、师生关系、教与学的方式、教学评价等逐步经历一系列的嬗变,正是全方位的关注使得每位学生都能平等而充分地参与各种教育教学活动,共享各种教育教学资源,成为课堂真正的主体。朝实的课堂呈现“师生生命互动、教学滋养生成、个体优化灵活、差异相互充盈”的景象。

教师和学生教与学的行为也发生同步变化,师生共同追求个性化课堂的目标。初步形成教学互动充分的、教学目标达成度高的,有利于提升学生学习态度、学习热情、学习品格,有利于学生人格健康成长等以生为本的课堂。学校以教师职后校本培训为切入点来推进课堂的变革。打造以学生发展为中心、以小组合作学习为主要方式,最终实现学生自主成长的个性课堂。每位教师撰写教学小课题,寻找不同学科不同年段学生的“问题”及解决策略。形成如语文《师生课堂沟通主要问题及改进对策》、数学《“学案导学”的实践探索》、科学《以错例分析,研究学生的起点》等 52 项草根课题,在改变教学方式、重组教学内容、重构教育价值等方面做了实践探索。关注学生的发展,把教转化为学。使课堂真正成为学生的课堂,采用“先自主学习再小组合作”、“情境体验”、“游戏感悟”等教学方式,让学生掌握课堂话语权,形成各具特点、生动活泼的个性课堂。他们相信只要他们始终以积极的心态面对,不时地探索教师校本研训教一体化的新思路,那么他们就会谱写出更加优美的新乐章。

第四章

评　价

根据《浙江省中学教师专业发展培训若干规定(试行)》,每位教师五年内必须获得培训学分360分。校本培训采用学分制管理,结合教师平时的学习笔记、听课评课记录、公开课教案、讲稿、课件制作、学习体会、教学反思、案例分析、课题研究、撰写论文、获奖证书等材料和教师参加培训的考勤情况,作为教师考核并获得校本培训学分的重要依据。

根据校本培训的发展理念,评价旨在教师专业发展的校本培训效果。校本培训评价也由学术研究的鉴定转入行政督导评估,纳入到教师继续教育管理之中。目前,学校校本培训评价体系主要有:(1)自我模糊评价:教师个体进行模糊评价,粗略估计自身通过培训达到(或提高到)什么程度。(2)定性定量评价:学校按照培训院校与继续教育中心下达的学分登记方案,根据教师个人申报,学校记录考核,通过定性分析和定量统计折合每个教师校本培训的学分。远期高层评价:把教师校本培训的效果在许多的社会评价标准中反映出来,如星级教师制、评选师德标兵、十杰教师、教师职务晋升都不同程度地与继续教育(校本培训)硬挂钩。此类校本培训评价体系突出对教师培训的刚性考核,在实践操作中,教师不尽满意。我们认为,校本培训评价要突出发展性、科学性和引导性的原则,做到评价人本化、评价制度化、评价多元化、评价科学化。因此,要实施校本培训评价策略,主要是:人本评价、制度评价、多元评价和科学评价。

第一节　评价1
绩效性评价

1. 人本评价

年度校本培训计划中,教师可以自己制定培训计划和培训目标,年度结束时,教师自己的培训计划和培训目标是根据教师自我学习和自我发展的需要而定的，是教师自我学习和自我发展的意识，学校应当尊重教师自我学习和自我发展的权利。

2. 制度评价

学校建立校本培训教师评价、检测与考核系统，加强校本培训评价与考核制度（最好是学校教职工代表大会通过），评价、检测和考核教师校本培训质量与实效。学校可以根据校本培训评价与考核制度，记录教师校本培训考核情况，通过定性分析和定量统计折合为每个教师校本培训的学分，并与星级教师制、评选师德标兵、十佳教师、教师职务晋升等不同程度地挂钩。

3. 多元评价

学校还采取多种方式、手段评价，如评价和考核教师培训实效，可采取教师个人自评、小组互评、学校评价、社区评价和教育实效评价、教学效果评价、科研成果评价等，做到校本培训评价多元化。

青春中学校本学分评定的具体项目和方法

<table>
<tr><th>项目</th><th>学分</th><th>自评</th><th>考评</th><th>认定部门</th></tr>
<tr><td>师德师风学习</td><td>参加学校组织的政治思想、形势政策、教育法规、职业道德等学习活动，全程参加并有记录的得 5 个学分，每少一次扣 1 学分</td><td></td><td></td><td>校办公室
校长室</td></tr>
<tr><td>听课（有记载）</td><td>1 课时 1 学分，每学期不少于 10 学分，最高认定 15 学分（师徒听课除外，抄袭者取消该项目的分数）</td><td></td><td></td><td rowspan="4">教研组长
教导处
教科室
校长室</td></tr>
<tr><td>教研组、备课组专题备课主讲</td><td>每次 3 分</td><td></td><td></td></tr>
<tr><td>教研活动（含评课、说课，有记载）</td><td>每次活动均按时参加得 2 学分，每少 1 次扣 1 学分</td><td></td><td></td></tr>
<tr><td>教学反思、案例研究</td><td>每学期 1 个以上教学反思、1 个以上案例研究得 4 学分，每少 1 项扣 1 学分</td><td></td><td></td></tr>
<tr><td>优质课、课件获奖</td><td>校级 1 学分，区级 2 学分，市级 3 学分，省级 4 学分</td><td></td><td></td><td>教科室
校长室</td></tr>
<tr><td>承担对外上课，开设公开课，有教案（或课件）</td><td>校级 2 学分，区级 3 学分，市级 4 学分，省级 5 学分</td><td></td><td></td><td>教研组长
教导处
校长室</td></tr>
</table>

续表

<table>
<tr><th>项目</th><th colspan="3">学分</th><th>自评</th><th>考评</th><th>认定部门</th></tr>
<tr><td>辅导学生获奖，有获奖证书，或辅导学生习作发表</td><td colspan="3">校级1学分，区级2学分，市级3学分，省级4学分</td><td></td><td></td><td>教研组长
教科室</td></tr>
<tr><td>负责学生兴趣小组、学生社团、开设讲座、论坛等(有记录)</td><td colspan="3">2学分</td><td></td><td></td><td>教研组长
教导处
校长室</td></tr>
<tr><td>承担指导班主任或学科教师工作</td><td colspan="3">3学分</td><td></td><td></td><td>学生处
教导处
校长室</td></tr>
<tr><td>教育教学资料精选、摘编，提供材料</td><td colspan="3">1-3学分</td><td></td><td></td><td rowspan="2">教研组长
教导处
校长室</td></tr>
<tr><td>每学期上交教学设计1个</td><td colspan="3">1学分</td><td></td><td></td></tr>
<tr><td>每学期至少读一本教育教学理论专著，有相应的读书笔记</td><td colspan="3">1-2学分</td><td></td><td></td><td>校办公室
校长室</td></tr>
<tr><td>每学年至少撰写1篇教学论文参加评比</td><td colspan="3">1学分</td><td></td><td></td><td>教科室
校长室</td></tr>
<tr><td>申报和承担课题研究</td><td colspan="3">校级2学分，区级3学分，市级4学分，省级5学分(课题负责人加倍)</td><td></td><td></td><td>教科室
校长室</td></tr>
<tr><td rowspan="9">教育教学论文获奖，以证书为据(指教育行政部门组织，其他部门组织减半计算，发表论文按一等奖分值加倍计算)</td><td rowspan="3">区</td><td>一等奖</td><td>4学分</td><td></td><td></td><td rowspan="9">教科室
校长室</td></tr>
<tr><td>二等奖</td><td>3学分</td><td></td><td></td></tr>
<tr><td>三等奖</td><td>2学分</td><td></td><td></td></tr>
<tr><td rowspan="3">市</td><td>一等奖</td><td>6学分</td><td></td><td></td></tr>
<tr><td>二等奖</td><td>4学分</td><td></td><td></td></tr>
<tr><td>三等奖</td><td>3学分</td><td></td><td></td></tr>
<tr><td rowspan="3">省</td><td>一等奖</td><td>8学分</td><td></td><td></td></tr>
<tr><td>二等奖</td><td>6学分</td><td></td><td></td></tr>
<tr><td>三等奖</td><td>4学分</td><td></td><td></td></tr>
</table>

续表

项目	级别	奖项	学分	自评	考评	认定部门
师生通讯稿件发表	区级每篇1学分,市、省级加倍					校办公室
课题研究成果获奖或发表(指负责人、执笔人)	区	一等奖	5学分			教科室校长室
		二等奖	4学分			
		三等奖	3学分			
	市	一等奖	8学分			
		二等奖	6学分			
		三等奖	4学分			
	省	一等奖	10学分			
		二等奖	8学分			
		三等奖	6学分			

注:同一篇论文以最高奖项记分,不重复累计。

朝晖中学教育教学成果及专业成长奖励办法

根据《国家中长期教育改革和发展规划纲要》和下城区人才强教战略对于教师提出的新要求,为鼓励教师以提升教学质量为核心,以教学改革为抓手,以专业成长为推动力,努力造就一支师德高尚、业务精湛、敬业乐群、教有特色、充满活力的教师队伍。特制定朝晖中学教育教学及专业成长奖励办法,以鼓励教师静心教书,潜心育人,在提高教育教学质量、提高自身专业化水平、指导学生参加各类活动中取得更多的成绩。

一、专项贡献奖

奖励项目	中考质量奖	学期教学质量奖	综合活动奖	全员德育奖
奖励内容	以2012年中考成绩为起点，在年级上线率、保送录取率、班级上线人数、高分人数、学科成绩、班级管理等方面取得成绩，分别奖励在初三任教的年级团队、学科团队、班级团队以及教师个人。	以2012年中考成绩为起点，在年级上线率、保送录取率、班级上线人数、高分人数、学科成绩、班级管理等方面取得成绩，分别奖励在初三任教的年级团队、学科团队、班级团队以及教师个人。	在区中学生田径运动会获得团体总分第三名及以上，在杭州市三大球比赛中获得团体第二名及以上，在杭州市中学生田径运动会、艺术节、科技节中获得中考加分的奖项，奖励指导团队或指导教师。	在班主任、德育教师、德育巡视岗位（含值周）等工作中表现优秀，被大家公认。奖励相关教职员工。
奖励办法	以专项奖励经费予以一次性奖励。			

二、积分贡献奖

项目	一类	二类	三类
1. 科研成果	科研成果或基教成果获市级三等奖以上；或学科论文被评为市中、幼论文二等奖以上；或省级各学会、市级（教研室）年会论文二等奖以上；或教育教学研究论文在省级及以上期刊上发表。	科研成果或基教成果获区级三等奖以上；或学科论文被评为区中、幼论文二等奖以上；或省级各学会、市级（教研室）年会论文三等奖以上；或教育教学研究论文在市级内部刊物、正式报纸上发表的。	科研成果或基教成果获校级及以上获奖；或论文区三等奖以上；或有文章等在区教育局刊物《跨越》、《成长》上刊登的；或撰写的反映学校教育教学的文章在正式报刊发表的。
2. 业务获奖	参加由市级及以上教育行政部门、教研室组织的优质课评比、教学设计、说课、教学案例评比、课件制作等教学技能、业务的比赛获市级二等奖以上。	参加由区级及以上教育行政部门、教研室组织的优质课评比、教学设计、教学案例评比、说课、课件制作等教学技能、业务的比赛获区级二等奖以上。	参加由教育行政部门、教研室组织的优质课评比、教学设计、教学案例评比、说课、课件制作等教学技能、业务的比赛获区级三等奖以上。

续表

项目	一类	二类	三类
3. 指导学生	指导学生参加市级及以上教育部门认可的学科、科技、艺术、体育类竞赛获市级二等奖以上;(体育市级单项前6名或二等奖;艺术集体项目获市级三等奖以上,单项市级获奖);或参加教育部门组织的读书征文等获省三等奖及以上承担主要指导任务的教师。	指导学生参加区级及以上教育部门认可的学科、科技、艺术、体育类竞赛获区级二等奖以上(体育区级单项前2名或一等奖、三大球区前3名;艺术集体项目、单项获区级二等奖以上);或参加教育部门组织的读书征文等获区二等奖及以上承担主要指导任务的教师。	学生参加学科、科技类、艺术、体育类竞赛,获区级三等奖以上(集体项目或单项获奖);或参加教育部门组织的读书征文获区优秀奖及以上的承担主要指导任务的教师。
4. 德育工作	班集体获市级及以上先进或个人评为市级优秀班主任。	班集体获区级先进或个人评为区级优秀班主任。	班集体获校级先进或个人评为校级优秀班主任
5. 教研工作	在市级及以上观摩课中承担任务;或在市级及以上的教研活动、备课活动中作专题讲座。	在区级观摩课中承担任务;或承担外校教师的来校观摩课教学;或在区级以上的教研活动、备课活动中作专题讲座。	在校级学术讲堂、教师培训活动中作主讲发言;或承担校内的观摩课、研究课教学(调研课除外);或在学校命题试卷、教学案例、课例分析等业务评比中获奖。
奖励办法	根据累计积分,获得一学年的月度奖励以及学历进修学费奖励。 积分办法:选取一学年中在"科研成果、业务获奖、指导学生、德育工作、教研工作"五个项目中获得奖级最高的一项内容进行记分。 一类每项目记5分,二类每项目记3分,三类每项目记1分,每学年统计总分,各项目以最高奖级为准,不重复记分。 1. 总分在8分以上按月度奖励(分设一等奖、二等奖) 月度奖励(已享受梯级教师津贴的该奖励减半发放,教学工作量不满的该奖励减半发放) 一等奖每月200元(达标要求:总分在12分以上) 二等奖每月100元(达标要求:总分在8分以上) 2. 总分在7分以下按总分奖励 总分奖励(已享受梯级教师津贴的该奖励减半发放,教学工作量不满的该奖励减半发放) 总分1分:100元 总分2分:200元 总分3分:300元 总分4分:400元 总分5分:500元 总分6分:600元 总分7分:700元 3. 学费奖励 在硕士学历进修期间获积分贡献奖一等奖的,奖励报销学费的80%(不超过10000元)。		

续表

项目	一类	二类	三类
奖励办法	在硕士学历进修期间获积分贡献奖二等奖的,奖励报销学费的 60 %(不超过 6000 元)。 在硕士学历进修期间获得过专项贡献奖个人奖的,奖励报销学费的 30%(不超过 3000 元)。		

三、特殊贡献奖

奖励项目	在满工作量前提下,有以下情况之一的,在梯级教师评选中可以直接推荐为一星级教师	在满工作量前提下,有以下情况之一的,在梯级教师评选中可以直接推荐为二星级教师
奖励内容	①评选近 5 年内,已连续承担班主任 5 年。 ②评选近 5 年内,男年龄超过 55 周岁、女超过 50 周岁已连续承担班主任 3 年。 ③评选近 3 年内,期末抽测有 100% 及达到文三理五奖励要求。 ④评选近 3 年内,有两次获得积分贡献奖的。	①评选近 10 年内,已连续承担班主任 8 年。 ②评选近 5 年内,男年龄超过 55 周岁、女超过 50 周岁已连续承担班主任 5 年。
奖励办法	以直接推荐方法予以奖励。	

第二节　评价 2
星级性评价

2012 年,学校制定了三年整体发展规划,在教育科研工作上提出从新九年一贯制的视角完善和优化教科研机制,逐步形成的校本研修主题化,使校本研修成了学校内涵发展的重要载体。完善了《胜蓝实验学校课题管理规则》《胜蓝实验学校教师校本研修学分管理实施细则》《教研组工作管理制度》《校学术委员会工作制度》《教学常规制度》等制度，将学校教育科研组织的发展、教师的专业成长纳入有序的轨道。

1. 多层次的教师专业发展目标系统

“胜蓝教学月”是我校传统的教科研评比活动，每年下半年举行。结合每学年的“胜蓝教学月”活动，我们修订了胜蓝星级教师评比考核方案，将评比活动过程化，建构了多层次的教师专业发展目标系统，将教师按教龄和资历分为六个层次，对每个层次的教师在教学、科研、培训上都有明确的目标指向，确立以教学研合一教师工作方式为核心的目标系统。每年对学校教师进行星级认定和审核。

【案例】胜蓝各星级教师申报资格

“胜蓝新星”(一星级教师)基本条件：教龄在3年之内的(含3年)；

(1)以学校大局为重，服从学校安排。

(2)能正常转正定级。中学教师须具备本科毕业及以上学历，小学教师具备大专及以上学历；

(3)积极探索符合教育规律的教学方法，能按学校要求完成教学任务。

且工作以来，至少符合以下条件之一：①有校级及以上公开课；②有校级及以上交流；③辅导学生参加校级及以上各类竞赛获奖。

(4)积极主动参与教育教学研究活动，掌握教育科研基本方法。参与校级及以上各类课题研究，且工作以来至少符合以下条件之一：①认真完成每学期的案例或读书感或每年一篇论文等；②在校级教学论文、课件、案例评比中获三等奖及以上。

“胜蓝之星”(二星级教师)基本条件：教龄在3年以上或已被评上“胜蓝新星”的教师；

(1)以学校大局为重，服从学校安排。

(2)具有二级教师及以上职称。中学教师须具备本科毕业及以上学历，小学教师具备大专及以上学历；

(3)教学基本功比较扎实，能认真钻研教材教法。教学方法符合教育规律，能按学校要求完成教学任务，教学业务能力较强，班级管理及课堂教学效果显著

且近三年来，至少符合以下条件之一：①有校级及以上公开课；②有校级及以上专题讲座；③辅导学生参加校级及以上各类竞赛获奖。

(4)参与教育教学研究活动，掌握教育科研基本方法。参与校级及以上各类

课题研究,且近三年来,至少符合以下条件之一:①认真完成校科研室布置的作业;②在《引航》上发表过文章;③在校级教学论文、课件、案例评比中获二等奖及以上。

"胜蓝之秀"(三星级教师)基本条件:教龄在7年以上或已被评上"胜蓝之星"、区一星级的教师。

(1)以学校大局为重,服从学校安排。

(2)中学教师须具备本科毕业及以上学历,小学教师具备大专及以上学历;

(3)教学基本功比较扎实,基本掌握教育教学基本规律,熟悉教材教法,班级管理和课堂教学效果良好。教育教学实际工作业绩居学校中上水平(所任教学科成绩平均分或者增量高于校年级平均水平)。且近三年来,至少符合以下条件之一:①有校级及以上公开课;②有校级及以上专题讲座;③辅导学生参加校级及以上各类竞赛获奖。

(4)主动参与教育教学研究活动,掌握教育科研基本方法。参与校级及以上各类课题研究,且近三年来至少符合以下条件之一:①有论文发表;②在区级教科研成果评比中获三等奖及以上;③在区级教学论文、课件、案例评比中获三等奖及以上。

"胜蓝之光"(四星级):教龄在12年以上或已被评上"区教坛新秀""区二星教师""校胜蓝之秀"的教师。

(1)以学校大局为重,服从学校安排。

(2)中学教师具备本科毕业及以上学历,小学教师具备大专及以上学历。

(3)教育教学基本功扎实,教育思想端正,较好地掌握教育教学规律,有较强业务能力,教育教学水平高,教育教学效果好,在本区有一定的知名度。教育教学实际工作业绩居区级或同类区域同行前列(所任教学科成绩平均分或增量高于区平均水平)。

且近三年来,至少符合以下条件之一:①有区级及以上公开课;②有区级及以上专题讲座;③辅导学生参加区级及以上竞赛获奖。

(4)积极主动地参与教育教学研究活动,教改实验取得较好成果。有参与区级及以上课题研究经历。且近五年来,至少符合以下条件之一:①有论文在区级及以上刊物发表;

②在区级教科研成果评比中获三等奖及以上;③在区级教学论文评比中获三等奖及以上;④在市级课件、案例论文等单项评比中获三等奖及以上。

“胜蓝名家”(五星级教师)基本条件:教龄在15年以上或已被评上“市教坛新秀”、“区二三星教师”、“胜蓝之光”的教师。

(1)为学校的发展献计献策,对学校有重大贡献的。

(2)中学教师具备本科毕业及以上学历,小学教师具备大专及以上学历。中学教师具有中学高级教师职称,小学、幼儿园教师具有小学高级教师及以上职称。

(3)具有坚实的教育理论素养和学科专业知识,先进的教育思想和教育理念,有较丰富的教育教学经验和专长,教书育人成绩突出,在市、区有较高知名度。具有良好的合作精神与工作态度,教育教学或教育管理实际工作业绩居同类区域同行前列(所任教学科成绩平均分或增量在区级教学质量抽测中位居前列)。且近三年来,至少符合以下条件之一:

①有区级及以上公开课;②有区级及以上专题讲座或交流;③承担带徒任务,所辅导的教师教学获区级及以上奖项;④辅导学生参加区级及以上学科竞赛获奖。

(4)具有较强的教育教学研究能力,在教育教学改革和研究方面做出突出成绩。有主持或参与市级及以上课题的研究经历。且近五年来,至少符合以下条件之一:①有两篇(项)以上教育教学论文(著)在市级及以上正式刊物(或省级及以上有准字号内刊)公开发表(出版);②主持或参与的课题在市级教科研成果评比中获三等奖及以上;③在市级教学论文评比中获三等奖及以上;④在市级课件、案例、论文等单项评比中获一等奖或省三等奖及以上,并用以指导教育教学实践,取得较好成效。

“胜蓝功臣”(六星级教师)基本条件:教龄在20年以上或已被评上“市教坛新秀”“区三星教师”。

(1)为学校的发展献计献策,对学校有重大贡献的。

(2)具备本科毕业及以上学历,具有小高以及中学高级教师职称。

(3)具有系统、扎实的教育理论素养和学科专业知识,具有先进的教育思想和教育理念,教育教学或教育管理经验丰富,并着力推进素质教育,为同行所公认,在省内教育界有较高知名度。具有良好的合作精神与工作态度,教育教学或教育管理实际工作业绩居市级或同类区域同行前列(所任教学科成绩平均分或增量在区级教学质量抽测中位居前列)。且近三年来,至少符合以下条件之一:

①有市级及以上示范课;②有市级及以上专题讲座或交流;③在培养和提高年轻教师的业务水平和教育教学能力方面贡献突出,培养指导教师参加市级及以上教学评比获二等奖及以上。④辅导学生参加市级及以各类竞赛获奖。

(4)具有较强的教育科研能力和学术素养,在市、区范围内有效地发挥了学科带头人作用。有主持或参与省级及以上立项课题研究的经历。且近五年来,至少符合以下条件之一:

①有两篇(含)以上教育论文(或专著)在省级及以上正式刊物公开发表(出版);②在市级教科研成果评比中获二等奖及以上;③在市级教学论文评比中获二等奖及以上;

④在课件、案例、论文等单项评比中获省级一等奖或全国三等奖及以上,并用以指导教育教学实践,取得较大成效。

2. 教师校本研修学分管理制度实施细则

针对校本研修中对教师评价存在的不足,为唤起教师主动成长的愿望,充分享受研究和学习中的快乐和"回报",我们制定教师专业发展学分制管理细则。积分制度关注教师成长进步过程,尊重教师的个体差异,促进教师有效的自我评价,强调对教师能力诊断分析和反馈沟通。把学习研修内容分为上级规定的必修项目和教师自主选修项目,每学年教师学分应达到基础分 24 分。教学处确定学分时会根据教师的专业基础、学习内容的质量有所不同。每年年末进行考评,评选最佳成长教师。

【案例】胜蓝实验学校教师校本研修学分管理实施细则

(一)指导思想

1."只要我比过去做得好"。让每位教师都享受工作成功的喜悦,都能以"我一直在进步"、"我比上学期做得更好"、"我在和孩子一同成长"的专业成长为目标,引领教师走草根研究的幸福之路。

2."我的专业我做主"。促进每位教师都能对自己的专业发展负责,将专业成长看作是自身发展的迫切需求,成为自我专业的设计者、管理者、促进者,从而最终实现孩子更优秀、自己更优秀、学校更优秀的多赢局面。

3."团队交流共发展"。促进教师间的合作交流,促进资源共享,展示教师团队成长。

(二)具体内容

1. 基础要求(24 分)考核记录:教研组长、教学处

(1)认真参加校级及以上的教研活动。不无故缺席,不迟到、早退。积极参与教育教学研讨活动。

(2)上一节有主题的研究课。以教研组推荐与个人申请相结合的形式,每人每学年至少上一节有研究主题的公开课,由教研组组织议课。

(3)撰写一篇论文。每位教师每学年至少撰写一篇教育教学论文。

(4)撰写两篇案例。每位教师每学期根据科研室制定的主题至少撰写一篇教学案例(课堂诊断报告),参与学校及上级教研部门的评比。

2. 特色要求　考核记录:教师个人、教研组长、教学处

教研组及教师个人根据实际情况向教学处科研室确定特色发展项目,视具体情况加学分,计入学年评比。

项目	积分细则
自主学习	每读一本教育教学相关书籍且有读书笔记(2 分) 被推荐(校刊发表、推荐到上级刊物、参与上级部门评比)(4 分)
自我展示	开设校级及以上研究课、讲座(胜蓝大讲堂等)分别加 2、4 分
交流互动	在教研组内作观点报告,或团队展示中作观点报告(2 分)
写手风采	凡多撰写一篇案例、课例等并通过校园网平台交流。(2 分) 文章被学校推荐参加上级部门评比(2 分) 文章校级及以上获奖或发表(2、4 分)
科研实践	向科研室申报课题并立项(5 分)参与课题成果展示(如课堂展示、成果报告会、实践活动开放等)(3 分)

· 学分管理形式

研修活动的自我管理:教师通过自我分析、研讨咨询,明确现状及发展方向,找到自我发展的生长点,在学期初制定个人年度研修计划。教师选择研修项目后,报教学处审批备案(电子稿)后,然后按计划实施,教师可以随时为自己积累学习的材料和成果,学校每学期检查一次,按质和量给定学分。

研修活动的评比:除去学校规定的教师每学年的学分 24 分外,选修项目的分数按积分高低评出本年度"自主发展"综合奖。作为学校评优评先的依据。

基本流程：

学校提供选修菜单 → 教师制定年度研修计划 → 形成个人学分管理 → 学校检查考核奖惩

3. 学术委员会工作制度

学术委员会就好比是学校"民间"科研组织。学校的学术委员会会员一年一认定，主要职责是审议学校教科研和学术工作的规划；完成学校教育教学论文、成果、案例的审核评定与评奖，择优推荐区级及以上评比活动；学校教科研成果整理，编撰学校教科研交流材料《引航》等；是学校的智囊团。成为学术小组成员是学校对该教师专业能力的肯定，我们也在尝试更好的激励措施。

构建促进教师自主成长的评价制度，将评价活动与教师教学工作的现状诊断与改进结合起来，与教师教学能力的提升结合起来。教师评价融合在教师的研修过程中，成了促进教师专业发展的重要推力。

第三节　评价3
激励性评价

一、培训导向

为认真贯彻执行《浙江省中小学教师专业发展培训若干规定（试行）》和下城区教师人力资源专业化发展的相关文件精神和规划，打造一支全面落实轻负高质的高素质的教师队伍，以区域教育生态理论为指导，以推进教育均衡发展、秉持儿童情怀，尊重儿童立场，助力儿童成长；以教科研校本培训为依托，以领导班子和教师队伍建设为重点，以心悦德育校本课程研究与操作实践为培训大主题，以"大局－核心－激励"观为校本培训标准方向，以"特色－名师－质量"观为培训目标，以发掘人的潜能、弘扬人的主体精神、促进人的个性和谐发展为宗旨，以杭州东园新华两校校际间合作交流学习为项目导向，以开放教育集团为合作教学伙伴，锻造一支适用肯干、相对稳定的师资队伍，提高教育教学质量和学校的社会美誉度。

二、培训特色

本学期学校校本培训有三大亮点：以创学校品牌为每位教师的大局观，以每位师生的教学相长为核心观，以优化教师知识结构为前提的激励观。

1. 我是学校主人翁，我为创品牌学校出力

围绕学校大课题《心悦德育校本课程研究与操作实践》，摸索学校德育品牌特色，请专家讲座，教师参与互动，让每一位教师体现学校为我家，我是主人翁。

2. 基于老师学习的需求而制定培训内容

提高教师师德塑造学校高品质师风，区专家演讲团莅临指导，学校教师现场互动交流，分享教学感动事迹。撰写最美教师征文，学生是教学最重要的对象，学校请专家帮助老师们从全面的视角来了解学生，更好地分析学生，从而更有效地进行教育。

3. 比赛形式激发每一位教师的积极参与，从而人人有所得

教师风采大赛涵盖多项内容，不仅有教师基本功，还有新教材解读，教学设计，学生作业设计及批改等多方面内容，每位老师参与其中，以团队比赛，取长补短，扬长避短，人人有收获，最后以《关注学生学习方式，提高学生学习兴趣》校本培训进行现场及网络的同时互动，人人更新学生观，从而努力追求教学相长的最终目的。

三、培训内容

（一）培训计划表

培训特色内容	培训模块	课程（专题）名称	学时	培训教师	培训形式
学校品牌特色	专业理念	社会革新发展与学校品牌内涵建设	3	浙江大学教育学：邵兴江博士	讲座
名师培养	教师师德	教师师德师风学习	3	区师德师风演讲团成员	演讲
	专业知识	儿童行为问题背后的原因	3	开放教育集团总监：吕敏	讲座
教育教学质量	专业能力	教师风采大赛	3	沈洪等	体能，教学设计，简笔画，粉笔字，作文，演讲，说课，上课，备课教案，作业设计，作业批改等比赛

培训模块结合《中小学、幼儿园教师专业发展标准》三个维度:专业理念与师德、专业知识、专业能力(备注:新华校园大讲堂《每月一讲》、专家讲座等形式)。

(二)培训实施

1. 以大局观争创学校品牌

——学习“学校品牌特色”讲座发表创各项品牌看法

(1)培训日志

运行学习	(新华－东园)合作学习—校际互助—反思交流					
活动平台	现场讲座,互动交流,校际探讨					
培训课程名	《社会革新发展与学校品牌内涵建设》					
授课教师	邵兴江		授课地点	东园小学多媒体		
应到课人数	40		实际到课人数	40		
请假原因(人)	病假	无	事假	无		
讲座简介 专家讲座 讲座总结	东园小学科研主任蒋相和老师 1. 碾平世界的十大动力 2. 大趋势中的两个核心问题 3. 变迁中的中观世界 4. 学校品牌建设 东园小学科研主任蒋相和老师					
课堂记录	一、以文化为中心 (一)为什么要谋划学校品牌 (二)什么是学校品牌 (三)个人观点 (四)建设路径 (五)科学合理的品牌途径 老师们听课认真,修炼手册记录听讲座笔记并写心得体会					
课堂效果	好	好	一般		差	
学员评价	非常满意	非常满意	满意			
	一般		不满意			

续表

改进建议	国际角度看教育，高平台谈学校发展，现场缺乏互动，希望专家能针对性学校的品牌提发展建议
培训现场	 
培训小结	8 月 29 日上午，浙江大学邵兴江博士为新华小学教师上了一堂题为“社会革新发展与学校品牌内涵建设”的大课，使教师有机会跳出教育看教育。 邵兴江博士从社会革新发展和当代学校品牌内涵建设两个方面展开，从宏观、中观和微观三个不同的角度向他们诠释了在现在这个知识经济时代，教育越来越注重学生学习能力和创新意识的培养，并提出了“智慧改变命运”的新观念。在学校品牌建设的问题上，邵兴江老师从多个方面讲述了如何建设学校品牌，提出了未来学校品牌的结构，为学校发展提供了方向和建议。整个讲座紧紧围绕这两个方面，指出了当代教育可能存在的问题和作为老师将要面临的问题，发人深省。 通过听课，广大教师进一步意识到：在这个挑战与机遇并存的时代，作为一名老师，必定要努力学会化挑战为机遇，视机遇为挑战，立足当前，着眼长远，积极推进崭新的教育
培训考核	以年级组为单位，发表“班级品牌，学校品牌，学科特色品牌”看法。各抒己见，发表切实、务实、朴实的见解

(2)培训效果

①改进措施

为达成创办“精品小学”的目标,学校以“心悦童年,幸福奠基”为理念,逐步改善外部环境,致力内涵发展,创设高品质的育人氛围,形成鲜明办学特色。

a. 逐步建设“有格调、高品位”的校园环境。

b. 制定适合本校学生的综合素质培养标准,期望经历六年的学习,新华学子成为一名合格的小学毕业生,为“完整的生命体”打下基础,为获得幸福人生奠基。

c. 寻求构建适合学生整体、多元发展的课程体系。

②活动成效

a. 学校以“有格调、高品位”的校园环境建设为目标,美化校园大环境,改造各个专用教室及师生阅览室、演播室。各室负责老师根据学科特质和各室功能精心装点,使硬件、软件均有品位。以温馨和谐为核心,加强班级文化建设,包括温馨、舒适的硬环境(班级布置)建设以及温馨、和谐的软环境(师生关系、班级文化等)建设。重点在于以班级公约建设为载体,研究制定公约、践行公约的激励机制,提升班级的精气神,为学生心理和人格的健康成长、教师生涯的发展创造一个和谐氛围,使教室、校园成为师生共同成长的精神家园。

b. 制定并实施适合本校学生的综合素质培养标准:有一副健康优美的体魄和一个积极健康的心态。有良好的个人习惯(坐、立、行、视、听、思、礼节等)。有较强的自理能力(穿衣、洗漱、整理、理财、计划、守时等)。有一定的文学底蕴(课外自主阅读总量150万字以上,熟读能背唐诗宋词300首,背诵《弟子规》、《千字文》及论语片段)。

有坚实的个人基本功(一手漂亮的字、一口流利的普通话、一副好的口才、一门以上艺术特长、一项体育爱好、一套计算机操作技能、一口简单的英语日常用语)。有较丰富的社会实践经验(基本走遍杭州二课堂场馆,接受一次青少年空间站技能训练,参加一次生存夏令营训练,参与校级及以上文化艺术、科技、体育等活动有不错的表现,每年有一个自己创造的劳技作品、音乐作品或小发明作品等)。通过“晨诵、旦炼、午书、暮思、夜读”以及“一讲堂、两节日、三仪式、四活动”体系,围绕教育中心,根据教育目标,发挥各种途径的独特作用,主动地互相配合、支持,有机结合,建设一套自然的、和谐的、美好的最适宜学生成长的德育校本课程系统。

c.“新华”孩子的特质在慢慢形成,琴、棋、诗、球正逐渐成为校园特色。从下学期开始,除现在的三、五年级学生以外,其余四个年级的学生都将享受到优质的口琴教学,让半音阶口琴成为孩子们口袋里的钢琴。象棋已经进入一、二年级课堂,下学期将更加注重挖掘象棋文化,注重培养象棋选手。他们的经典“晨诵”开启了新华学子一天的黎明。小学六年,不仅是300首唐诗、宋词、元曲等经典篇目被学生反复吟诵,《弟子规》《千字文》等古代蒙学、《论语》等被精选的四书五经也会被孩子们了然于胸。他们的一套三册《新华心悦诵读校本教材》正在被孩子们使用,“经典诵读会”“我爱经典”读书节、“寻访经典”等三项实践活动正在实施成熟中。一学期一次的经典诵读考核被纳入到对孩子成长的评价体系中。学校形成“诵经典、养诗心”的良好氛围,孩子们更为规范地诵读、品悟经典诗文,并且在此基础上进行创作。本学期,二至六年级学生参加了市教育局、市青少年活动中心组织的儿童诗创作大赛,上百首儿童诗被孩子们创作,最终成绩没有出来,但已经有不少诗歌被录入浙江省的《诗生》杂志。读诗使人灵秀。本学期,浙江赛博足球俱乐部帮他们学校引入足球课程,三至五年级学生每周都能享受到一节地道的足球课。四、六年级学生也还享受到篮球教学。当前,已经组建了篮球与足球两支球队。

③反思问题

“琴、棋、诗、球”四个项目的建设还需要不断完善,有序推进,真正融入学校文化中,形成鲜明的办学特色。

2. 以核心观锻造师资队伍

——加大名优教师培养,促进教师整体提升。

(1)培训日志

<table>
<tr><td>运行方式</td><td colspan="3">全区联动——专业引领——滚动发展——反思提升</td></tr>
<tr><td rowspan="2">活动平台</td><td colspan="3">现场讲座,互动碰撞,校际联动交流</td></tr>
<tr><td colspan="3">师德师风,教育儿童心理学等</td></tr>
<tr><td>培训课程名</td><td colspan="3">《儿童行为问题背后的原因》《教师师德师风学习》</td></tr>
<tr><td>授课教师</td><td>吕敏、区师德师风宣讲团</td><td>授课地点</td><td>新华小学会议室</td></tr>
</table>

续表

<table>
<tr><td>应到课人数</td><td colspan="2">40</td><td>实际到课人数</td><td>38</td></tr>
<tr><td>请假原因(人)</td><td>病假</td><td>叶伟伟怀孕病假,周佳产假</td><td>事假</td><td>无</td></tr>
<tr><td>课堂记录</td><td colspan="4">《儿童行为问题背后的原因》
一、影响孩子学习能力的主要因素
1. 寻找生理原因
2. 影响因素
注意力缺陷;学习障碍;阅读障碍;书写障碍;感统失调表现
3. 接受信息渠道
各种活动帮助:舒尔特方格游戏,数字划消,找不同,听觉游戏
《教师师德师风学习》
区教育局“师德师风宣讲团”暑期师德培训巡回宣讲活动举行了“新华故事会”,共同分享“有一种细节见师德;有一种感动叫师德”。
故事会前半场由我区优秀班主任青蓝小学的周莉萍老师和青蓝青华实验小学的刘碎英老师结合教育局推行的师德、师风“十项戒律”讲述了自己在日常教育教学中的小故事。
在随后的校本故事会上,新华老师再次分享了发生在校园内无数个感动的瞬间:有的教师身怀六甲仍勤勉耕耘于岗位;有的教师竭尽所能钻研教材、精心施教;有的教师智慧教学、勇于探索;有的教师把爱心洒给学生,用完美人格影响学生。</td></tr>
<tr><td>培训现场</td><td colspan="4">
</td></tr>
</table>

续表

<table>
<tr><td>课堂效果</td><td>好</td><td>好</td><td>一般</td><td></td><td>差</td><td></td></tr>
<tr><td rowspan="2">学员评价</td><td>非常
满意</td><td>非常满意</td><td>满意</td><td colspan="3"></td></tr>
<tr><td>一般</td><td></td><td>不满意</td><td colspan="3"></td></tr>
<tr><td>改进建议</td><td colspan="6">针对学校常规代理家长手册,深入学习后进行个案学习及实践。</td></tr>
<tr><td>培训小结</td><td colspan="6">教育三观,让孩子们微笑学习
只有真正了解学生,分析学生问题,才能真正让教育起到作用。
(一)教育需要等待。了解更多孩子的世界,了解他们不为人知的一面,关心爱护,让教育感动感化幼小心灵。
(二)教育需要坚持。教师只有不断革新自己的教学方法,才能让孩子们不断地提高兴趣及激发兴趣,教师因孩子的需要而设计教学,教师因学生的不同而采用不同的方式方法,只有坚持,才能让教育真正走进孩子的世界,影响孩子的成长,从而促进孩子的成长。
(三)教育改变未来。不管孩子是因为注意力障碍,还是学习、阅读、书写、感统失调等障碍,只有真正体谅并理解帮助孩子,才能让一个个宝贝们在未来的世界里微笑。
发现细节　珍视感动　纯粹师风
2014 年 8 月 28 日下午,新华小学结合区教育局“师德师风宣讲团”暑期师德培训巡回宣讲活动举行了“新华故事会”,共同分享“有一种细节叫师德;有一种感动叫师德”。
故事会前半场由我区优秀班主任青蓝小学的周莉萍老师和青蓝青华实验小学的刘碎英老师结合教育局推行的师德、师风“十项戒律”讲述了自己在日常教育教学中的小故事。新华教师被深深打动,深刻体会到班主任“因为爱,所以幸福”的甜蜜,“因为立足班级,所以绽放精神之花”的智慧。
在随后的校本故事会上,新华老师再次分享了发生在校园内无数个感动的瞬间:有的教师身怀六甲仍勤勉耕耘于岗位;有的教师竭尽所能钻研教材、精心施教;有的教师智慧教学、勇于探索;有的教师把爱心洒给学生,用完美人格影响学生。正是这一点一滴积聚起来的力量,才使校园风清气正。
新华故事会充满正能量,它传递着职业之乐、师德之美,为新学期扬帆启程助力。</td></tr>
<tr><td>培训考核</td><td colspan="6">1. 最美教师征文比赛,全体老师参与。
2. 针对班里学困生、特殊生进行案例跟踪,人人完成代理家长手册。</td></tr>
</table>

(2)培训成效

①改进措施

学校以教科研校本培训为依托，以领导班子和教师队伍建设为重点，以心悦德育校本课程研究与操作实践为培训大主题，以发掘人的潜能、弘扬人的主体精神、促进人的个性和谐发展为宗旨，锻造一支适用肯干、相对稳定的师资队伍，提高教育教学质量和学校的社会美誉度。具体表现在：

a. 让教师享受职业幸福与尊严。

b. 让教师能够自我管理。

c. 组织教师一月一培训。

②活动成效

a. 在充分调研、精心思考的基础上构建学校集人文素养、现代教学技术、师德修养与课堂教学研修相结合的教师研训模式，通过邀请专家讲座、外出学习、校内“名、优”资源自主培训、个人反思等途径增强教师专业发展意识，提高教师业务水平。

b. 借助于《新华教师自我修炼手册》，每个教师根据年初制定的个人发展规划，落实在自己的工作实践中，明确内心最真实的愿望，并划分自己的成长阶段，提出阶段性目标。在这半年中，教师的成长是有目共睹的。

c. 确立培养高素质、有品位、高能力、讲奉献教师的校本培训思路，以“教育观念、教师心态、思维方式”三方面的更新、调整、转变为主要内容，以互动、探究、研讨、体验等方式，创设适合教师发展的教师教育模式，推进“教师发展学校”建设。

③反思问题

a. 对不同年龄层次的教师需要有不同的激励措施。

b. 教师信息化素养、现代化教育教学技术的运用都非常缺，需要制定系统化的较长期培训计划分步实施。

3. 以激励观提升教育教学质量

——加强课程研究，全面提高教育教学质量。

(1)培训日志

运行方式	专业引领—自主选项—各选其能—互动促思—滚动发展
活动平台	线上线下互动碰撞(现场互动—QQ 群互动)
	课程与教材分析，教学设计，说课，课堂教学，教学反思，作业批改等

续表

运行方式	专业引领—自主选项—各选其能—互动促思—滚动发展
培训课程名	教师风采大赛
培训活动方案	杭州市新华小学2014年度教师风采大赛方案 为了进一步提高新华教师综合素养，促进新华教师专业发展，积累教育教学资源，积淀学校文化底蕴，提升团队凝聚力，实现学校可持续发展的目标，特制定本方案。 一、大赛组织 主　任：沈洪 副主任：汪春燕、袁丽虹 成　员：胡军、阮慧英、金云 下设：办公室（校办兼，协调各项竞赛事务） 竞赛组（教务处兼，协调各项竞赛程序） 外聘专家：学校兼职督学、相关学科研究员 二、参赛范围及设奖 1. 所有45周岁以下老师均可参与。 2. 比赛以年级组为团队，设最佳团队风采奖一个；以项目为单位，设立项目单项风采奖八个。 三、比赛项目与方式 （一）比赛项目 粉笔字与简笔画；现场演讲与现场作文；自制教案集与秋假作业设计； 教材解读及教学设计；教学随笔投稿与教学论文撰写、团队体育竞技等，共11项，计320+n分。 （二）项目分值及比赛办法 1. “一字”与“一画”（40分） ①粉笔字（20分）用楷书写一首七言古诗，6分钟内完成。 ②简笔画（20分）在10分钟内完成审题、立意、构图和绘画。 2. “演讲”与“写作”（80分） ①演讲（40分）演讲时限为每位选手5分钟以内。演讲话题提前1天通知。 ②写作（40分）写作时间为20分钟。为话题作文，不提前通知话题。 3. “自制教案”与“作业设计”（80分） ①自制教案（40分）挑选并展示组内一位教师的一套最佳教案集（含教案本、教科书、作业本、补充练习等）。 ②作业设计（40分）以生为本，精心设计一次学以致用的秋假作业，使学生在作业中感受愉快学习、愉快合作的乐趣。配以学生假期作业集锦。 4. “教材解读”及“教学设计”（120分） ①教材解读（60分）通过对教材的编写理念、编排意图、体例结构等进行分析，从宏观上把握教材的编写思路，以提高教学行为的有效性，避免教学的盲目性，最终提高课堂教学的时效性。专家评委将对选手进行现场提问。

续表

运行方式	专业引领—自主选项—各选其能—互动促思—滚动发展
	②教学设计(60 分)在教材解读基础上,同组教师共同策划、设计教学案,着眼于学生学习三个值:兴趣值(是否愿意学)、方法值(是否学会)、容量值(是否学得丰富)、意义值(是否有益于学生素养提升)。面向每一个独特的个体,变革学生学习方式,尝试建构"S—Q—T 学习"模型。 5. "教学随笔"与"教学论文"(n 分) ①教学随笔　利用各种便利资源,积极向区、市、省、国家报刊投稿或参加比赛,凡是在比赛期限内录用或获奖的,分别以 10、20、30、40 分计入团体总分。 ②教学论文　积极参加各级各类论文、课题结题报告比赛,凡是在比赛期限内获奖的,也分别以区、市、省、国家分别以 20、40、60、80 分计入团体总分。 6. 团队体育竞技(n 分) 设置 1 分钟跳绳、1 分钟仰卧起坐、毽子、坐位体前屈四项目,分别按 6 分、5 分、4 分、3 分、2 分、1 分计入总分。 四、比赛时间 9 月 26 日　"一字"与"一画"、"演讲"与"写作"竞赛同步进行,每个项目每组一人,全校 24 人参赛外,每组再选一人做评委,按评价标准分类打分后计入总分。 10 月 10 日　"自制教案"与"作业设计"竞赛,每个项目每组一人,全校 12 人参赛外,每组再选一人做评委,按评价标准分类打分后计入总分。以团队为单位参与 1 分钟跳绳、1 分钟仰卧起坐、毽子、坐位体前屈四项目。按评价标准分类打分后计入总分。 11 月 21 日　"教材解读"及"教学设计"竞赛,这两项暂定为语文、数学、品德学科,提前各年级集中抽签确定比赛学科,然后分组群策群力,团队协力自主寻找教材进行"教材解读"及"教学设计",主攻方向在于学生学习方式的变革。原本有各级教学比赛任务的团队可以结合进行,并享有优先选择学科权。外请专家评委点评并打分后计入总分。 本学期结束前　将"教学随笔"投稿与"教学论文"比赛获奖积分累计后,计入总分。 五、组织办法 1. 大赛组协同工会、校办实施各项赛事。 2. 大赛组协同教务处及各年级组安排比赛时间、地点、程序、各项比赛细则,并下发通知。 六、比赛时间 1. 2014 年 9 中旬:宣传动员及前期准备阶段。 2. 2014 年 9 月下旬——11 月下旬,举行各项现场竞赛活动。 3. 2014 年元月,进行"教学随笔"投稿与"教学论文"比赛积分,同时结算各团队总分。

续表

运行方式	专业引领—自主选项—各选其能—互动促思—滚动发展
	七、奖励办法 1. 各单项前两名者,学校颁发证书及多元激励单项奖。 2. 团队第一名者,拍照留念,并奖励 1000 元。 八、评价标准 1. 粉笔字:书写工整、流畅、美观,符合硬笔书法书写规律特点。 2. 简笔画:切合主题、线条流畅、形象逼真、难易适中。 3. 演讲:主题鲜明、讲说流畅,轻重适宜,声情并茂,有感染力。 4. 写作:立意新颖、文字流畅,充满正能量。 5. 自制教案:符合新课程标准、重难点把握适度、二次备课原创性强、练习设计、辅导符合学生实际需要。 6. 作业设计:以生为本、学用结合,学生作业反馈佳。 7. 教材解读:把握编写思路,辅以 PPT,以独特视角予以解读。 8. 教学设计:符合学生认知规律,注重学生三个值的增量,确实起到"导学"的作用。
培训流程 暨督评一体化 调研校本培训 活动流程	活动主题:关注学生学习方式,提高学生学习兴趣 活动时间:11 月 21 日下午 3:00—4:40 活动地点:校会议室 活动主持:詹顺英 活动准备: 1. 教研组长为分块培训主持,需了解每位发言老师发言内容,请在校内进行预训。 2. 每位老师准备:修炼手册,A4 卡纸两张,黑色水彩笔一支,手机上 QQ,并打开新华小学群。 3. 每位老师准备 QQ 发言:现场学习各教研组内容后,谈谈你在平时常态课中,是如何针对教材设计学生学习方式活动,请介绍效果较好的一至两种活动方式。 活动内容: 一、首环:数学组(分块主题:以学定教) 1. 分享:关注学生主体　提升学生学习品质 四年级组:孟颖(教学设计)、倪亚萍(教材解读) 六年级组:钱菱芳(教材解读 + 教学设计) 2. 观察者发言: 观察者 1:学生学习方式活动下教师角色的转变 观察者 2:学生学习方式活动,学生学习效果的体现 (注:观察者与教学设计老师现场互动,互动范围为数学组。) 3. 教研组长:小结发言 二、二环:品德组(分块主题:体验　活动　感悟) 1. 分享:着力"以生为本"体验活动构建"自主,合作,探究"品德课堂 五年级组:沈雁南(教材解读)、葛娟娣(教学设计) 二年级组:陈珊珊(教学设计)、钱良娇(教材解读)

续表

<table>
<tr><td>运行方式</td><td colspan="4">专业引领—自主选项—各选其能—互动促思—滚动发展</td></tr>
<tr><td></td><td colspan="4">2. 感悟：
全体老师在纸板上写出感悟(一至两个词语概括)并出示。
3. 解读:感悟关键词分享
(注:教研组长与现场老师互动交流。)
4. 教研组长:小结发言
三、末环:语文组(分块主题:启发　探究　碰撞　共享)
1. 分享:探讨多种学生学习方式　提高学生学习兴趣及效率
一年级组:杨林花(教材解读)、董晓静(教学设计)
三年级组:葛凡(教材解读)、宋婕(教学设计)
2. 针对性发言:语文老师发言 1、2
3. QQ 群互动碰撞:启发并探讨多种学生学习方式及有效活动。
每位教师利用手机 QQ 登录,在新华小学 QQ 群上发表看法,碰撞交流。
(注:教研组长与 QQ 群发言人进行现场互动,最好是综合组老师。)
四、活动总结</td></tr>
<tr><td>授课教师</td><td colspan="2">全员参与</td><td>授课地点</td><td>新华小学</td></tr>
<tr><td>应到课人数</td><td colspan="2">40</td><td>实际到课人数</td><td>38</td></tr>
<tr><td>请假原因(人)</td><td>病假</td><td>叶伟伟怀孕病假,周佳产假</td><td>事假</td><td></td></tr>
<tr><td>课堂记录</td><td colspan="4">全体老师参与体能,教学设计,教材解读,简笔画,粉笔字,作文,演讲,说课,上课,备课教案,作业设计,批改等内容。
详见文件夹及拍照作业</td></tr>
<tr><td>培训现场</td><td colspan="4">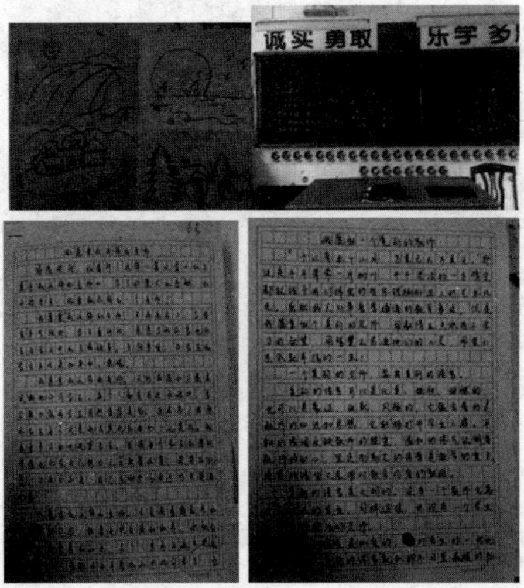</td></tr>
</table>

续表

运行方式	专业引领—自主选项—各选其能—互动促思—滚动发展
	 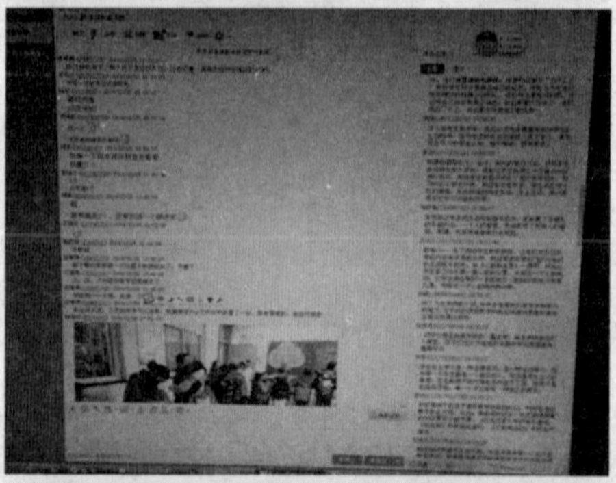 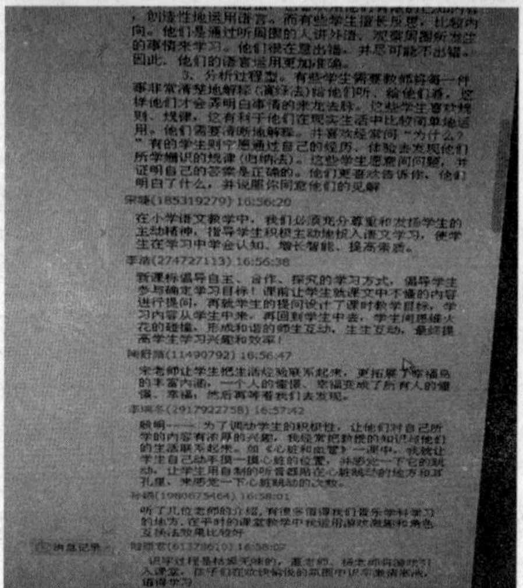
培训小结	2014 年 11 月 21 日下午，杭州市新华小学开展了一次意义重大，且紧扣区教学大主题的校本培训，同时也是学校教师风采大赛之教材解读与教学设计比赛。本次培训特别邀请了语文教研员汪燕虹老师，数学教研员汪和庆老师，品德教研员徐园老师莅临指导，也是学校申请督评一体化调研的校本培训展示活动。培训主题紧紧围绕“关注学生学习方式，提高学生学习兴趣”开展。

续表

运行方式	专业引领—自主选项—各选其能—互动促思—滚动发展					
	本次培训活动包含三个环节，分别有数学教研组开展“以学定教，关注学生主体，提高学习品质”为主题的培训活动，教研组长主持，每一位组内老师积极参与，其中倪雅萍老师提出“关注学生情感，让孩子们乐于参与学习，把尝试权利还给学生”，观点碰撞火花；品德教研组开展“着力‘以生为本’体验活动，构建‘自主，合作，探究’品德课堂”为主题的培训活动，组长精心设计活动流程，活动中积极调动全体老师参与其中，共同探讨老师们“理想化的学生学习方式”，进行了现场互动，交流碰撞；语文教研组则探讨多种学生学习方式，提高学生学习兴趣及效率的研究主题，提出了语文学科的积累性学习方式，并通过现场互动及手机 QQ 群互动同时并举的形式进行，每一位老师都在群上畅所欲言，发表看法见解，在智慧的碰撞中分享了很多好的学习方式活动。 随着各门学科启用新教材，新华小学将研究主题聚焦在关注教材，解读教材，从而更好地设计易为学生接受的学习活动，关注学生学习情感，探讨多种有效学习活动，从而培养孩子良好的观察力、想象力、专注力、思考力、动手操作能力等，以此提高学生学习品质。教材解读研究，学生学习方式关注的研究仍走在路上，但新华教师们的研究脚步有多扎实，孩子们的学习收获就有多大。教学相长是校本培训所追求的永恒主题。					
课堂效果	好	好	一般		差	
学员评价	非常满意	非常满意	满意			
	一般		不满意			
改进建议	老师积极参与，竞赛积分，热情投入，收获颇多。					

(2)培训效果

①改进措施

新华课程整合实践是寻求构建适合学生整体、多元发展的课程体系。课程基于学生全面发展，以学生已有经验和未来生活的需要为依据，为学生提供生活化、社会化的课程内容，促进学生全方位发展。主要体现在基于学科课程标准的基础型课程、基于学生主体需要的多元型课程、基于校本文化资源的浸润型课程、基于团队合作学习的探究型课程。具体表现在：

a. 课程建设需进一步明晰思路。

b. 课程改革立足于学生学习方式的变革。

c. 抓常规，优化课堂教学。

②活动成效

a. 围绕综合素养培育标准,形成"1 +3 课程"育人体系。"1"指基于学科课程标准的基础型课程,回归基础,保证基础,让每一位学生守住底线。其余三类课程是体现学校的个性课程,如基于校本文化资源的浸润型课程、基于团队合作学习的探究型课程,也是体现学生个性的课程,如基于学生主体需要的多元型课程。

"1"强调基础,"3"依据学生发展需求。"1"与"3"相辅相成、平衡互补,达成课程目标,最终实现课程建设目标指向。

b. 学生学习"增量"着眼于三个值:兴趣值(是否愿意学)、方法值(是否学会)、容量值(是否学得丰富)、意义值(是否有益于学生素养提升)

将教师"讲堂"逐步转变成学生"学堂",面向每一个独特的个体,变革学生学习方式,建构"S—Q—T 学习"模型。即,学生基于自身需求提出问题,接着通过"三学"(自学、互学、集体学)和"123 学习策略"(1 分钟独立思考、2 分钟同伴交流、3 分钟集体讨论)等方式进行问题互解,然后在学生自主讨论、反思、研究的基础上,教师及时发现和梳理出有普遍性和规律性的问题,展示给同学。最后进行问题拓展,可以就某一问题进行深入研究,或者由一个问题引发相关问题,进行拓展研究,教师的作用在于适时引导、适当点拨、精当总结。

c. 优化教学管理组织的结构,扩大教研组、备课组以及教师的专业自主权。由校长室负责日常教育教学工作,由教务处承担学生学业情况的质量检查和评估,由教研组负责督查教师教学常规执行情况。制定《教研组活动基本要求》和《备课组活动基本要求》,建立教研活动监管制度,有效规范教研组和备课组的活动。完善相关制度,建立激励机制,研制《学生学习质量标准》,明确观课及教案管理规范,定期检查,评选"优秀观课教师""优秀教案""优秀作业批改奖""优秀作业设计奖"。实行教学奖励制度,每半学期评选一次"优秀教研组"和"优秀备课组",激励学习型组织建设。

期望以此提升教学有效性,提高教育教学质量。

③反思问题

年级间、学科间的教学质量不均衡。目前,学校尚有两个年级整体薄弱,需要持续跟进、诊断,寻求突破。

四、培训评价

为了更好地落实有关教育教学工作会议精神,推进学校教师队伍建设,根据上级有关教师专业发展的规划，特制定此评价制度。

（一）考核评价目的和原则

1. 目的

用新的教育观念评价，建立符合素质教育思想的，有利于发挥教师主动性和创造性的发展性教师评价体系，充分发挥评价的导向、激励等，帮助全体教师不断提升职业道德和专业水平，提高学校的教育教学质量。

2. 原则

（1）发展性原则，必须关注教师发展的要求，将教师的参与、变化和发展过程作为评价的重要组成部分，使评价过程成为全体教师主动、终身发展提高的过程，也成为能促进学生全面发展的重要过程。

（2）全面性原则，既重视教师业务水平的发展，也重视教师的职业道德修养和提高，既要评估教师的工作业绩，又要重视教师的工作过程；既要体现教师的群体协作、共性发展，又要尊重教师的工作环境和个体差异。

（3）多元性原则，评价主体要多元化，突出教师的主体地位，建立以学校领导、同事、学生共同参与、多向沟通的教师评价机制；评价方法、途径多样化，建立以校为本、以教研为基础的教师岗位工作评价方式，把形成性评价与终结性评价相结合，定性评价与定量评价相结合，不以学生的考试成绩作为评价教师的唯一标准。

（4）可行性原则，既体现评价目标的共性要求，又考虑到地域环境和学校条件的差异，探索利于教师自评和他评的评价方法。

（二）考核内容和标准

1. 对工作人员的考核，从德、能、勤、绩四方面进行，重点考核工作实绩

德：是指政治、思想、师德修养和职业道德的表现。

能：是指教育理论、专业知识和教育教学研究的水平及实际处理解决问题的能力。

勤：是指工作态度，勤奋敬业（述职）及出缺勤情况。

绩：是指工作的数量、质量、效益和贡献。

2. 考核标准以各单位工作人员的岗位职责、工作质量、工作任务及精神文明建设的要求为基本依据。

3. 考核结果分为：优秀、合格、基本合格、不合格四个等次。

各等次的基本标准是：

优秀：正确贯彻执行党和国家的路线、方针及政策，模范遵守单位的各项规章

制度,精通本职工作业务,工作勤奋,有改革创新精神,教育教学工作效果显著,成绩突出。

合格:正确贯彻执行党和国家的路线、方针、政策,自觉遵守单位的各项规章制度,熟悉或比较熟悉本职业务,工作积极,能够完成工作任务。

基本合格:政治、业务素质一般,工作能力较弱,工作作风方面存在某些不足,工作中有失误,但未造成严重后果。

不合格:政治业务素质较差,难以适应工作要求或工作责任心不强,不能完成工作任务或在工作中造成严重失误。

(三)评价内容

1. 教研组建设评价量表

新华小学教研组建设评估标准

序号	评比细则	组内自评	教务处评
1	教研组成员教师每学期认真上 1 节组内课,获基本分 5 分;积极承接校、区级及以上公开课(每上一节分别加 1—3 分)。		
2	教研组计划、总结上交及时,每周活动重点突出、目标明确、安排合理、有针对性得 5 分,没有及时上交扣 1 分。		
3	教研组成员积极参加论文评比、投稿等,得 5 分,无人响应扣 5 分,获奖以人次计(校级 +1 分,区级 +2 分,市级 +3 分,省级以上级 +4 分,不是公开发表或教育部门组织的分数减半)。		
4	教研组成员获学科骨干 +4 分,获教坛新秀称号区级 +2 分,市级 +4 分。		
5	教研组长培训、会议出勤基本分为 5 分,缺席一次 -1 分,迟到一次 -0.5 分。		
6	积极向校园网站发送信息报道,每个教研组每学期发表两则,得基础分 5 分,侧重在教学研究方面,着重报道本教研组开展的活动情况。超出一则 +3 分,多写多得。		

续表

序号	评比细则	组内自评	教务处评
7	积极参加学校组织的校本研训,基础分5分,每少一人次-0.5分。		
8	每学期组织趣味多样,注重实效的学科竞赛(认真组织,有方案、有评比结果,完成好+5分。全学期未组织-5分)。		
9	教研组活动有创意,有成效,加2—5分。		
10	准时参加区级教研活动、培训等得基本分5分,每缺席一次-2分。		
11	教研组成员单独承担区级、市级、省级立项课题分别+2分、+4分、6分;教研组成员与其他教研组合作每成员减半计分(可累计)。		
12	定期检查常规,评选"优秀观课教师"、"优秀教案"、"优秀作业批改奖"、"优秀作业设计奖",每组织一次常规检查+3分。		
13	积极参加"教师风采节"活动,教师参加技能评比活动。获奖后可酌情加分。		

2. 教师教科研绩效考核评价制度

杭州市新华小学教师教育科研奖励标准

为了进一步完善学校管理体制,发挥教师的积极性和创造性,促进学校的教育教学改革,加快学校的快速发展,经校务委员会讨论研究,在原有2008年制定的"新华小学教科研奖励制度",做以下修改,经教师大会通过,于2013年3月起执行。

一、关于教育科研的奖励

(一)奖励目的

为了更好地贯彻学校"以科研促教研、以教研促教学"的精神,鼓励教师结合教学、教育、管理、服务等具体工作开展科学研究,最终形成"人人搞科研,人人有课题"的格局,使学校教育教学质量上一个新的台阶,特制定本条例。

(二)教育科研奖励的申报、提名与审批

1. 已经发表或得奖的论文、著作由本人向科研室提出申请奖励,同时上交论文、著作原件和复印件的文字资料存档并审批。

2. 学校教育科研积极分子由课题组提名或教师本人申请，由校领导、科研室研究决定。

3. 教育科研成绩突出的课题组的评比，由课题组提出申请，并由校领导、科研室研究决定。

4. 对学校教育科研成绩有突出贡献者，由科研室提名，校领导研究决定。

（三）教育科研奖励的实施办法

1. 校立项的课题，学校奖励 100 元；区级立项课题，学校奖励 200 元；市级立项课题，学校奖励 300 元，省级立项课题，学校奖励 400 元。

2. 在区级以上刊物发表或交流的教育教学论文者（含教学详案、著作等）；在校级及校级以上范围论文评比中获奖者，具体奖励金额见附表。

3. 对学校教科研有突出贡献者，学校给予奖励。奖金根据实际情况而定。

4. 一项课题多级立项或一项成果多次获奖，以补差额的形式奖励

5. 教育科研论文成果奖励方法如下：

内容 级别	论文发表	论文获奖等级		
		一等奖	二等奖	三等奖
国家级	500 元	600 元	550 元	500 元
省　级	200 元	400 元	300 元	200 元
市　级	100 元	200 元	150 元	100 元
区　级	50 元	150 元	100 元	50 元

二、关于教师指导学生获奖和教师本人获奖的奖励

（一）指导学生团体获奖的指导教师的奖励

奖别 级别	一等奖	二等奖	三等奖	优胜奖
区级	200	150	100	50
市级	300	200	150	100
省级	500	400	300	200

续表

级别＼奖别	一等奖	二等奖	三等奖	优胜奖
国家级	1000	800	500	300

备注:优秀组织奖参照区一等奖

(二)指导学生个人获奖的指导教师的奖励

级别＼奖别	一等奖	二等奖	三等奖	优秀奖
区级	100	80	50	30
市级	180	150	100	50
省级	300	240	200	120
国家级	400	350	300	200

(三)教师本人获奖的奖励(上课、案例类)

级别＼奖别	一等奖	二等奖	三等奖	参与奖
校级(集团)	200	150	100	50
区级	300	200	150	100
市级	400	300	200	150
省级	500	400	300	200
国家级	1000	800	500	300

(四)补充说明

1. 此奖励办法适用于教育系统举行,经学校推荐或同意并由教导处登记、备案的各类比赛活动。

2. 同一作品多次获奖,按最高级别进行奖励。

3. 如果获奖的是名次,则按下面的办法进行奖励:第一、二名计为一等奖;三、四名计为二等奖;五至十名计为三等奖。

区排名	学科							体能测试	
	数学			语文	综合(按学科比例)	其他被抽测到的学科		班主任 50%、体育老师 50%	
	一班(特指1人只教1个班)	两班(特指1人教2个班)	两班(特指1人教2个班做班主任)		两班	一班(特指1人只教1个班)	两班(特指1人教2个班)	一个年级(班主任一个年级达标奖励)	二个年级(同一个体育老师二个年级同时达标奖励)
1—3	800	1600	2000	800	2000	600	1500	900	1800
4—8	600	1200	1500	600	1500	400	1000	600	1200
9—10	400	800	1000	400	1000	300	700	450	900
11—12	300	600	700	300	700	200	500	300	600

4. 教师本人作品或教师直接指导的学生作品(即明确署有该教师的姓名和学校名的)在公开的报刊上发表的,奖励如下:市级和市级以上 40 元/人次;市级以下 20 元/人次。学校承办的刊物上发表不计奖。

5. 如果所得的奖项为多人共同指导的,所得的奖金按人均分。

6. 教师或学生参加区级以上组织的各级各类比赛、开课、活动等,如上级已发津贴或奖金,学校补差价奖励。

7. 德育类获奖不纳入教科研奖励,另见德育组奖励制度。

三、对承担开课教师的奖励办法

教师承担教研组内开课,奖励 50 元;承担校级开课(不含文龙杯),奖励 100 元;承担区级开课 150 元、区级说课 100 元;承担市级开课,奖励 250 元、市级说课 200 元;承担省级对外开课,奖励 400 元;承担全国级对外开课,奖励 600 元。

四、对承担学校出卷教师的奖励办法

教师承担本年级出卷奖励 40 元,承担跨年级出卷奖励 80 元。

五、对在区教学检测中成绩优秀教师的奖励办法

只要是全区统测统批及区部分抽测的学科均参照以下比例奖励:

六、特殊奖励

对特殊教学工作的奖励，情况如下：

(1)两班数学+班主任

(2)跳跳班数学教学

每学期期末绩效奖励中一次性体现，具体数量由校务委员会根据当年财政情况而定。

七、关于教师得到表扬的奖励

凡教师工作得到家长、社会的肯定，家长向区、局写信表扬的，奖励相关教师100元。

说明：

1. 所有奖励，均需在每月考核中上报，并上交相关材料、复印件等报学校审批、存档。

2. 校长、书记不参与教科研奖励。

本制度在原制度的基础上加以修改和补充，经校务委员会讨论，并广泛征求了教师的意见，在教师大会上审议并通过。

第四节　评价4

内驱导引型评价

本学期集团研训教工作将进一步以省市区工作为指导思想，践行集团“绿色健康”课程理念，坚持“引领教师成长——促进不同教师的专业成长；导引幼儿发展——自主性游戏的深入与开展”为工作方向，以大课题带领小课题为引领开展各园区的多样性研究，开展“绿色健康”园本课程特色研究，建构园本课程，突显集团健康特色，逐步提升幼儿园的可持续发展能力，提升朝晖幼教育教学品质。

一、目标导向，明确培训

在围绕集团《关注幼儿　内驱导引　快乐发展》园本培训的总目标下，各培训组结合本组教师的实际情况，确定主题，从基础保教工作——幼儿学习内驱力——自主性游戏观察和导引，制定相应的计划和内容，开展培训。

1. 分层培训，满足不同需求

教师队伍的年龄参差不齐，每个年龄层次对教育教学的工作也有不同的需要和追求，因此，他们将集团老师们按照教龄的长短和职称不同进行分组，一共分为新苗组、能手组、先锋组、助推组四个组。新苗组的年轻教师，他们要更注重老师的保育和教育工作，使老师们从基本的保育工作和教育工作着手，抓住每一个细节的研究，逐渐形成系统的科学的保育教育常识，继而逐步巩固自己的保育教育行为；能手组的老师是整个幼儿园的骨干教师，也是中坚力量，他们更要发挥教师们的积极性和主动性，关注幼儿的内驱力，激发幼儿主动学习探索；先锋组的教师是一组教育教学经验丰富的组合，他们更要进行深层的研究，探索幼儿自主性游戏的观察和导引。通过这样的系列培训，形成一个学习研究系统，使他们的老师能够更加自主地关注幼儿，走进幼儿，了解幼儿的真实发展，促成幼儿多元发展。此外，每组选派一个代表在园本培训中进行学习展示交流，达到组与组之间的资源互通和共享。

2. 阳光组合，展现各自特色

每个教师都有不同的特长，因此，他们将老师们进行了特长申报，根据特长分组，让老师们根据自己的爱好和特长自主选择研究组，形成一个阳光组合，如阳光健美操组、阳光绘画组、阳光合唱组、阳光阅读组、阳光沙画组等，让老师们能够在自己的阳光小组里，相互切磋、相互推荐、相互分享，从而进一步提升自己的特长。

3. 课题引领，提升科研能力

教师们在日常的教育教学工作中，更是积极撰写课题，以课题引领研究，每个园区都有自己的特色课题，引领研训工作的开展。集团：《以“生命运动 · 环境生存 · 低碳生活”为载体，促进幼儿健康成长的实践研究》；朝一园区：《让科技运动在幼儿指尖跳舞——幼儿园开展科技运动的实践研究》；中北园区：《有效创设小班情境式运动游戏环境的实践研究》；朝七园区：《开放式健康活动的开展与实施研究》。通过这样的大课题分子课题，子课题分教师个人课题，一环套一环进行具体的研究。

二、平台丰实，直击教师发展

幼儿园对教师的专业成长非常重视，能够通过不同的实践活动，让老师自主地参与学习、体验、收获。

（一）利用草根研究，夯实基本学习

1. 星级教师联盟

以星级的层次进行逐层结对，形成星级教师结对互助学习模式。结对徒弟根据自己的需求向师傅寻求帮助，通过制定不同的发展目标，预设培养活动，分层带徒，最大化地发挥星级教师联盟团队的资源共享和互助发展。

具体结对模式:四星级——三星级;三星级——二星级;二星级——一星级;一星级与一线教师。

星级	姓名	结对教师与申报
一星级	徐萍	李丽
	申屠建芬	俞芬
	朱文桢	卢宁、王佩佳
	吕月红	张淑敏
	徐琴	任洁
	汤燕飞	金雯琳
	袁媛	张海燕、吕纯
	胡佳	张晓惠
	张群	刘文静
	张金辉	
	孙艳君	
	刘丹	徐燕
	金姗霞	应陈洁、余佳雯
	[illegible]	[illegible]
二星级	方芳(朝一)	申屠建芬
	孙蕾敏	徐琴
	方晶晶	刘丹、朱文桢、徐萍
	方芳(中北)	周飞、张群、金小燕
	王加佳	汤燕飞、徐云洁、金珊霞
	朱翰林	产假
	陈云霞	胡晓萍
三星级	李爱志	
	高虹	方晶晶
	胡嫣	孙蕾敏
	谢芳	胡佳
	黄晓岚	王加佳
	周飞	袁媛、张金辉、孙艳君、方芳(中北)
	吴秋赞	陈云霞、王灵芝

2. 专题与通识讲座

结合市区幼教精神,他们组织了《3—6 岁儿童学习与发展指南》的专题学习,通过专家讲座,邀请了袁朝霞、杨蓉等专家,进一步提升教师们对指南的理解和深入,通过李克键博士专家讲座视频,具化一日生活环节,让老师们更加清晰地了解一日生活中各个环节中幼儿的自主性发展等。

3. 八面来风,外出培训

他们还坚持“走进来　走出去”的学习风格,外派老师前去参加各种培训活动,让老师们接受幼教前沿的新动态、新思想,了解各地各园的幼教特色,从而通过自己的观摩拓宽自己的眼界。在园本培训中,他们坚持“八面来风”的培训模式,邀请外出培训的老师将观摩的精髓向全园老师进行汇报交流、介绍,做到共学习、共发展。

(二)利用现代化研究,开展在线同步学习

1. 发挥区云平台,资源共享学习

由区教师教育学院推出云平台在线,他们幼儿园跟随区教师教育学院,利用幼教云平台,同步开展云平台学习。通过云平台学习特级教师等专家们的专题讲座,为他们的理论知识进行储备内化。

2. QQ 群、微信群等

在现代化发展的时代,教育也走向科技化,他们建立了幼儿园群和微信群,通过 QQ 群进行在线教研活动,通过微信群进行活动共享、教育资源分享,促进教师多途径学习。

(三)利用实例具体研究,开展互动体验学习

1. 项目一:交叉式研训

每个园区围绕集团园本培训内容进行交叉式的教研,以园区为单位开展研训教活动,其他两个园区教师进入此园区的研训教活动,进行交叉式的学习体验。

2. 项目二:平行式研训

各分层培训组教师围绕自己组教师的基本需求开展不同的活动,如环境创设、班级管理、一日生活等,在集中园本培训活动中进行汇报交流,达到研训教互助学习。

3. 项目三:微格式研训

一般以教学活动微格教育为主,通过一课多研的形式,聚焦教学活动,通过预设不同的活动内容和目标,将关注点落到幼儿身上,促进教师发展。

4. 项目四:园际联动式研训

他们还采取与其他姐妹园(组)开展联动式教研方式,以幼儿园特色为主开展联动,老师们通过到姐妹园观摩,确定主题式研讨,盘活双方的教研资源,从活动的研讨到园际互动,达到了资源互动,推动教师发展。

5. 项目五:草根式研训

根据集团教师的待发展项目,他们还进行了草根式研训活动,通过一系列的草根活动,促进教师的专业成长。

★原创儿童文学教学研究

根据市区大活动,以第二届原创儿童文学作品为载体,教师自主报名,开展语言领域研修,让集体教学更有效,提高教师活动设计能力和教学能力,以综合设计促进教师思考,通过实践促进幼儿发展。

★集团绿叶杯教师展示

聚焦《3 -6 岁儿童发展与学习指南》,进行“绿叶杯骨干教师教学活动展示”等教师专业能力展示及比赛活动,促进教师专业能力。

★新教师汇报展示

新教师入园工作后,都要在学期结束进行汇报活动,以此促进教师来年能够更好地成长。本学期对新教师围绕《指南》精神开展了半日活动的生活环节观摩考核。

★区五年会教展示

以教学活动设计为主要研究内容,带领教龄满5年的年轻教师设计教学活动,指导教师如何设计教学目标、教学环节等,以积极的态度参加区五年会教。

6. 项目六:课程化研训

为了能够更好地推动幼儿园的发展,体现幼儿园的特色,他们幼儿园开展了绿色健康课程的园本化课程研究,在园本课程的引领下开展不同载体的活动。

(四)利用合作群体研究,开展观摩分享学习

1. 名园+民园,联动学习

他们还采取与互助共同体的幼儿园进行协助结对学习,以研训的形式推动两园的指导学习,邀请民办幼儿园的老师参加幼儿园的研训教活动,推动民办园的发展。

2. 名师智慧空间站学习

利用名师智慧空间站的学习,将最先进的幼教动态带回到幼儿园,与其他的老师进行共享,探寻更宽广的研训教思路。

四、研究的成效梳理

通过研训教活动,教师们取得很多优异的成绩,幼儿园科研课题分别在省、市、区获得立项,老师科研成果丰硕。

(一)市级、区级立项课题

1. 李爱志老师的课题《诱发3-4岁幼儿区域活动游戏行为的实践研究》为2014年杭州市普教教研课题立项。

2. 高虹、方芳老师的课题《"点单式合作、一站式互助",优化城乡互助共同体助教模式的策略及研究》为第九届杭州市教师教育科研课题。

3. 黄晓岚老师的课题《从幼儿园到亲子园——教师身份转型的实践研究》为第九届杭州市教师教育科研课题。

4. 幼儿园课程《以"生命运动·环境生存·低碳生活"为载体,促进幼儿健康成长的实践研究》获得2014年下城区教育科研立项课题。

(二)全国、省级、市级、区级获奖

1. 吴秋赟、方芳、黄晓岚老师制作的《创意拼搭百变架》获得第三届永嘉杯全国幼儿园优秀自制玩教具比赛三等奖。

2. 陈云霞、应陈洁、杨利钦、余佳琪、王加佳、吕纯、张晓惠、金雯琳、陆舒梅、张淑敏、吴秋赟老师排练的健身啦啦操获得浙江省第23届幼儿体育舞蹈大赛教师健身舞操金奖。

3. 朝晖幼儿园《绿色健康》园本课程获杭州市精品课程评比三等奖。

4. 吴秋赟获杭州市第二届原创儿童文学大赛三等奖。

5. 2014 年下城区幼儿园第五轮“南北牵手师徒结对”建构展示活动评比一等奖。

6. 任洁老师获得下城区校园暑期基建项目管理手册评比一等奖。

7. 徐琴获得下城区教育局财务技能比武一等奖。

8. 吴秋赟老师的《黑洞洞的大门》在下城区幼儿园“原创儿童文学作品大赛”中荣获一等奖。

9. 刘丹老师获得 2013 年中小幼五年会教评比一等奖。

10. 杭州市朝晖幼儿园互助共同体获得下城区民办幼儿园自主性游戏评比的二等奖。

11. 金姗霞获得 2013 年下城区早教资源中心 logo 设计大赛二等奖。

12. 徐琴在下城区财务人员技能比武中荣获二等奖。

13. 朝晖幼儿园《绿色健康》园本课程获得区幼儿园“精品课程”评比二等奖。

14. 朝晖幼儿园在下城区幼儿园“自主性游戏”展评活动中获得二等奖。

15. 张淑敏老师获得下城区工会演讲比赛二等奖。

16. 方晶晶、谢芳老师的《游戏自主推进与儿童——“植物大战僵尸”游戏的开展、推进及消亡》获得下城区幼儿园自主性游戏视频案例评比二等奖。

17. 金雯琳老师的《胖小花旅行记》在下城区幼儿园“原创儿童文学作品大赛”中荣获二等奖。

18. 张淑敏老师获得 2013 年下城区早教资源中心 logo 设计大赛三等奖。

19. 孙蕾敏老师荣获 2O14 教师职业技能大赛三等奖。

20. 汤燕飞老师的《顺着童心去游戏——“弯弯的小路”自主性游戏实施开展的案例》获得下城区幼儿园自主性游戏视频案例评比三等奖。

21. 朱翰琳老师的《好朋友在一起》在下城区幼儿园“原创儿童文学作品大赛”中荣获三等奖。

22. 王佩佳老师的《糖果大冒险》在下城区幼儿园“原创儿童文学作品大赛”中荣获三等奖。

23. 杭州市朝晖幼儿园工会荣获下城区教育工会校园感动故事情境剧大赛三等奖。

24. 吴秋赟老师荣获下城区教育局“我的家庭教育故事”评比三等奖。

25. 俞芬、吴秋赟获得下城区幼儿园教师风采展示活动阳光团队——微制作比赛三等奖。

26. 王佳加老师获得2013年度下城区幼儿园"南北牵手师徒结对"展示活动师徒案例撰写比赛三等奖。

27. 方芳老师的论文《"案例体验式"教师成长的金钥匙》获得2014年浙江省优秀教育教学论文评比三等奖。

28. 袁媛老师《万绿丛中一点红——自然角"幸福草莓基地"中快乐小农夫"四主"成长策略研究》获杭州市幼儿园教学论文评比一等奖。

29. 周飞老师《扬帆自主·快乐航行——"小鬼当家"自主性游戏中"四'客'跟随"策略的实践研究》获杭州市幼儿园"自主性游戏研修月"展评活动小论文评比二等奖。

30. 方晶晶老师的《小图标　大学问——图标在故事教学中的巧妙运用》获杭州市幼儿园教学论文评比二等奖。

31. 袁媛老师的《万绿丛中一点红——自然角"幸福草莓基地"中快乐小农夫"四主"成长策略研究》在2014年中小学和幼儿园教学研究论文评比中荣获杭州市二等奖。

32. 高虹老师的《利用幼儿自主性游戏提升年轻教师反思能力的策略及研究》获得杭州市第八届教育教学论文评比三等奖。

33. 方芳老师的《通过"暖心、稳心、展心"策略提升非编教师的幸福感》在教育工会第九届调研论文评比中荣获杭州市三等奖。

34. 卢宁老师的《牵着"智慧蜗牛"去散步—浅谈运用"三走、两带、三玩"策略,开启小班智慧散步的实践研究》在2014年中小学和幼儿园教学研究论文评比中荣获杭州市三等奖。

35. 方晶晶老师的《小图标大学问——图标在故事教学中的巧妙运用》2014年中小学和幼儿园教学研究论文评比中荣获杭州市三等奖。

36. 周飞老师的《扬帆自主·快乐航行——"小鬼当家"自主性游戏中"四'客'跟随"策略的实践研究》在2014年中小学和幼儿园教学研究论文评比中荣获杭州市三等奖。

37. 方晶晶老师《小图标大学问——图标在故事教学中的巧妙运用》获得下城区幼儿园教学论文评比一等奖。

38. 袁媛老师的《万绿丛中一点红——自然角"幸福草莓基地"中快乐小农夫

"四主"成长策略研究》在 2014 年中小学和幼儿园教学研究论文评比中下城区一等奖。

39. 方芳老师的《通过"暖心、稳心、展心"策略提升非编教师的幸福感》在教育工会第九届调研论文评比中荣获杭州市三等奖。

40. 吴秋赟老师的《幼儿园祖辈教养现状调查及分层指导的策略研究》获得 2014 年学校家庭教育指导工作研究成果评比一等奖。

41. 李爱志老师的论文《0—3 岁散居婴幼儿看护人培训的策略研究》获得 2014 年下城区社区教育论文评审二等奖。

42. 袁媛老师的《万绿丛中一点红——自然角"幸福草莓基地"中快乐小农夫"四主"成长策略研究》获得下城区幼儿园教学论文评比二等奖。

43. 卢宁老师的《牵着"智慧蜗牛"去散步—浅谈运用"三走、两带、三玩"策略,开启小班智慧散步的实践研究》在 2014 年中小学和幼儿园教学研究论文评比中荣获下城区二等奖。

44. 方晶晶老师的《小图标大学问——图标在故事教学中的巧妙运用》在 2014 年中小学和幼儿园教学研究论文评比中荣获下城区二等奖。

45. 孙艳君老师的《互动和谐、互助快乐、互升愉悦——浅谈指导 80 后家长培养小班幼儿"我是金牌小管家"的实践研究》获得 2014 年学校家庭教育指导工作研究成果评比二等奖。

46. 周飞老师的《扬帆自主 · 快乐航行——"小鬼当家"自主性游戏中"四'客'跟随"策略的实践研究》在 2014 年中小学和幼儿园教学研究论文评比中荣获下城区二等奖。

47. 朱静娴老师《通过大带小提高餐后活动质量的实践研究》获得下城区幼儿园教学论文评比三等奖。

48. 高雯雯老师《融合日常生活培养幼儿公共空间意识的实践研究》获得下城区幼儿园教学论文评比三等奖。

49. 胡嫣的论文《社区祖孙乐——挖掘社区祖辈资源推进双赢教育的实践研究》获 2014 年下城区社区教育论文评审三等奖。

50. 高虹老师的论文《全职妈妈家庭生活方式对学龄前儿童成长的影响》获得 2014 年下城区社区教育论文评审三等奖。

51. 黄晓岚的论文《利用"爆炒"与"慢煲"激发青年教师成长的策略研究》获得 2014 年下城区社区教育论文评审三等奖。

52. 胡嫣老师的《最好的教育是陪伴——家园联盟开展“陪伴教育”的行动研究》在2014年下城区中小学和幼儿园教学研究论文评比中荣获三等奖。

53. 李爱志老师的《建构幼儿园“厨房教育”课程体系的实践研究》获得2014年下城区教育科研优秀成果评比三等奖。

54. 徐云洁老师的《利用新模式家长会弥补家园教育断层研究》获得2014年学校家庭教育指导工作研究成果评比三等奖。

五、研训实例(具体见文档)

通过踏踏实实的研训教活动,他们进一步梳理和形成了幼儿园的园本课程。从运动、健康入手,开展丰富的健康活动,促进幼儿的身体健康。

“生命运动·环境生存·低碳生活”
——幼儿园绿色健康课程(纲要)

一、“绿色健康”课程实施背景与条件分析

(一)实施背景

健康是生命、生存、生活的必需,绿色健康是一种生命状态,是一种生存形式,更是一种生活态度。

低碳更是现代人对现代生活的一种态度。就如生命是开始、生存是准备、生活是目标一样,他们要在“生命在于运动,生存在于环境,生活在于健康”状态中,设置一套基于儿童生命特质的绿色健康课程。

课程是发展幼儿的需要,通过各种低碳实践活动涵养儿童的健康生活方式,提升儿童的社会生存潜能,让儿童在品质生活中享受生命的快乐,从而做到低碳健康,从我做起。

绿色健康课程以“生命运动、环境生存、低碳生活”为课程核心,内含生命——生存——生活的教育主线。课程设计中身心健康是首位,生命在于运动,让运动点燃儿童的热情;其次与环境互动中帮助儿童融入社会,有效利用周围资源,了解生存常识;最终让儿童养成绿色健康的生活理念,有品质地生活。

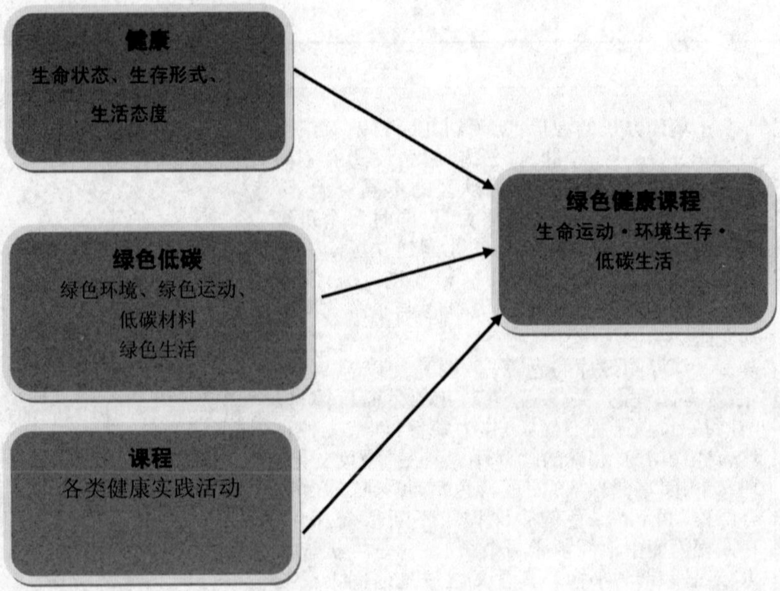

（二）条件分析

	优势	待改进
社情	《指南》新精神：《幼儿园3至6岁儿童学习与发展指南》中指出，他们应尊重儿童的学习方式和特点，因材施教。特别强调健康教育的重要性，注重幼儿的生活体验。 ①绿色健康课程内容与儿童生活及社会现实紧密联系，促使儿童关心周围的人和事，积极与社会互动。 ②绿色健康课程在实施的途径上，将游戏、教学、参观、劳动、娱乐和日常生活等各种活动互相配合，进行“优势”互补。 ③在低结构、非正式活动中将知识性、趣味性、情景性和活动性有机地结合起来，多领域整合。 ④绿色健康课程正是基于每个儿童的不同能力，发挥各自特长合作达成任务目标，体现了大教育的观念。	幼儿园课程应结合当今教育发展大趋势。教育发展大趋势之一是以尊重儿童为前提，遵循儿童适合性原则。绿色健康课程正是体现了儿童在学习活动中的主体地位，建立在儿童真正需要的基础上，师幼都明确“我想干什么、我在干什么”。

续表

	优势	待改进
园情	①集团办学的力量:朝晖幼儿园目前有三个园区,七区、一区、中北,位于老城区,周边有不同的建筑,家长的不同资源和社区的不同资源,形成了一股集团化办学的优势力量,同时每个班级都拥有电脑等多媒体设备,幼儿园建立了幼儿园网站,实现了教育资源的共享和共建,设有班级BBS、专题论坛等家长、幼儿都能参与了解的网上幼儿园。 ②深厚的健康特色底蕴:朝晖幼以"绿色文化"为办园理念,关爱、尊重幼儿的生命价值,以"让每一位孩子拥有健康"作为宗旨,创造一种自然、自由、均衡、和谐的教育环境。在"绿色文化"理念下,园本课程从"园区特色活动"到"绿藤综合课程"再到"绿色健康课程",不断衍变深化。在课程衍变中他们紧抓两个核心:一是生机和活力,二是和谐和平衡。其含义之一是他们不仅关注孩子身心的健康成长,更关注孩子与社会的互动;其含义之二是以儿童的兴趣、需要和能力为出发点,注重儿童学习过程的本身。绿色健康课程正是在朝晖幼长期积淀的健康特色的原有基础上,而逐渐衍变成熟的。	三个园区中一区已是浙江省特级幼儿园,在两年后进行复评,而且一区活动场地面积大,适合开展不同的运动活动;七区和中北场地面积相对比较小,七区的园舍比较旧,需要不断的修缮,因此都需要在不断地完善中提高。
幼情	一区和中北的幼儿,家庭生活水平相对比较高,家长文化水平层次也相对比较高,对孩子的教育投入量大,七区的幼儿,家长的文化水平也在逐渐的提高中,孩子们的学习兴趣和能力基础比较好,在情感、社会性发展方面也有独特的优势,普遍具有"好奇、好闻、好动手"等年龄特点。	随着社会空气的污染,孩子们的体质不同,过敏性体质越来越多,再加上目前空气污染严重,体质特殊的儿童越来越多,占有相当大的比例,再者家长过度宠爱、溺爱,部分幼儿的自我中心意识强,注意力不集中、专注性不够的儿童也日益增多。
师情	幼儿园师资力量强健,拥有省教科研积极分子1名、市优秀教师2名、市教坛新秀6名、区秀22名;课程改革对教师触动较大,教学行为在不断改变;近三年来,有120余项教科研成果获奖,其中市级以上获奖42项。老师们能够积极钻研,撰写课题和论文,都有较强的研究能力,能够积极参加90课时培训和各类短期培训,了解当今社会条件下的儿童学习方式和特点,尊重幼儿,自主学习和游戏。	随着幼儿园规模的扩大,新教师的不断涌入,教师的专业素养和课程的理念衔接还需进一步的磨合和融合,要不断地给新老师们搭建学习机会和展示平台,促进教师不断地提高。

续表

	优势	待改进
社区资源	朝晖幼注重营造与家庭、社区互动、双向促进的环境，并向周边地区进行辐射，得到了家长和社会的认可。 朝晖幼地处城中地块，集团化办园模式，下属三个园区，22 个班级的办学规模；其中朝一园区为浙江省一级园、杭州市特级园，中北园区和朝七园区为浙江省一级园；有 30 年办园历史，浙江省首届绿色学校、浙江省“三优基地”。幼儿园活动场地充裕，人均活动面积 18.98 平方米，环境优美，拥有多个专用活动室；班内配套设施齐全。周边有西湖文化广场、地铁、消防队、超市、小学、中学等配套设施和社会资源。	幼儿园周边环境的更新和新开发的公共场所，都是可以作为教育资源进行引进，所以随着设施和周边配套设施的及时开发，幼儿园教育资源越来越丰富。因此，他们也要不断发现这些新的配套设施，及时进行沟通引进。
课程特色	绿色健康课程以儿童成长的环境与现实生活为课程内容源泉，以生命——生存——生活为课程主线，密切联系儿童的生活，课程以幼儿力所能及的任务为形式开展，引导儿童珍爱生命、乐于运动，与环境互动中学会生存、健康生活。在课程的构建和实施中，他们关注幼儿的未来生活形态，在探寻幼儿的基本需求和个性发展需求的基础上，努力为幼儿健康生活意识和环保行为的养成提供良好的教育环境。	儿童身心健康成长与生活品质提升是绿色健康课程设计、组织、实施与评价的轴心。健康的身心、高品质的生活、有准备的生存都在低结构、非正式的实践活动中逐一实现。

二、“绿色健康”课程理念和课程愿景

（一）课程建设核心理念

共同愿景——共同实践——共同成长。

（二）课程的愿景

营造幼儿园的健康氛围，创设不同的低碳环境、运动环境、生活环境、支持性的环境，为幼儿提供不同的材料和运动场所，以丰富的形式开展生命运动、环境生存、低碳生活的教育，促进幼儿的健康发展。

三、“绿色健康”课程目标

《3-6对儿童学习与发展指南》精神

幼儿园课程理念和课程愿景的精神

幼儿园课程总目标：培养具有“珍爱生命 环境生存 低碳生活”能力的健康阳光儿童，通过“在运动中健体、在环境中生存、在低碳中生活”的课程实施，使幼儿成为身心健康、热爱运动、快乐生活的儿童。

幼儿园课程的具体目标	
运动身体	1. 运用不同的器材积极参与运动，健康体态，强健体质。 2. 每天精神饱满地自主选择运动区，积极主动参与运动。 3. 在运用不同器械时，能够掌握正确的方法，动作协调灵活。 4. 能够在不同的区域和同伴互动合作，养成良好的交往和运动习惯。
环境生存	1. 在与环境的互动中，了解并遵守共同的环境规则。 2. 在情境建构与环境互动中，初步了解人与环境的依存关系，以积极的情感投身到与周围环境的共同创新活动中。 3. 情绪安定愉快，关注周边环境，了解常见设施、常用电话及功能，能较快适应周边环境。 4. 遇到突发情况能采用一定的方法进行自我保护和自救。
低碳生活	1. 发现身边的体碳材料，能够自主收集并利用废物，运用身边的材料进行共同的创新活动。 2. 了解低碳生活常识，从而增强环保意识。 3. 学习低碳环保的生活方式，争做环保小卫士。 4. 尝试利用不同的生活情境，进行生活的自我管理，具有基本生活能力。

四、"绿色健康"课程的结构框架

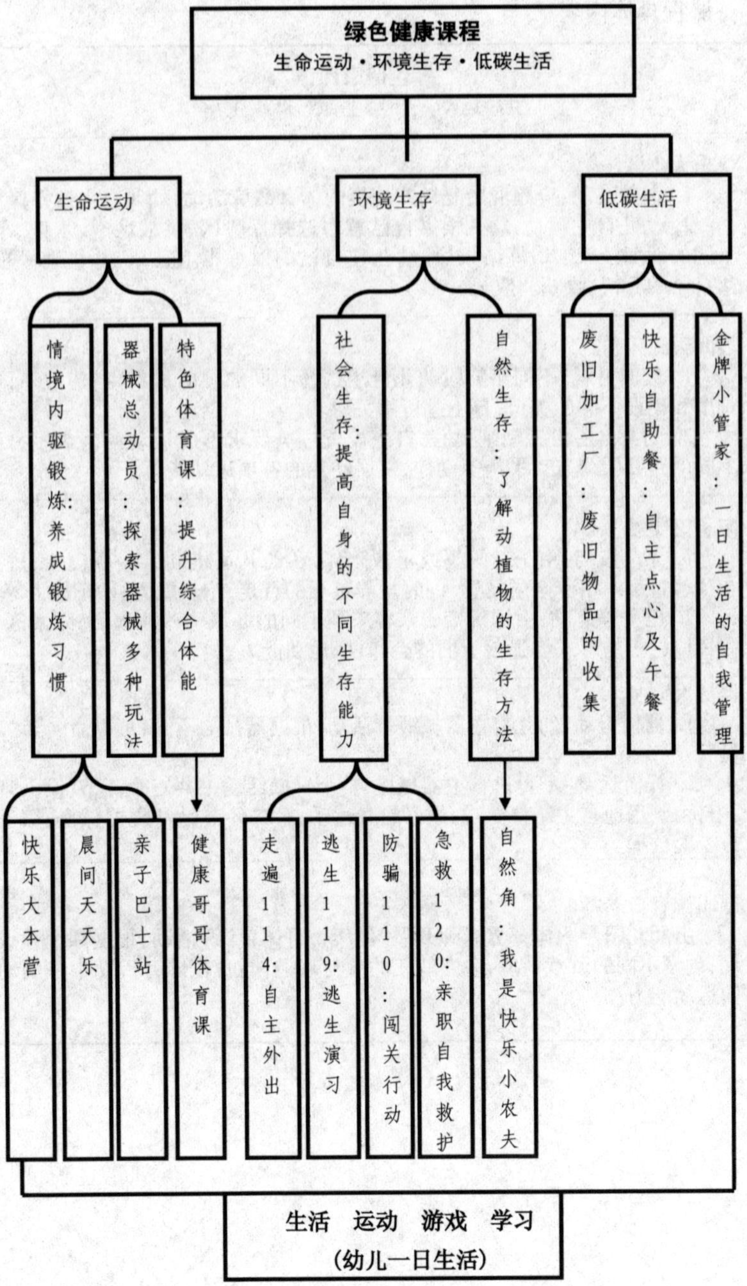

五、课程内容及活动组织

(一)课程具体内容

<table>
<tr><th colspan="3">绿色健康课程
生命运动·环境生存·低碳生活</th></tr>
<tr><td rowspan="5">低碳运动</td><td rowspan="3">情境内驱锻炼</td><td>快乐大本营
1. 混龄互动:全园混龄互动式的晨间体育锻炼活动,幼儿自主选择区域。
2. 幼儿自主运动:幼儿根据自己意愿选择探险区、挑战区、沙水区、车类区等不同的锻炼区域。锻炼结束后,幼儿在自己的锻炼本上盖章,并绘画简单图示表达自己的心情、收获和成长。</td></tr>
<tr><td>晨间天天乐
1. 废旧材料:不同年龄段幼儿自主选择不同的废旧材料,搭建成不同的挑战难度和创设不同的关口,自主进行闯关游戏。
2. 幼儿自主设置规则:幼儿自主设置过关要求形成运动游戏规则,幼儿利用不同的跑、跳、蹲、走、平衡等动作,发展幼儿的各项运动能力。</td></tr>
<tr><td>亲子巴士站
1. 亲子参与:由爸爸妈妈或祖辈陪伴,和幼儿司机同乘一辆巴士,进行载客,在载客过程中培养亲子情感,同时培养孩子的行走、跑步能力、护车能力等。
2. 巴士停靠站:由司机带着乘客来到不同的区域——沙水区、绳索区、滑梯区……以巴士的形式增强孩子们的合作性、运动能力。</td></tr>
<tr><td>器械总动员</td><td>器械大变身
1. 器械运动:幼儿自主器械锻炼活动,根据器械的不同,可以命名为“XX 总动员”。
2. 操游运动:平行班自主器械操,整个早操活动一共三个环节,第一环节是幼儿自由到场地自主结伴游戏,做好热身运动;第二环节是常规器械操;第三环节为放松柔软操。</td></tr>
<tr><td>健康哥哥体育课</td><td>专职体育男老师
由幼儿园专职体育男老师开展“健康哥哥体育课”活动,根据课程预设体育活动,创设不同的游戏情境,激发幼儿的参与兴趣,同时在体育活动中发展幼儿的不同运动能力。</td></tr>
</table>

续表

低碳生存	社会生存	走遍114:每学期的外出实践活动。外出地点由幼儿通过114查询后确定,教师从安全上把关。出行时间、方式等细节由幼儿通过114查询、网络媒体获得信息后自主商议决定,家委会辅助参与。
		逃生119:每学期的逃生演习,可以是消防演习或地震逃生自救,引导幼儿在危险来临时,懂得如何保护自己、开展自救。逃生演习等活动可邀请消防、社区、家长共同参与。
		防骗110:每学期的师幼、家园合作的防骗情景表演或情境体验,并邀请派出所民警参与,对小朋友进行安全教育并评价幼儿表现。
		自救120:邀请专职医生护士进行幼儿自我救护的简单方法,一般为通常的摔倒、呼吸等,学习简单的救护方法,增强自我救护常识。
	自然生存	我是快乐的小农夫 1. 自然角创设:每个学期班级都根据不同的年龄段创设班级自然角,让孩子自主参与动植物的日常管理,在管理的过程中发现动植物的生存方式和方法,直观了解动植物的生长过程。 2. 走出去引进来:利用周边环境的设施,将自然博物馆等博物馆的展出引进幼儿园供孩子参观形象了解,或者带着幼儿走进博物馆进行参观,利用不同的途径增强幼儿对大自然中各种生物的生存和生活方式,增强自然常识。
低碳生活	废旧加工厂:废旧物品的收集,进行的收集废旧物品活动。幼儿园大门口长期放置回收箱,各班轮流整理归置,将收集到的废旧物品作为教育活动的辅助材料。	
	快乐自助餐:自主点心及午餐,每月一次幼儿大餐,采用自助餐形式,引导幼儿合理搭配饮食;每天一次的牛奶环节、点心环节,也采用自助餐形式,发挥幼儿自主性。	
	金牌小管家:一日生活的自我管理,每个幼儿轮流做小管家,完成当天任务。任务一是点名活动,小当家设想一个点名形式,让同伴快乐应答,并电话慰问没有来的小朋友;任务二是拿牛奶时,小当家向后勤老师报出今天班级人数,并数相应的牛奶,随同保育员一同领取,布置点心自助餐台;任务三是辅助老师做好一日生活各环节的准备工作。	

（二）课程活动组织方式

组织方式	具体实施
运动活动	旨在提高幼儿身体素质、动作协调能力和适应环境的能力，为幼儿健康的体质奠定基础。绿色健康课程中运动活动包括：快乐大本营、球球总动员器械锻炼、运动大挑战集体活动、器械运动及自然场景游戏。
学习活动	旨在激发幼儿主动探索，积极体验，使幼儿在认知能力和态度上不断进步，为后续学习打下基础。绿色健康课程中学习活动主要采用低结构的实践活动，如走遍114、逃生119、防骗110等，以集体、分组、个别化学习的方式进行。
游戏活动	旨在激发幼儿自发、自主、自由地活动，发展幼儿想象力、创造力和交往合作能力，促进幼儿情感、个性健康的发展。绿色健康课程中的游戏活动包括自主性游戏、专用活动室游戏、沙水游戏、自由活动等。
生活活动	旨在让幼儿在真实的生活情境中自主、自觉地发展各种生活自理能力，形成健康的生活习惯和交往行为，在共同生活中能够愉快、安全、健康地成长。绿色健康课程中的生活活动有快乐自助餐、金牌小管家、废旧加工厂、交往礼仪、自我保护、环境卫生、生活规则等活动。

六、“绿色健康”课程的实施

1. 框架结构，自主生成

随着幼儿教育研究的深入，他们逐渐认识到以幼儿为教育对象，课程应顺应儿童发展需求，结合儿童的生活，促进儿童的发展水平。因此“绿色健康”园本课程中教师只预设课程框架，以目标方向和实施任务为导向，幼儿与教师一起根据兴趣、发展需求生成活动。

板块活动框架		师幼共同 商讨、生成具体实施方案
健康身体	养成良好生活习惯	生活习惯有哪些、如何保持……
	探索器械多种玩法	喜欢什么器械、如何变拿手器械……
	运动大课堂	挑战什么、如何挑战……
环境生存	自主外出	去哪里、怎么去……
	……	……
……	……	……

2. 主题活动,自主合作

“形散而神不散”是散文式主题的精要。结合幼儿的一日生活,在各种非正式活动中渗透健康生命、生存实践、品质生活的理念,调动环境、社会等教育资源开展“自主游戏、社会实践、任务内驱、体验挑战”的主题活动,给孩子一个健康、自主的童年。

以“低碳生活——快乐营养餐”活动为例:

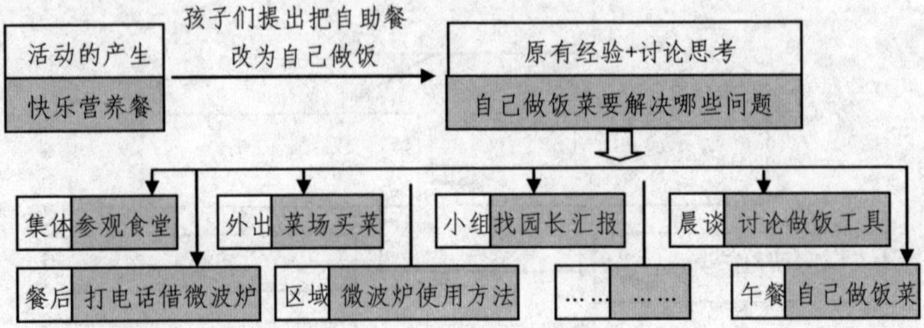

3. 任务内驱,自主挑战

“绿色健康”园本课程低结构、生活化,以力所能及的任务形式帮助儿童明确为什么、做什么、怎么做,激发儿童核心经验、主动学习,更多关注幼儿社会实践,特别是适应能力、解决问题的能力等,让幼儿想做、敢做、能做。

以"环境生存——自主外出"活动为例:

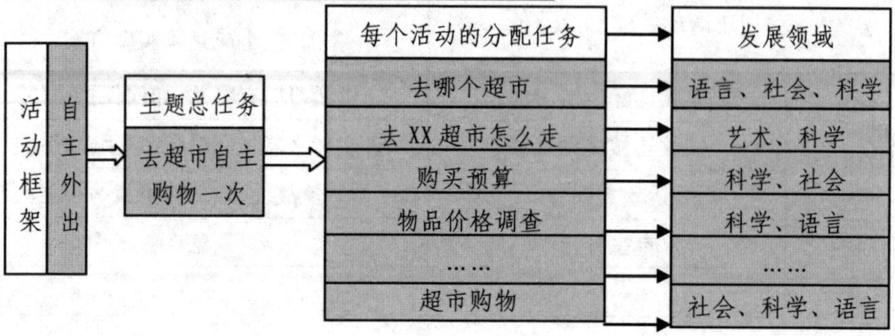

七、"绿色健康"课程的管理与保障

(一)课程管理组织机构

建立"绿色健康课程实施小组",规划和发展幼儿园的整体课程。由园长直接负责,教科研主管、教研组长、一线教师、专家、家长等人员组成的。由上而下、从下至上,双向沟通,定期研讨。

1. 建立课程管理组织

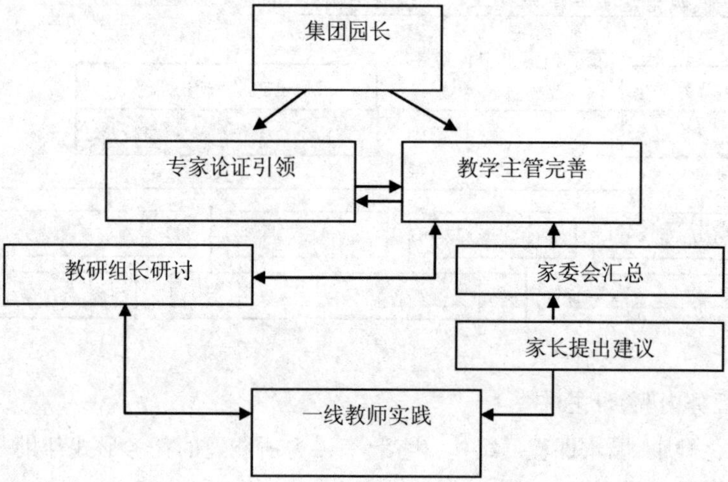

2. 课程管理的具体分层组合

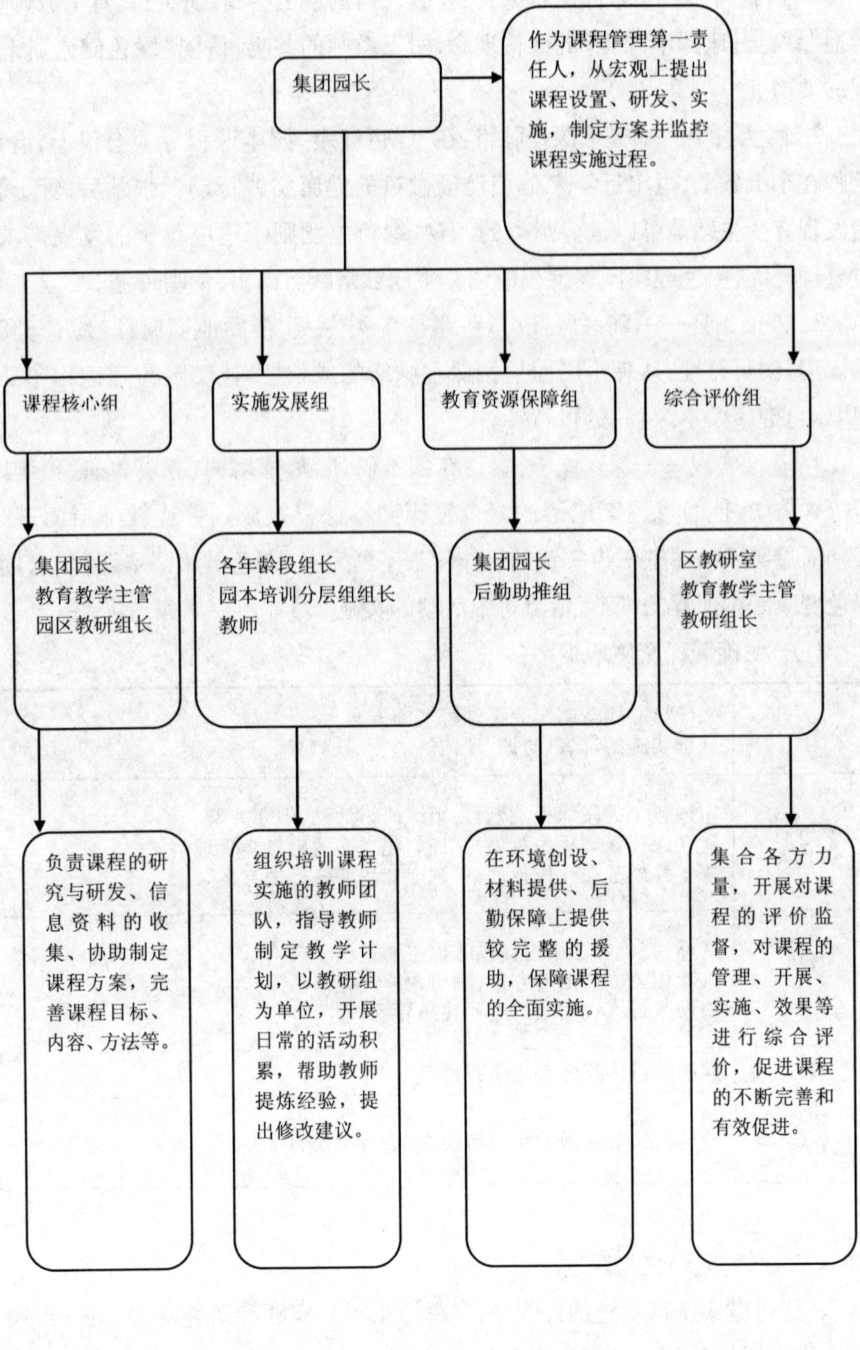

（二）课程文案编撰

1. 内联沟通——认同课程架构：在教科研例会上，与教研组长、骨干教师交流沟通“绿色健康园本课程”的架构理念，引发教师的共鸣，认同“绿色健康”园本课程的架构。

2. 团队讨论——提炼课程脉络：在“绿色健康”园本课程专项会议上，请骨干教师在小纸条上，写出近年来他们已经做过的健康实践行动。张贴后，骨干教师们发现有些主题是可以进行归类的，有些绿色主题则不适应孩子的发展需求，经过整理提炼，绿色健康园本课程的创新主题脉络跃然而出，清晰可循。

3. 外援论证——确保课程可行：邀请各类专家，帮助他们验证“绿色健康园本课程”的可行性，从理论层面挖掘课程脉络的成长性，让实践与理论相印证，确保“绿色健康园本课程”的可行性。

4. 基层实践——深入课程执行：在园本研训、师德培训、分层教研、年级组教研等载体中，他们将逐渐成形的绿色健康园本课程投放到普通教师层面进行实践。通过实践—调整—再实践的操作流程不断完善“绿色健康园本课程”，打磨着绿色健康园本课程的细节，精雕每个活动的实施。

（三）明确课程实施职责

园长	领导核心团队制定完善课程实施方案。 课程实施的部署、协调、评估。
教科研负责人	审核各年龄段课程主题包，组织研讨活动，不断完善。 建立课程管理相关策略与机制，建立并明确教学管理制度。 修正并规范课程执行表格，制定课程实施评估方案。
教研组长	调整、完善并在组内提供课程主题包。 推荐相关成熟活动方案，参与课程实施评估工作。 协助进行课程实施的过程性指导管理。
教师	课程的具体实施者与研究者。
家长代表	传达家长对课程的意见与建议，参与课程的完善。

（四）课程的调整与跟进

在绿色健康课程实施的过程中，课程小组根据实践和研究对内容进行不断筛选和调整，增添教师的创新教案和精品课，在集体备课的过程中引导教师在深入分析研究的基础上不断调整,使之不断趋向科学性、均衡性,为以后实施课程的教师提供借鉴,帮助青年教师更快地把握课程,顺利实施过程。

(五)课程培训保障

培训内容:师德素养、专业知识、业务能力

培训形式:园本培训——专家系列讲座,专题讲座,专项培训等。

课题教研——各领域专题教研,日常教学教研等。

园外培训——外出观摩学习、各类培训班学习等。

带教培训——日常结对带教、新教师专题培训等。

个性化小组教研——教学沙龙、专项小组研讨等。

八、"绿色健康"课程评价

在实施三低绿色健康课程的过程中他们遵循了"两种机制、三类内容、四级措施、五项原则"的基本思路。

(一)评价的两种监督机制

内部监控机制:教研讨论、听课评课、教学监测。

外部监控机制:专家诊断、督导评估活动、家长开放日。

(二)评价的三类内容

1. 幼儿发展评价

对幼儿的评价最主要体现在遵循《3－6岁儿童学习与发展指南》,进行身体、心理健康评价,同时对幼儿在健康活动中的发展形成性进行评价,体现评价的综合性。

幼儿健康教育目标体系
大班一学年教育目标
一、身体健康
（一）促进动作发展
●上学期
（1）走，听信号变换方向走。
（2）跑，听信号变速跑或改变方向跑；跑走交替，距离为200-400米。
（3），跳，原地纵跳触物（物体离幼儿高举的手指尖20-25厘米。助跑跨跳少于宽50厘米的平行线；练习跳绳。），双脚交替跳（半发钟50个）。
（4）平衡，两臂侧平举，单脚站立5-10秒钟，在有间隔的物体（砖、木块、硬纸板）上走。
（5）投掷：相距2-4米抛接大球；多种方式拍球；边走边拍；肩上挥臂投远。
（6）钻爬攀登：协调灵活地钻爬攀登障碍物，练习侧滚。
（7）基本体操：徒手操：口令：向左（右）转，原地踏步，立走，左（右）转弯走。
●下学期
（1）走：一对一对整齐地走。
（2）跑：快跑距离为30米。

（3）不乱踩，乱抓桌椅，不乱涂墙壁。
（4）培养进餐的良好习惯，了解膳食的营养，不挑食，不偏食。
●下学期
（1）在活动前后能及时增减衣服。
（2）咳嗽打喷嚏时会捂住嘴巴。
（3）值得保护眼睛和换牙的简单常识，学习独立整理物品。
（三）注意安全保护（两学期）
（1）学会正确活动的方法，知道一些必要的安全自救知识和方法。
（2）具有一定的躲避、防御能力。
二、健康心理和人格教育
（一）人格培养
●上学期
（1）在日常生活中能使用礼貌用语：早、好、请、谢谢、别客气、再见、对不起、没关系。
（2）能注意听别人讲话，不随便插嘴。
（3）热爱集体，关心同伴，初步懂得不能为了自己而影响集体。
（4）对人热情，尊敬长辈。
（5）愿意学习他人的优点，能接受批评。
●下学期
（1）会主动使用礼貌用语。

2. 教师成长评价

开展对教师的专业素养评价，衡量教师对《3－6岁儿童学习与发展指南》精神是否把握；衡量教师对课程的纲要是否理解；衡量教师是否科学制定课程具体实施计划；衡量教师是否能够在健康活动中发现幼儿的需要和发展；衡量教师是否能够客观评估幼儿的活动……

朝晖幼儿园绿色健康课程教师综合评价表

教师姓名________ 任教班级________ 评价时间：____年____月

项目	内容	分值	自评	校评
课程设置	1.课程目标是否合理清晰。 2.内容选择是否具有针对性和综合性（即适合幼儿认知水平与年龄特征、多学科综合、内容设计有弹性），是否彰显幼儿园或园区特色。 3.教学设计是否符合幼儿年龄特征和认知规律。 4.评价方法是否具有激励性与可操作性。	30		
课程实施	1.教师必须学习《课程纲要》，拟定学期实施计划，与幼儿商讨实施。 2.教师应按幼儿园的课程安排上课，以低结构和非正式活动为主。 3.教师应保存幼儿的作品、资料及在活动竞赛中取得的成绩资料。 4.通过听课、查阅资料、调查访问等形式，对师幼进行评估。	50		

3. 对课程实施的评价

每个学期通过幼儿的健康评价、幼儿成长档案、幼儿观察记录等了解课程的实施，促进幼儿身心健康发展。

每个学期通过教师对游戏的观察记录、教师评课等活动分析教师实施课程中的问题与困惑。

每个学期通过教师对自己教育教学的了解，反思自己对课程实施的实效力，自主对自身进行评价。

朝晖幼儿园绿色健康课程评价表

教师姓名________ 任教班级________ 评价时间：____年____月

项目	内容	
课程开发意义	1.园本课程与幼儿园绿色文化理念、健康特色紧密联系。 2.绿色健康课程促进幼儿的个性发展，促进幼儿整体成长。	
促进儿童发展	1.以儿童为活动主题，关注生活、关注环境互动。 2.关注不同层面幼儿，紧密结合幼儿生活，因材施教。	
课程设置	1.课程框架清晰，有序列性。 2.课程目标明确清晰，知识、能力和情感目标齐全。 3.内容科学、启发性强、突出实践能力的培养。	
课程实施成果	1.能激发并维持儿童的兴趣，评价良好。 2.能及时收集、整理幼儿学习的过程性资料。	

(三)评价的四级措施

第一级——班级幼儿综合发展评价(实施者:班级教师)。

第二级——园区特色成长评价(实施者:大小教研组)。

第三级——集团抽测评价(实施者:幼儿园评估小组)。

第四级——区级层面评估(实施者:下城区幼教研修联盟)。

(四)评价的五种原则

1. 行为主体性:园本课程必须以儿童为主题开展。

2. 形式开放性:课程活动的各类形式应是开放的、低结构化的。

3. 目标一致性:园本课程与审定教材的目标具有一致性。

4. 目标整体性:园本课程必须对儿童实施全面发展的教育,以发展儿童的个性,提高儿童的整体素质为终极目标。

5. 活动整合性:各类活动由共同目标导向,强调整合,各领域的分工与合作、相互协调。

参考文献

[1]刘堤仿．教师校本培训学[M]．杭州:浙江大学出版社,2004.

[1]刘堤仿．教师专业发展标准下的校本培训[M]．北京:光明日报出版社,2009.

[1]刘堤仿．三位视角:教师专业发展整体标准的建构[J]．中小学教师培训,2008(5).

[1]刘堤仿、杨仙萍．教师群体专业化成长新视野[M]．北京:国家行政学院出版社,2013.

[2]柯林·比尔德、约翰·威尔逊．体验式学习的力量[M]．广州:中山大学出版社,2003.

[3]孙瑜．体验式学习理论及其在成人培训中运用[D]．上海:华东师范大学,2007.

[4]吴卫东．体验式培训:教师培训的新视角[J]．教育发展研究,2008(15-16).

[5]黄孝新．初探体验式培训在教育技术培训中的应用[J]．教学导刊,2011(3).

[6]方方．教师心理健康研究[M]．人民教育出版社,2003.

[7]郭黎岩．教师心理素质专题[M]．当代世界出版社,2001.

[8]倪林英、吴志民、雷良忻．小学教师的心理健康状况及其影响因素的回归分析[J]．中国心理健康杂志,2004(6).

[9]乔富胜、宋新国、苗丹民．小学教师心理健康与职业倦怠研究[J]．第四军医大学学报,2008.

[10]王艳云．关注小学生心理健康不可忽视小学教师心理健康问题[J]．当代教育论坛,2004.

后　记

下城区教师教育学院在下城区教育局大力支持下，近几年来大力实施科学转型、内涵发展战略，在现代区域研训教制度和体系构建上作了诸多卓有成效地探究与实践。特别是在区教育局“人才强教”战略指导下，高度重视教师队伍建设，创新队伍建设机制与方式方法，加强校本培训，注重校本研训教一体化的实践，提升教师培训、培养的效率。

在校本研训教一体化的实践中，我们坚持专家引领，聘请了杭州师范大学刘堤坊教授进行项目指导，刘教授经常深入学校现场诊断、指导，在本书的写作中也给予了大量而有见地的建议和意见，经常与我们一起讨论，甚至亲自修改，为本书的出版付出了大量心血与智慧。下城区教师教育学院负责师训工作的团队的老师们，在张祖庆副院长的带领下，鲍争志、蒋克品、季丽英、潘大琴等老师，认真研究校本研训工作，科学组织校本研训实践，同时注重案例的搜集与整理，为本书的创作提供了大量鲜活而有价值的素材。下城区教师教育学院实施了蹲点联系校园制度，每一个研究员都深入学校，具体指导学校开展校本研训，因此，也为本书的创作提供了丰富地素材和营养。特别是基层各校园负责研训工作的老师们，精心组织实施校本研训一体化工作，做了大量卓有成效的创新实践，也积极参与本书的编撰工作，提供了丰富的实践案例，为本书顺利的编写和出版做出了积极贡献。对于以上及其他为本书的编写做出努力和贡献的广大教育工作者，一并表示衷心的感谢！

《校本研训教一体化实践与认知》虽已出版，但探究与实践之路仍然漫长而艰巨。本人愿意与更多的教育工作者一起，交流合作，共同努力，为教师的专业化成长，作出我们的贡献。限于本人认知水平与能力，书中难免有诸多不足之处，恳请大家多提宝贵意见和建议，以便在后续的研究与实践中不断完善和深化。

唐西胜

2016 年 1 月